Bei der Arbeit mit Schaubildern / Zeichnungen

- Das Schaubild stellt … dar.
- Die Kreise / Rechtecke stehen für …
- Die Figuren symbolisieren / stellen … dar.
- Die Pfeile beschreiben die Beziehung zwischen …
- Die Zeichnung stellt die Verbindungen zwischen … dar.
- Die Zeichnung zeigt auf, dass … / verdeutlicht, dass …

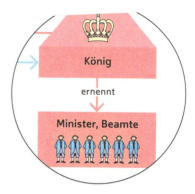

Bei der Arbeit mit Diagrammen / Grafiken

- Es handelt sich um ein … (Säulendiagramm / Kreisdiagramm …)
- Die Überschrift lautet …
- Die Stäbe zeigen …
- Die Länge der Säulen stellen … dar.
- Es ist Folgendes festzustellen: …
- Die Entwicklung hat … (zugenommen / abgenommen / ist etwa gleich geblieben …)
- Das … erläutert Zusammenhänge zwischen …

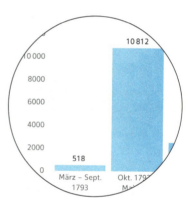

Bei der Arbeit mit Karten

- Die Karte zeigt … (Kartentitel)
- Das Thema der Karte ist …
- Abgebildet ist das Gebiet … / sind die Gebiete …
- Die Karte zeigt die Zeit … / umfasst den Zeitraum …
- Die … Markierungen / Zeichen stehen für … (die Legende erklären)
- In der Darstellung wird deutlich …
- Die Karte informiert über …
- Die Verteilung der Flächenfarben bedeutet …
- Die Kartenüberschrift heißt …
- Die Region erstreckt sich …
- Die Grenzen / Flüsse / Gebirge verlaufen …
- Die Karte zeigt den Verlauf / die Entwicklung …

Hessen

Autorinnen und Autoren

Andreas Klingeberg
Martin Lücke
Wolfgang Pankratz
Karin Schröfel
Heike Schuster
Mona Teusch

Durchblick Geschichte 3
Hessen

Mit Beiträgen von
Kerstin Graham, Dietmar Schulte-Möhring, Torsten Steinberg, Gerald Wieziolkowski

Titel: Die Salzsieder (Salzgitter-Bad), Skulptur von Siegfried Zimmermann
Foto: Hanno Keppel

 Dieses Symbol im Buch zeigt Aufgaben an, in denen Medienkompetenzen besonders gefördert werden.

Das digitale Schulbuch und digitale Unterrichtsmaterialien für Schülerinnen und Schüler und für Lehrkräfte finden Sie in der BiBox – dem digitalen Unterrichtssystem passen zum Lehrwerk. Mehr Informationen über aktuelle Lizenzen finden Sie auf www.bibox.schule.

westermann GRUPPE

© 2022 Westermann Bildungsmedien Verlag GmbH, Braunschweig, www.westermann.de

Das Werk und seine Teile sind urheberrechtlich geschützt. Jede Nutzung in anderen als den gesetzlich zugelassenen bzw. vertraglich zugestandenen Fällen bedarf der vorherigen schriftlichen Einwilligung des Verlages. Nähere Informationen zur vertraglich gestatteten Anzahl von Kopien finden Sie auf www.schulbuchkopie.de.

Für Verweise (Links) auf Internet-Adressen gilt folgender Haftungshinweis: Trotz sorgfältiger inhaltlicher Kontrolle wird die Haftung für die Inhalte der externen Seiten ausgeschlossen. Für den Inhalt dieser externen Seiten sind ausschließlich deren Betreiber verantwortlich. Sollten Sie daher auf kostenpflichtige, illegale oder anstößige Inhalte treffen, so bedauern wir dies ausdrücklich und bitten Sie, uns umgehend per E-Mail davon in Kenntnis zu setzen, damit beim Nachdruck der Verweis gelöscht wird.

Druck A[1] / Jahr 2023
Alle Drucke der Serie A sind im Unterricht parallel verwendbar.

Redaktion: Kerstin Graham
Druck und Bindung: Westermann Druck GmbH, Braunschweig

ISBN 978-3-14-100512-7

Liebe Schülerinnen und Schüler,

vor euch liegt euer neues Buch „Durchblick Geschichte". Ihr könnt mit ihm spannende Ereignisse der Vergangenheit erforschen. Auf den Seiten mit dunklen Reitern stehen die Inhalte, die alle Schülerinnen und Schüler der Haupt- und Realschulen bearbeiten sollen. Die hellen Reiter zeigen jene Inhalte an, die Schülerinnen und Schülern der Realschulen als Vertiefung empfohlen werden. Die Seiten mit weißen Reitern sind Zusatzseiten, die je nach Interesse erarbeitet werden können.

 Auf allen Seiten findet ihr Aufgaben, die euch helfen sollen, die Inhalte der Seite zu erarbeiten. Oft gibt es blaue und weiße Aufgabennummern. Auch hier stehen die weißen Nummern für Zusatzaufgaben, die ihr erledigen könnt, wenn noch etwas Zeit ist oder ihr besonders schnell wart.
   Bei Aufgaben mit diesem Symbol könnt ihr den Umgang mit digitalen Medien üben.

 Einige Aufgaben sind mit einem Hilfezeichen markiert. So seht ihr, dass es zu dieser Aufgabe eine Hilfestellung gibt. Diese findet ihr auf derselben Seite. Sie ist mit der gleichen Aufgabennummer in Grau gekennzeichnet.
   Unter einigen Aufgaben findet ihr ein Gruppenzeichen und einen Vor-
 schlag für eine Partner- oder Gruppenlernform. Genauere Anleitungen dazu stehen im hinteren Buchdeckel.

 In eurem Buch gibt es viele Materialien wie zum Beispiel Bilder, Karten oder Schaubilder. Sie sind alle mit einem M markiert. Auch Texte, die von Personen aus der Vergangenheit stammen, sind auf diese Art gekennzeichnet. Sie stehen auf einem gelben Hintergrund, so könnt ihr sie besser von den normalen Schulbuchtexten unterscheiden.

 Manchmal werdet ihr in eurem Buch auf Wörter stoßen, die schwierig oder auch neu sind. Solche Wörter werden im Text unterstrichen und für euch am Rand erklärt.

Das Tabletzeichen zeigt euch an, dass ihr zu einem bestimmten Thema einen Filmclip im Internet finden könnt. Gebt dazu den aufgeführten Webcode unter www.westermann.de/webcode in das Suchfeld ein oder scannt den jeweiligen QR-Code.

Wie in vielen anderen Fächern gibt es auch in Geschichte bestimmte Methoden, die ihr für die Erforschung der Vergangenheit erlernen müsst. Sie werden euch auf den gelben „Methoden lernen"-Seiten vorgestellt. Außerdem gibt es grüne „Operatoren üben"-Seiten, die euch helfen sollen, verschiedene Aufgabenformen richtig zu bearbeiten. Beide Seitentypen geben euch viel Gelegenheit zum Üben.
   Auf den lilafarbenen Zusammenfassungsseiten könnt ihr das Gelernte wiederholen und auf den „Durchblick haben"-Seiten spielerisch testen.

Inhalt

Die Französische Revolution — 8

- Der Absolutismus in Frankreich — 10
- Der Beginn der Französischen Revolution — 12
- Eine Geschichtserzählung: Der Sturm auf die Bastille — 14
- Die Revolution breitet sich aus — 16
- Die Menschenrechte — 18
- Eine Verfassung für Frankreich — 20
- Die Revolution ist in Gefahr — 22
- Frankreich wird Republik — 24
- Operatoren üben: bewerten — 26
- Die Herrschaft der Jakobiner — 28
- Der Aufstieg Napoleons — 30
- Das Ende der Revolution — 32
- Strahlkraft und Schatten der Revolution — 34
- Zusammenfassung — 36
- Durchblick haben — 38

Auf dem Weg zum Nationalstaat — 40

- Napoleon und die Deutschen — 42
- Der Wiener Kongress — 44
- Zwischen Fortschritt und Rückschritt — 46
- Das Bürgertum gewinnt an Bedeutung — 48
- Eine Geschichtserzählung: Schüsse auf dem Schlossplatz — 50
- Die Revolution von 1848/49 — 52
- Die Gründung des Deutschen Reiches — 54
- Methoden lernen: Gemälde auswerten — 56
- Das deutsche Kaiserreich — 58
- Operatoren üben: gegenüberstellen — 60
- Aufbruch in die Moderne — 62
- Eine Geschichtserzählung: In auswegloser Lage — 64
- Die jüdische Emanzipation — 66
- Judenfeindschaft trotz Gleichstellung — 68
- Zusammenfassung — 70
- Durchblick haben — 72

Die Industrialisierung — 74

- Tiefgreifende Veränderungen 76
- England als Vorreiter 78
- Mit Dampf arbeiten 80
- Operatoren üben: vergleichen 82
- Die Dampfmaschine macht beweglich 84
- Deutschland wird Industriestandort 86
- Die Industrialisierung im Ruhrgebiet 88
- Folgen der Industrialisierung für die Umwelt ... 90
- Das Leben der Arbeiterfamilien 92
- Methoden lernen: Fotografien untersuchen 94
- Jede Arbeitskraft wird gebraucht 96
- Eine Geschichtserzählung: Erna erzählt aus ihrem Leben 98
- Methoden lernen: Perspektiven in Textquellen erschließen ... 100
- Das Leben des Bürgertums 102
- Entwicklungen im Schulwesen 104
- Die soziale Frage – Lösungsversuche 106
- Arbeiter fordern Rechte 108
- Politische Vordenker 110
- Der Staat greift ein 112
- Menschen suchen neues Glück 114
- Zusammenfassung 116
- Durchblick haben 118

Imperialismus und Erster Weltkrieg — 120

- Die Aufteilung der Welt 122
- Späte Kolonialmacht Deutschland 124
- Überlegenheitsdenken der Kolonialmächte 126
- Stärkung rassistischer Vorurteile 128
- Deutsche Außenpolitik im Wandel 130
- Auf Kriegskurs 132
- Operatoren üben: Stellung nehmen 134
- Der Ausbruch des Ersten Weltkrieges 136
- Europaweite Kriegsbegeisterung 138

- Die Schrecken des Krieges 140
- Die Feldpost 142
- Die Heimatfront 144
- **Methoden lernen:** Plakate untersuchen 146
- Kindheit im Krieg 148
- Die Kriegswende 150
- 1917 – Revolutionen in Russland 152
- Die Novemberrevolution von 1918 154
- Friedensverhandlungen in Versailles 156
- Folgen des Krieges 158
- Erinnern und Gedenken 160
- **Ein Projekt:** Denkmäler für die Opfer des Ersten Weltkrieges erforschen 161
- Die Spanische Grippe 162
- **Zusammenfassung** 164
- **Durchblick haben** 166

Die Weimarer Republik   168

- Vom Kaiserreich zur Republik 170
- Befürworter und Gegner der Demokratie 172
- Die Republik in Gefahr 174
- Die Neuordnung Europas 176
- Die Geldentwertung 1923 178
- 1923 – wirtschaftliche und politische Krisen 180
- Die neue deutsche Außenpolitik 182
- Reaktionen auf die neue Außenpolitik 184
- Jahre des Aufschwungs 186
- Neue Wege in der Kunst 188
- Gesellschaftliche Veränderungen 190
- **Operatoren üben:** schriftlich diskutieren 192
- Die Weltwirtschaftskrise 1929 194
- Massenarbeitslosigkeit in Deutschland 196
- **Methoden lernen:** Statistiken auswerten 198
- Das Scheitern der Weimarer Republik 200
- Mit Terror gegen die Republik 202
- Diktaturen gegen Demokratie 204
- **Zusammenfassung** 206
- **Durchblick haben** 208

Anhang

Textquellenverzeichnis. 210
Bildnachweis 213
Operatorenübersicht 214

Operatoren und Methoden auf einen Blick

Operatoren üben

bewerten 26
gegenüberstellen 60
vergleichen 82
Stellung nehmen 134
schriftlich diskutieren 192

Methoden lernen

Gemälde auswerten 56
Fotografien untersuchen 94
Perspektiven in Textquellen erschließen 100
Plakate untersuchen 146
Statistiken auswerten 198

M1 Sturm auf die Bastille am 14. Juli 1789 (Kupferstich, um 1790)

Die Französische Revolution

→ Warum gab es in Frankreich eine Revolution?

→ Was geschah während der Revolution?

→ Welche Ergebnisse brachte die Revolution?

M2 Hinrichtung König Ludwigs XVI. (1793)

M3 Mit gleichem Maß gemessen (1795)

M1 Der Sonnenkönig: ① Entwurf eines Theaterkostüms für Ludwig XIV. als aufgehende Sonne, ② Zeichnung einer Regimentsfahne Ludwigs XIV., ③ Schmuckelement am Zaun vom Schloss Versailles, ④ Medaille Ludwigs XIV. mit der Aufschrift „Keiner kann sich mit ihm messen."

Der Absolutismus in Frankreich

T1 • Ein König mit absoluter Macht

Der französische König Ludwig XIV. verstand sich nicht nur als König, der alle anderen in seinem Staat überragte und überstrahlte, sondern auch als „König von Gottes Gnaden". Er glaubte, dass Gott ihn für das Amt des Königs auserwählt habe, und er deswegen auch nur Gott Rechenschaft für sein Handeln schuldig sei. Dies bedeutete, dass Ludwig XIV. die uneingeschränkte Macht im Staat für sich beanspruchte. Für seine Entscheidungen brauchten er sich mit niemanden abstimmen und sich vor niemand anderen verantworten.

Ludwig XIV. vereinigte die drei Staatsgewalten Legislative, Exekutive und Judikative in seiner Hand. Er erließ die Gesetze, sorgte für deren Ausführung und war Oberster Richter. Damit konnte er allein und uneingeschränkt herrschen, aber auch seine Macht missbrauchen. Er konnte die Gesetze so formulieren, wie sie für ihn und seine Herrschaft günstig waren. In einem Streitfall konnte er dann als Oberster Richter wiederum so urteilen, wie es für ihn vorteilhaft war. Diese Herrschaftsform heißt Absolutismus.

Legislative
gesetzgebende Gewalt

Exekutive
ausführende Gewalt

Judikative
richterliche Gewalt

❶ a) Trage zusammen, was du über Ludwig XIV. weißt.
   🐝 *Bienenkorb*
   b) Erkläre, was Ludwig XIV. mit dem Sonnensymbol ausdrücken wollte.

❷ Erkläre die Herrschaftsform Absolutismus am Beispiel Ludwigs XIV. (T1)

❸ Erläutere anhand eines selbstgewählten Beispiels, wie Machtmissbrauch im Absolutismus möglich war. (T1)

T2 • Die Sicherung der Macht im absolutistischen Staat

Der absolutistische Monarch sicherte seine Macht auf drei Wegen. Er befehligte ein stets einsatzbereites Heer, das er nicht nur zur Kriegsführung, sondern auch bei Unruhen und Protesten im Lande gegen seine Untertanen einsetzen konnte. Er verfügte über viele Beamte, die dafür sorgten, dass alle Befehle des Königs auch im entferntesten Winkel des Landes genau ausgeführt wurden. Außerdem verwendete der Herrscher das Geld aus der Staatskasse, wie es ihm gefiel. Mit den Steuergeldern seiner Untertanen konnte er prachtvolle Bauten und die prunkvolle Hofhaltung finanzieren und.

Monarch
adliger Herrscher auf Lebenszeit

T3 • Die Aufklärung

Der Umgang von Monarchen mit den Staatsfinanzen war einer von vielen Gründen dafür, dass viele Menschen mit der Herrschaftsform des Absolutismus unzufrieden waren. Sie wollten politische Rechte und zum Beispiel Mitsprache darüber, wofür ihre Steuergelder ausgeben wurden.

Verschiedene Gelehrte setzten sich kritisch mit Herrschaftsstrukturen auseinander. Sie formulierten zum Beispiel Rechte, die für alle Menschen Gültigkeit besitzen, forderten eine gerechte Regierung und kritisierten offen den Absolutismus. Diese neue Denkrichtung wird als Aufklärung bezeichnet.

John Locke (1632–1704): Alle Menschen sind gleich und besitzen das Recht auf Freiheit und Leben.

Charles de Montesquieu (1689–1755): Im Staat müssen Legislative, Exekutive und Judikative getrennt sein und sich gegenseitig kontrollieren.

Jean-Jacques Rousseau (1712–1778): Es ist richtig, wenn ein Volk sich gegen unrechte Herrschaft erhebt.

Immanuel Kant (1724–1804): Habe Mut, dich deines Verstandes zu bedienen! Der Mensch soll tun, was die Vernunft gebietet.

M2 Ausgewählte Vordenker der Aufklärung und ihre Lehren

❹ Erkläre, wie ein Monarch seine absolute Macht sicherte. (T2)

❺ Nenne den Grund für die Unzufriedenheit vieler Menschen zur Zeit des Absolutismus. (T3)

❻ Recherchiere über einen der Aufklärer und stelle ihn deiner Klasse in einem Kurzvortrag vor. (T3, M2)

M1 Versammlung von Vertretern aus allen drei Ständen bei König Ludwig XVI. am 5. Mai 1789 (Zeichnung von 1789)

Der Beginn der Französischen Revolution

T1 • Der König in Geldnot

König Ludwig XVI. regierte seit 1774. Er hatte wie seine Vorgänger hohe Schulden gemacht und brauchte dringend Geld. Sein Finanzminister schlug daraufhin vor, die Steuergesetze neu zu regeln. Deshalb berief Ludwig XVI. eine Ratsversammlung aller drei Stände ein, die sogenannte Generalständeversammlung. Sie sollte beschließen, dass die Steuerfreiheit für den ersten und zweiten Stand abgeschafft wird.

T2 • Eine Versammlung aller Stände

In die Ratsversammlung der Generalstände entsandten der erste und zweite Stand jeweils 300 Vertreter, der dritte Stand 600 Vertreter. Damit hatten 23,5 Millionen Franzosen des dritten Standes ebenso viele Vertreter wie die 0,5 Millionen Angehörigen des ersten und zweiten Standes.

In der Sitzung der Generalstände am 5. Mai 1789 berichtete der Finanzminister über sein Programm, um die Staatsschulden zu senken. Die Vertreter der Stände sollten über das Programm abstimmen. Eine Aussprache darüber innerhalb der Versammlung war nicht vorgesehen.

Revolution
eine grundlegende Veränderung der Gesellschaft oder der politischen Verhältnisse, die relativ plötzlich passiert. Eine Revolution kann mit Gewalt oder gewaltlos erfolgen.

general-
meint hier generell, alle betreffend, allgemein

T3 • Der Ballhausschwur

Die Vertreter des dritten Standes waren nicht damit einverstanden, wie die Sitzung der Generalstände verlaufen war. Ihnen ging es nicht um die Staatsschulden, sondern sie verlangten mehr Rechte. Aus Protest bildeten sie eine eigene Versammlung und nannten sich Nationalversammlung. Sie sahen sich als einzig rechtmäßige Vertreter der französischen Nation. Am 17. Juni 1789 trafen sie sich in einem Ballhaus, einer Art Turnhalle. Auch einige Geistliche und Adlige schlossen sich ihnen an. Gemeinsam legten sie feierlich den Ballhausschwur ab.

> Wir schwören, uns niemals als Nationalversammlung zu trennen und uns überall zu versammeln, wo die Umstände es notwendig machen werden, so lange, bis die Verfassung des Königreiches geschaffen und auf feste Grundlagen gestellt ist.

M2 Auszug aus dem Ballhausschwur vom 20. Juni 1789

Nation
eine große Gruppe von Menschen, die aufgrund von Gemeinsamkeiten als eine Einheit gelten. Gemeinsamkeiten können Sprache, Religion oder auch Feste sein, die sie feiern.

Verfassung
In einer Verfassung sind Rechte und Gesetze festgeschrieben, die das Zusammenleben in einem Staat regeln.

M3 Der Ballhausschwur (Ausschnitt aus einem Gemälde von 1791)

❶ a) Was erwarteten der König und die drei Stände von der Versammlung? (M1)
b) Welche Bevölkerungsgruppen waren nicht bei der Versammlung vertreten?

❷ Erkläre, warum Ludwig XVI. die Generalstände einberufen ließ. (T1)

❸ War die Zahl der Ständevertreter gerecht? Begründe deine Meinung. (T2)
Bienenkorb

❹ a) Warum erklärte sich ein Teil der Abgeordneten zur Nationalversammlung? (T3)
b) Beschreibe ihr Ziel. (M2)

❺ Vermute, welche Folgen der Ballhausschwur für die absolutistische Herrschaft des Königs haben könnte. (M2)
Think – Pair – Share

❻ a) Hilfe Beschreibe das Bild M3.
b) Fertige eine einfache Kopie des Bildes an und schreibe in Sprechblasen, was die Personen gesagt haben könnten.

Hilfe zu
❻ a) Im Vordergrund … . In der Mitte … . Links … . Rechts … . Die Kleidung … .

Eine Geschichtserzählung

T1 • Eine angespannte Stimmung

Ich erinnere mich genau an diese denkwürdigen drei Wochen in Paris im Sommer 1789. Am Vormittag des 27. Juni riss mein Nachbar ganz aufgeregt die Tür zu meinem Geschäft auf und rief: „Der König hat die Nationalversammlung anerkannt!" Ich konnte das nicht so recht glauben und entgegnete: „Warum lässt er dann aber Paris von Soldaten einkesseln? Bestimmt will er uns nur täuschen!" So wie ich dachten viele Pariser Bürger. Wir fühlten uns bedroht, wollten uns verteidigen. Das ging aber nur, wenn wir eine Bürgerwehr organisierten. Und so kam es, dass sich Tausende Bürger von Paris zur Nationalgarde zusammenschlossen.

In den folgenden Wochen konnte ich spüren, wie der Zorn der Leute in den Straßen von Paris ständig zunahm. Es machte uns wütend, dass unsere Stadt immer noch von Soldaten eingeschlossen war und der König uns so unter Druck setzen wollte. Am 14. Juli nahm ich an einer der vielen Protestversammlungen teil. Die Stimmung kochte: „Wir wollen das nicht hinnehmen", tönte es, „wir müssen uns wehren. Wir brauchen Waffen!" Wir wussten, dass im Waffenlager der Armee hier ganz in der Nähe viele Waffen lagerten und dass es nur schlecht bewacht war. Das Waffenlager zu stürmen, war ein Kinderspiel und der Erfolg war unvorstellbar. Wir konnten rund 30 000 Gewehre, Munition und sogar eine schwere Kanone erbeuten. Nun waren wir bewaffnet!

T2 • Der Sturm auf die Bastille

Da ertönte aus der Menge der Schlachtruf: „Stürmt die Bastille!" Ja, gegen diese Festung des Königs mitten in Paris, die als Gefängnis diente, richtete sich nun unser Zorn. Sie war schon immer das Zeichen für die verhasste Herrschaft des Königs. Und es gab viele Gerüchte. Angeblich säßen in der Bastille Gegner des Königs im Kerker. Also zogen wir Richtung Bastille. Immer mehr Bürger schlossen sich uns an. Auch Soldaten des Königs, die auf unserer Seite kämpfen wollten. Sie hatten Kanonen dabei.

An der Bastille angekommen nahmen wir die Festung unter Beschuss. Sie wurde von nur hundert Soldaten verteidigt. Wir kämpften erbittert einige Stunden lang. Schließlich gaben die Verteidiger der Bastille auf, nachdem man ihnen freien Abzug zugesichert hatte. Es waren nur einfache Soldaten, die eigentlich eher auf der Seite des Volkes als der des Königs standen. Sie ließen die Zugbrücken herab, öffneten uns die Tore und zogen aus der Festung ab. Und dann geschah etwas Brutales, das ich nie vergessen werde: Einige Bürger ergriffen wie im Blutrausch den Festungskommandanten, enthaupteten ihn und steckten seinen Kopf unter dem Jubel vieler Bürger auf eine lange Stange.

In der Bastille fanden wir jedoch keine Gegner des Königs, sondern nur einige Diebe und Räuber. Aber das war egal. Wichtig war nur: Wir hatten die Bastille erobert. Das verhasste Zeichen der Königsherrschaft gehörte nun dem Volk! Und der König? Er schreibt an diesem Tag in sein Tagebuch: „RIEN" – Nichts.

Bürgerwehr
Menschen einer Stadt schließen sich zusammen und bewaffnen sich, um die Bürger zu beschützen.

M1 Sturm auf die Bastille am 14. Juli 1789 (zeitgenössischer Stich, koloriert)

❶ a) Beschreibe die Stimmung in der Pariser Bevölkerung. (T1)
b) Erkläre den Grund dafür. (T1)
❷ Wie wollten die Pariser sich gegen die Soldaten des Königs wehren? (T1)
❸ Erkläre, warum die Menschen die Bastille erstürmten. (T2)
❹ a) 🆘 Verfasse einen Bericht für eine Monatszeitschrift über die drei Wochen im Sommer 1789. (T1, T2)
   🌐 *Stühletausch*
b) 🆘 Schreibe für die Zeitschrift einen Kommentar zur Tötung des Festungskommandanten. (T2)
   🌐 *Marktplatz*

❺ Der 14. Juli ist noch heute französischer Nationalfeiertag. Vermute, warum.
   🌐 *Placemat*
❻ a) Benenne die verschiedenen Personengruppen aus M1.
b) Begründe, welche Personen man bei der Bestürmung nicht erwartet hätte.

Hilfe zu
❹ a) Beantworte die W-Fragen.
b) Überlege dir vor dem Schreiben, ob der Kommentar die Tötung kritisieren oder unterstützen soll. Bedenke zum Beispiel folgende Punkte: Mord, Wortbruch, unvermeidbares Todesopfer.

Zeichen des Adels
① Degen
② Rüstungen
③ Wappen
④ Orden

Zeichen des Klerus
⑤ Bischofsmütze
⑥ schwarzer Kragen

M1 Bauern zerschlagen Zeichen der alten Ordnung (1790)

Die Revolution breitet sich aus

T1 • Die Revolution auf dem Land

Nach dem Sturm auf die Bastille setzte die Landbevölkerung die Revolution fort: Sie zahlten keine Steuern und Abgaben mehr und griffen die Schlösser ihrer Herren an. Dabei vernichteten sie die Urkunden, auf denen ihre Abgaben- und Dienstpflichten notiert waren. Viele Adlige wurden bei diesen Unruhen getötet. Daher flohen viele von ihnen ins Ausland.

Um die Aufstände zu beenden, beschloss die Nationalversammlung im August 1789 auf Antrag des ersten und zweiten Standes, dass alle Privilegien des Adels und der Geistlichen abgeschafft werden:
- Alle müssen in Zukunft Steuern zahlen.
- Die Bauern müssen nicht mehr den zehnten Teil ihrer Ernte an die Kirche abliefern.
- Die Bauern sind frei von ihren Grundherren.
- Die Grundherren sind nicht mehr die Richter über die Bauern.
- Auch Bauern dürfen nun jagen.

❶ a) Hilfe Beschreibe den Vorgang in M1.
b) Erkläre, was der Zeichner mit dem Bild ausdrücken wollte.
❷ Berichte von den Aufständen auf dem Land. (T1)
❸ Wem nutzte die Abschaffung der Privilegien am meisten? Erkläre. (T1)
❹ Warum beantragten die ersten beiden Stände die Aufhebung ihrer Vorrechte? (T1)
Bienenkorb

Hilfe zu
❶ a) Welchem Stand gehören die vier Männer an? Was tun sie? Warum tun sie das?

T2 • Die Frauen greifen in die Revolution ein

Im Jahr 1789 mussten viele Menschen hungern. Es gab zu wenig Brot, und die Lebensmittelpreise waren stark gestiegen. Angeführt von Pariser Marktfrauen zogen deshalb am 5. Oktober 1789 etwa 7000 Menschen von Paris nach Versailles. Dort tagte die Nationalversammlung und wohnte die Königsfamilie. Eine Abordnung wurde schließlich zur Nationalversammlung vorgelassen. Sie rang den Abgeordneten eine Reihe von Zusagen ab.

Abordnung
Einzelpersonen, die die Meinungen und Forderungen einer größeren Gruppe vertreten

Sous
Münzeinheit

Pfund
Maßeinheit, 1 Pfund = 500 g

Nationalgarde
Truppe von Freiwilligen und Soldaten, die sich zum Schutz der Bevölkerung zusammentun. Sie gehören nicht zum eigentlichen Militär.

M2 Der Marsch der Pariser Frauen nach Versailles (Kupferstich, um 1790)

> Trotz der Angst ... haben die ... Mitglieder der Nationalversammlung ... einzelne Zugeständnisse gemacht, da sie merkten, dass die Frauen wild entschlossen waren, nicht ohne Ergebnis wieder zu gehen. ...
> 1. ein erneutes Verbot der Kornausfuhr;
> 2. das Versprechen, das Brot billig und selbst für die Ärmsten erschwinglich [zu machen];
> 3. die Zusage, Fleisch nur noch für 8 Sous pro Pfund zu verkaufen ...

M3 Zusagen der Nationalversammlung an die Frauen vom 5. Oktober 1789

T3 • Der König beugt sich dem Druck

Wenig später bewegte sich der Protestzug vor das Königsschloss und zwang mithilfe der Nationalgarde den König, die Beschlüsse der Nationalversammlung zu unterzeichnen. Anschließend musste der König mit seiner Familie nach Paris umziehen. Das Getreide aus den königlichen Speichern wurde an das Volk von Paris herausgegeben. Kurz darauf zog auch die Nationalversammlung nach Paris um.

5 Berichte aus Sicht einer Person in M2 über deine Erlebnisse. (M2, T2)

6 Beurteile, ob die Frauen mit ihrer Aktion erfolgreich waren. (M3)

7 Vermute, warum der König und seine Familie gezwungen wurden, nach Paris umzuziehen. (T3)

Lerntempoduett

① Frau, die in den Farben Frankreichs gekleidet ist, ② Auge der Vernunft, ③ Engel des Gesetzes

M1 Die Erklärung der Menschen- und Bürgerrechte vom 26. August 1789 (Gemälde von 1789)

Die Menschenrechte

T1 • Die Erklärung der Menschen- und Bürgerrechte

Bereits vor Beginn der Französischen Revolution hatten Gelehrte die Idee entwickelt, dass alle Menschen gleich sind und die gleichen Freiheiten und Rechte besitzen. Diese Rechte waren erstmals 1776 in der Unabhängigkeitserklärung der USA festgeschrieben worden. Nun beschloss die Nationalversammlung am 26. August 1789 die Menschen- und Bürgerrechte auch für Frankreich. Sie sollten am Beginn der neuen Verfassung stehen.

Menschenrechte
Rechte, die für jeden Menschen auf der Welt gelten: beispielsweise Gleichheit, Freiheit und Recht auf Leben

Bürgerrechte
Rechte, die nur für die Bürger eines Landes gelten: beispielsweise Wahlrecht oder Pressefreiheit

❶ a) Beschreibe mit eigenen Worten die Bildelemente ①–③ in M1.
b) Was sollte mit diesen symbolischen Darstellungen ausgedrückt werden?
❷ Begründe, welches Recht aus M1 dir persönlich am wichtigsten erscheint. (M1)
Marktplatz

❸ a) Hilfe Erkläre, warum Artikel 3 dem Absolutismus widerspricht. (M1)
Placemat

Hilfe zu
❸ Hierzu kannst du noch einmal auf den Seiten 10/11 nachschlagen.

T2 • Die Menschen- und Bürgerrechte im Grundgesetz

In Europa und vielen anderen Staaten der Welt sind die Menschen- und Bürgerrechte heute in den Verfassungen verankert. Sie haben einen großen Einfluss darauf, wie das Verhältnis zwischen Staat und Bürgern gestaltet ist. Im Grundgesetz für die Bundesrepublik Deutschland, erkennt man gut, wie viele Ideen aus der Erklärung der Menschenrechte von 1789 übernommen worden sind.

Grundgesetz
Das Grundgesetz ist die aktuelle Verfassung der Bundesrepublik Deutschland. Hier sind Rechte und Gesetze festgeschrieben, die das Zusammenleben der Menschen hierzulande regeln.

unveräußerlich
Die Menschenrechte sind unveräußerlich, das heißt, man kann sie unter keinen Umständen verändern, ersetzen oder abschaffen.

Artikel 1
(1) Die Würde des Menschen ist unantastbar. Sie zu achten und zu schützen ist Verpflichtung aller staatlichen Gewalt.
(2) Das deutsche Volk bekennt sich darum zu unverletzlichen und unveräußerlichen Menschenrechten als Grundlage jeder menschlichen Gemeinschaft. ...

Artikel 2
(1) Jeder hat das Recht auf freie Entfaltung seiner Persönlichkeit, soweit er nicht Rechte anderer verletzt ...
(2) Jeder hat das Recht auf Leben und körperliche Unversehrtheit. Die Freiheit der Person ist unverletzlich. ...

Artikel 3
(1) Alle Menschen sind vor dem Gesetz gleich.
(2) Männer und Frauen sind gleichberechtigt. ...
(3) Niemand darf wegen seines Geschlechtes, seiner Abstammung, seiner Rasse, seiner Sprache, seiner Heimat und Herkunft, seines Glaubens, seiner religiösen oder politischen Anschauungen benachteiligt oder bevorzugt werden. Niemand darf wegen seiner Behinderung benachteiligt werden.

Artikel 4
(1) Die Freiheit des Glaubens, des Gewissens und die Freiheit des religiösen und weltanschaulichen Bekenntnisses sind unverletzlich.

Artikel 5
(1) Jeder hat das Recht, seine Meinung in Wort, Schrift und Bild frei zu äußern und zu verbreiten und sich aus allgemein zugänglichen Quellen ungehindert zu unterrichten.

M2 Auszug aus dem Grundgesetz der Bundesrepublik Deutschland von 1949

---

④ **Hilfe** Nenne Artikel aus M1, die du in M2 wiederfindest.
🌐 *Lerntempoduett*

⑤ Berichte über Beispiele aus der Gegenwart, in denen Menschenrechte verletzt werden.
🌐 *Galeriegang*

Hilfe zu
④ Du kannst eine Tabelle anlegen, in die du die zusammengehörigen Artikel einträgst.

Erklärung von 1789	Grundgesetz 1949
Art. 1	Art. 2, Art. 3

M1 Der König schwört 1791 der neuen Verfassung Frankreichs die Treue (zeitgenössische Darstellung)

M2 Der König im Käfig der Verfassung (zeitgenössische Karikatur)

Eine Verfassung für Frankreich

T1 • Weg zur Verfassung

Bereits 40 Jahre vor der Revolution hatte der französische Gelehrte Charles de Montesquieu dargestellt, dass es in einem Staat drei Gewalten gibt: die gesetzgebende Gewalt, die ausführende Gewalt und die richterliche Gewalt. Er forderte, dass diese drei Gewalten voneinander getrennt sein müssen. Das heißt, dass sie nicht von ein und derselben Person ausgeübt werden sollen. Nur dadurch könne verhindert werden, dass diese Gewalten missbraucht würden.

T2 • Eine neue staatliche Ordnung

Nach zweijähriger Beratung beschloss die Nationalversammlung am 3. September 1791 eine Verfassung für Frankreich. In dieser wurden die Forderungen von Montesquieu umgesetzt und die Gewaltenteilung eingeführt. Damit war Frankreich eine konstitutionelle Monarchie. Darunter versteht man eine Königsherrschaft, die durch eine Verfassung eingeschränkt ist. Dies war das Ende des Absolutismus in Frankreich.

Die Macht des Königs wurde durch die Verfassung verringert. Er konnte nicht mehr allein entscheiden, sondern musste sich an die Inhalte der Verfassung halten. Er war nur noch Teil der ausführenden Gewalt, der Exekutive. Als deren Oberhaupt konnte er aber Einspruch gegen Beschlüsse der Nationalversammlung einlegen. Sie hatte die gesetzgebende Gewalt inne. Sein Einspruch hatte jedoch nur aufschiebende Wirkung und konnte die Beschlüsse nicht dauerhaft verhindern.

Ein weiterer Artikel der Verfassung besagte, dass der König sogar abgesetzt werden konnte, wenn er das Land ohne Erlaubnis der Nationalversammlung verlassen oder Hochverrat begehen würde. Als Hochverrat bezeichnet man ein Verbrechen gegen die bestehende Verfassung.

---

konstitutionell ist abgeleitet vom Wort Konstitution, welches Verfassung bedeutet

konstitutionelle Monarchie Herrschaftsform, in der es zwar einen König gibt, aber auch eine Verfassung. Der König muss sich also an die Rechte und Gesetze der Verfassung halten.

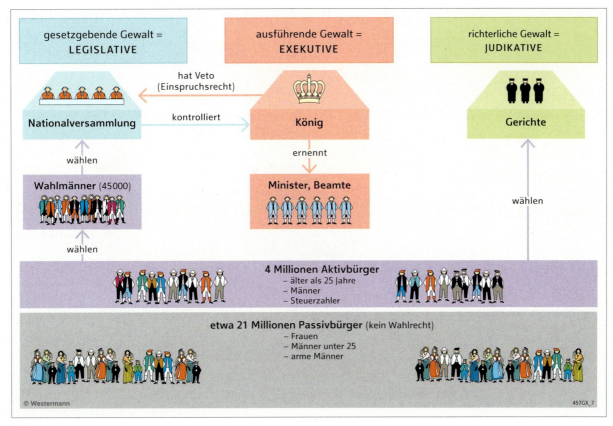

M3 Die französische Verfassung von 1791

❶ a) Beschreibe, was in M1 dargestellt wird.
b) Der Zeichner von M2 bezieht sich auf das gleiche Ereignis. Vermute, was er mit seiner Karikatur ausdrücken wollte.
   Think – Pair – Share

❷ a) Nenne die drei Gewalten, die es nach Montesquieu in einem Staat gibt. (T1)
b) Hilfe Wiederhole ihre Aufgaben.

❸ Erkläre mit eigenen Worten den Begriff „konstitutionelle Monarchie". (T2)

❹ Werte das Schaubild M3 aus.
   a) Erkläre, wie gesetzgebende und ausführende Gewalt gebildet wurden.
   b) Nenne die Rechte des Königs.
   c) Nenne Personen, die kein Wahlrecht besaßen.
   d) Was hältst du von der Einteilung in Aktivbürger und Passivbürger? Begründe deine Meinung.

❺ Überprüfe, ob deine Vermutungen aus Aufgabe 1 b) zutreffend sind.

❻ Hilfe Vergleiche die absolutistische Herrschaft Ludwigs XIV. mit der konstitutionellen Herrschaft Ludwigs XVI.

❼ Nenne die Voraussetzungen, unter denen der König abgesetzt werden konnte. (T2)

Hilfe zu

❷ b) Folgende Formulierungen können dir helfen: Die gesetzgebende Gewalt soll … . Die ausführende Gewalt hat die Aufgabe … . Die richterliche Gewalt muss … .

❻ Stelle erst beide in einer Tabelle gegenüber.

	Ludwig XIV.	Ludwig XVI.
Legislative	x	
Exekutive		
Judikative		

Fasse anschließend deine Ergebnisse in ganzen Sätzen zusammen.

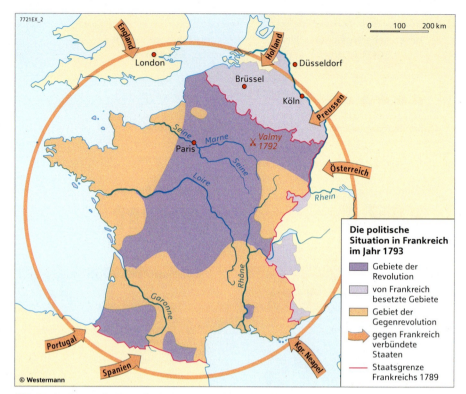

M1 Bedrohung der Revolution von innen und außen

> **Gegenrevolution**
> Gegner einer Revolution. Sie haben das Ziel, die Verhältnisse, wie sie vor der Revolution waren, wiederherzustellen.

Die Revolution ist in Gefahr

T1 • Die Gegner der Revolution

Nicht alle Franzosen waren über das Ergebnis der Revolution glücklich. Viele Bürger waren unzufrieden damit, dass sie kein Wahlrecht besaßen. Die Bauern waren jetzt zwar persönlich frei, aber weil sie arm waren, konnten sie sich kein Land kaufen. Zudem hatte es Missernten gegeben und viele Menschen hungerten. Sie gaben der Nationalversammlung die Schuld an der schlechten Lage.

Viele Adlige waren aus Angst um ihr Leben und ihren Besitz aus Frankreich geflohen. In den Nachbarländern Frankreichs wurden Truppen aufgestellt, um die Revolution zu bekämpfen. Auch Ludwig XVI. wollte mit seiner Familie fliehen. Er wurde aber auf der Flucht entdeckt, zurück nach Paris gebracht und dort streng bewacht.

❶ a) Nenne mithilfe von M1 acht Gegner der Revolution.
b) Formuliere eigene Fragen zum Thema der Karte.
Placemat

❷ Erkläre, warum viele Menschen in Frankreich unzufrieden waren. (T1)

❸ Hilfe Begründe, warum die Revolution in Frankreich in Gefahr war. (M1, T1)

Hilfe zu
❸ Nutze zum Begründen Wendungen wie: denn, weil, da, deshalb, darum, daher, aus diesem Grund.

T2 • Kampf für Frankreich

Nach der Verhaftung Ludwigs XVI. rückten im Sommer 1792 die Heere Österreichs und Preußens unter Führung des Herzogs von Braunschweig in Frankreich ein. In Frankreich meldeten sich nun viele Freiwillige beim Heer. Alle wussten, dass alles, wofür sie in der Revolution gekämpft hatten, rückgängig gemacht würde, wenn Frankreich den Krieg verliert.

Am 20. September 1792 gewannen die Franzosen die entscheidende Schlacht bei Valmy. Danach vertrieben sie nicht nur die Gegner aus ihrem Land, sondern eroberten auch Belgien und deutsche Gebiete.

> Wir bekämpfen die, welche die Regierung in Frankreich an sich gerissen haben, im Innern die gute Ordnung und die rechtmäßige Regierung gestört und gegen die Person des Königs Gewalttätigkeiten begangen haben. ... Wir wollen den König und die königliche Familie aus der Gefangenschaft befreien.

Tyrann
rücksichtsloser Herrscher, der seine Macht ausnutzt

M2 Der Herzog von Braunschweig am 25. Juli 1792

> Die Sprache der Waffen ist die einzige, die uns bleibt. Unsere Gegner sind die Feinde der Verfassung; sie wollen die Vorrechte des Adels und die Vorrangstellung des Königs wiederherstellen. Zeigen wir schließlich Europa, dass 10 Millionen Franzosen in der Lage sind, in ihrer Freiheitsliebe alle Tyrannen auf ihren Thronen erzittern zu lassen.

M3 Der französische Abgeordnete Isnard 1792 (sprachlich vereinfacht)

M4 Die Schlacht von Valmy (zeitgenössische Darstellung)

❹ Erkläre, warum sich viele Bürger Frankreichs freiwillig zum Krieg meldeten. (T2)
❺ a) Wie begründen die Gegner der Revolution den Krieg mit Frankreich? (M2)
   b) Wie begründen die Revolutionäre den Krieg gegen die Revolutionsgegner? (M3)
   Partnerpuzzle

❻ Hilfe Schreibe Denk- oder Sprechblasen für die französischen Soldaten in M4.
   Stühletausch

Hilfe zu
❻ Berücksichtige, warum sich die Soldaten zum Krieg gemeldet hatten.

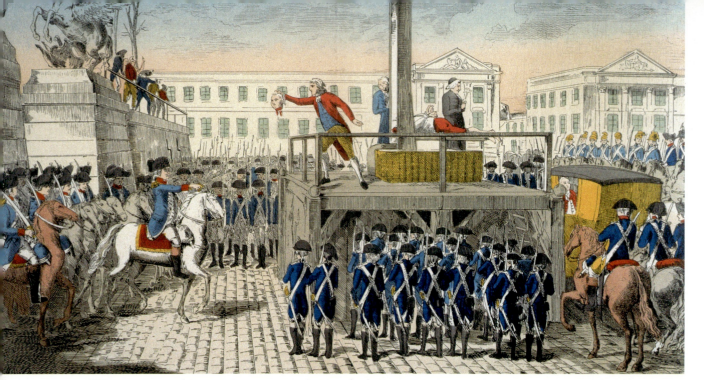

M1 Hinrichtung Ludwigs XVI. (aus einem zeitgenössischen Bilderbogen, einer frühen Form der Zeitung)

Frankreich wird Republik

T1 • Die Abschaffung der Monarchie

Nach dem Fluchtversuch des Königs und dem Krieg gegen Österreich und Preußen forderten viele Franzosen die Abschaffung der Monarchie. Am 21. September 1792 beschloss die Nationalversammlung die Absetzung des Königs und erklärte Frankreich zur Republik.

Viele Franzosen waren aber noch Anhänger des Königs und einer konstitutionellen Monarchie, wie sie die Verfassung von 1791 vorsah. Sie nannten sich Girondisten und wurden hauptsächlich von den reicheren Geschäftsleuten aus Paris unterstützt. Ihre politischen Gegner waren die Jakobiner. Sie wollten Frankreich in eine Republik, das heißt in einen Staat ohne König, umwandeln. Die Jakobiner wurden von Handwerkern, Arbeitern und Tagelöhnern unterstützt.

Zunächst hatten die Anhänger der konstitutionellen Monarchie, die Girondisten, den größten Einfluss. Weil es aber überall im Land an Lebensmitteln mangelte und diese deshalb sehr teuer wurden, wuchs die Unzufriedenheit der Bevölkerung. Deshalb gewannen die Jakobiner schnell großen politischen Einfluss.

---

1 a) Beschreibe M1.
b) Stelle Fragen zum dargestellten Ereignis.

2 a) Hilfe Stelle die Ziele von Girondisten und Jakobinern gegenüber. (T1)
b) Nenne die Gruppen, die die Girondisten bzw. die Jakobiner unterstützten. (T1)

3 Fasse die politische Lage in Frankreich mit eigenen Worten zusammen. (T1)
Partnervortrag

Hilfe zu
2 a) Du kannst eine Tabelle nutzen.

T2 • Die Hinrichtung Ludwigs XVI.

Im November 1792 begann vor dem Konvent, so hieß die neu gewählte Nationalversammlung seit 1792, der Prozess gegen Ludwig XVI. Die Anklage lautete Verrat am Vaterland. Nach dem Fluchtversuch des Königs hatte man in seinem Schloss Beweise für geheime Verbindungen mit den Feinden gefunden. Nach sechswöchiger Verhandlung verurteilten die Abgeordneten mit knapper Mehrheit Ludwig XVI. zum Tode. Er wurde am 21. Januar 1793 mit der Guillotine hingerichtet. Seine Frau Marie Antoinette starb im Oktober 1793 ebenfalls durch die Guillotine.

Guillotine
Hinrichtungsgerät, mit dem der Verurteilte durch eine schnell herabfallende Klinge geköpft wird

> Die Stufen, die zum Schafott führten, waren äußerst steil. Der König musste sich auf meinen Arm stützen. Aber wie erstaunt war ich, als ich oben sah, dass er … mit einem einzigen Blick fünfzehn oder zwanzig Trommler, die ihm gegenüberstanden, zum Schweigen brachte und … die für immer denkwürdigen Worte deutlich aussprach: „Ich sterbe unschuldig an den Verbrechen, die man mir vorwirft. Ich vergebe den Urhebern meines Todes und bitte Gott, das Blut, das sie vergießen werden, möge niemals über Frankreich kommen."

Webcode
Filmclip zum Schicksal der französischen Königin Marie Antoinette
WES-100512-1

M2 Bericht des Abbé Edgeworth über die Hinrichtung Ludwigs XVI.

T3 • Eine neue Verfassung für Frankreich

Nachdem der König abgesetzt und die Republik ausgerufen war, wurde innerhalb von neun Monaten vom Konvent eine neue Verfassung ausgearbeitet. Sie wurde am 24. Juni 1793 veröffentlicht.

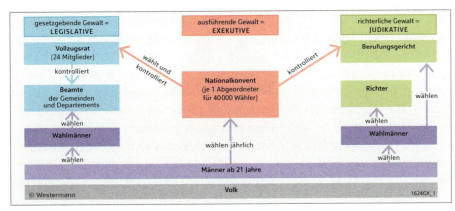

M3 Die französische Verfassung von 1793

④ Wofür wurde der König angeklagt? Erkläre. (T2)

⑤ Diskutiert, ob der Konvent nach der Verfassung von 1791 das Recht hatte, den König zu verurteilen.
Lerntempoduett

⑥ **Hilfe** Vergleiche die Verfassung von 1793 mit der von 1791. (M3; Seite 21, M3)

Hilfe zu
⑥ Prüfe folgende Punkte: Gewaltenteilung, Regierende, Wahlberechtigte.

bewerten

Beim Bewerten gehst du zunächst genau wie beim Beurteilen vor. Du wägst ab, inwiefern zum Beispiel Aussagen oder Maßnahmen bestätigt oder widerlegt werden können. Hierfür formulierst du Argumente, die du aus vorliegendem Material und deinen eigenen Vorstellungen erarbeitest. Der Unterschied zum Beurteilen liegt darin, dass du dein Urteil nicht nur sachlich begründest, sondern darüber hinaus ein Werturteil abgibst. Das tust du, indem du deine eigene Sicht begründest. Du sagst, warum du etwas zum Beispiel gerecht oder ungerecht findest.

1. Schritt: Das Thema erfassen
- Was soll bewertet werden?

2. Schritt: Argumente sammeln
- Welche Fakten, Beispiele oder Belege kannst du als sachliche Argumente heranziehen?
- Wie ist deine eigene Meinung? Wie begründest du sie?

3. Schritt: Eigene Position und Bewertung formulieren
- Formuliere auf Grundlage der von dir zusammengetragenen Informationen und deiner eigenen Meinung eine Bewertung.
- Begründe deine Bewertung.

Tyrann
rücksichtsloser Herrscher, der seine Macht ausnutzt

Konvent
Gemeint ist hier der Nationalkonvent, also das französische Parlament ab September 1792.

Ich versuche den Beweis zu bringen, dass der König verurteilt werden kann … Wir wollen die Republik, die Unabhängigkeit und die Einheit, entzweien uns jedoch und schonen einen Tyrannen! Mit welchem Recht beruft er sich, um den Gesetzen gemäß abgeurteilt zu werden … wo es doch klar ist, dass er die einzige Verpflichtung, die er uns gegenüber übernommen hat … nämlich, uns zu beschützen, verletzt hat? Den Anspruch zu erheben, nach Gesetzen, die er mit Füßen getreten hat, gerichtet zu werden? Das wäre mir aber ein letzter Akt der Tyrannei … Alles, was ich gesagt habe, läuft folglich darauf hinaus, dass Ludwig XVI. wie ein auswärtiger Feind gerichtet werden muss. …

M1 Aus der Rede des Abgeordneten Louis-Antoine-Léon de Saint-Just am 13. November 1792

Als Ludwig noch König war, war er unverletzlich. Seitdem Ludwig als König abgesetzt ist, stehen ihm die gleichen unveräußerlichen Rechte wie allen anderen Bürgern zu. Er muss vor einem ordentlichen Gericht angeklagt werden. … Nur wenn genau nach der Verfassung und den Gesetzen verfahren wird, ist ein gerechtes Urteil sichergestellt. Ohne die Unabhängigkeit der Gerichte ist keine Freiheit möglich.
Die Abgeordneten des Konvents sind keine Richter, deshalb dürfen sie nicht über Ludwigs Schicksal entscheiden … Sie wollen Ludwig weder die Rechte des Bürgers noch die Vorrechte des Königs zugestehen. Das ist ein Widerspruch.

M2 Aus der Rede des Verteidigers Ludwigs XVI., Romain de Sèze, am 26. Dezember 1792

Operatoren üben

Bewerte die Verurteilung des Königs durch den Konvent.

1. Schritt: Das Thema erfassen
- Lies die Textquellen und mache dir Notizen. (W-Fragen)
- Benenne das Thema.

2. Schritt: Argumente sammeln
- In den Textquellen wird unterschiedlich argumentiert, inwiefern eine Verurteilung Ludwig XVI. durch den Konvent rechtmäßig ist oder nicht. Notiere die unterschiedlichen Standpunkte in einer Tabelle.
- Ergänze die Tabelle um deinen eigenen Blickwinkel.
- Um die Verurteilung des Königs durch den Konvent bewerten zu können, musst du verschiedene Punkte berücksichtigen, beispielsweise:
  - Gerechtigkeit: Saint-Just und de Séze gehen darauf ein, warum es gerecht bzw. ungerecht ist, den König ohne Gerichtsprozess zu verurteilen. Wäge ab, welche Argumente deiner Ansicht nach am stärksten sind, und formuliere deinen Standpunkt.
  - Rechtmäßigkeit nach dem Gesetz: Schaue dir das Schema der Verfassung Frankreichs auf Seite 21 an.
  War das Urteil nach dem Gesetz rechtmäßig?
Schreibe auf und begründe. So könnte deine Tabelle aussehen:

Blickwinkel	Urteil gerechtfertigt	Urteil nicht gerechtfertigt
Saint-Just	- König hat nicht das Recht, nach Gesetz, weil ... - Er hat seine Pflicht ...	-
Séze	-	- König hat als normaler Bürger ... - Urteil ist ...
ich		

3. Schritt: Eigene Position und Bewertung formulieren
- Bevor du deine Bewertung ausformulierst, solltest du folgende Fragen für dich beantworten: Was ist deine Meinung zu dem Thema? Wie begründest du deinen Standpunkt?

Benenne das Thema:
Es geht um die Verurteilung Ludwig XVI. Er wurde ... .
Erläutere die verschiedenen Aussagen zu dem Thema.
Saint-Just, ein Abgeordneter des ... ist der Meinung, dass ... . Er sagt... .
Des Weiteren ... . Er begründet ... .
Séze, der Verteidiger des Königs, sagt ... . Seiner Meinung nach ... . Schließlich ... .
Fasse zusammen, wie du selbst die Verurteilung Ludwig XVI. bewertest.
Meiner Meinung nach hat der König ... . Besonders ... . Andererseits finde ich die Verurteilung ..., denn ... . Insgesamt denke ich, dass ..., weil ... . Aus heutiger Sicht betrachtet ...

Meiner Meinung nach ...
Ich denke, dass...
Außerdem ...
Des Weiteren ...
Auch ...
Zum einen ... zum anderen ...
Ebenso ...
Besonders ..
Andererseits ...
Insgesamt ...
Zusammenfassend ...
Schließlich ...

... Von außen umzingeln euch alle Tyrannen, im Innern verschwören sich alle Freunde der Tyrannen, und sie werden sich so lange verschwören, als der Verrat noch eine Hoffnung haben wird. Man muss die inneren und äußeren Feinde der Republik ersticken oder mit der Republik gemeinsam untergehen. Und deshalb ist in der gegenwärtigen Lage der Grundsatz unserer Politik der: das Volk durch die Vernunft und unsere Feinde durch Schrecken zu leiten. ... Der Schrecken ist nichts anderes als die schnelle, strenge und unbeugsame Justiz ...

M1 Aus einer Rede von Maximilien de Robespierre am 5. Februar 1794

Die Herrschaft der Jakobiner

T1 • Die Jakobiner übernehmen die Macht

Im Jahre 1793 bekämpften sich auf dem Land immer noch die Anhänger des hingerichteten Königs und Anhänger der Republik. Und auch von außen wurde die junge Republik weiterhin von absolutistischen Monarchen bedroht.

Wie die Jahre zuvor war die wirtschaftliche Lage sehr schwierig. Die Preise für Waren des täglichen Lebens, besonders die für Lebensmittel, stiegen. Viele Menschen hungerten. Die Regierung konnte nicht helfen, weil die Staatskasse leer war.

Eine starke Gruppe in der Gesellschaft waren die Handwerker, Arbeiter und Tagelöhner. Sie nannten sich Sansculotten. Mit ihrer Hilfe übernahmen die Jakobiner die Macht. Sie ordneten zunächst Festpreise für Lebensmittel an, um weitere Preisanstiege zu verhindern. Den Bauern auf dem Land wurde der Boden, den sie bebauten, geschenkt.

T2 • Angst und Schrecken

Die Jakobiner mit ihrem Anführer Maximilien de Robespierre wollten die Gegner der Revolution mit Terror bekämpfen. Wer nicht für die Jakobiner war, galt als Feind. Es gab Bespitzelungen und unzählige Verhaftungen. Verdächtige wurden vor Revolutionsgerichte gestellt. Dort waren keine Verteidiger oder Zeugen zugelassen. Ein häufiges Urteil war die Todesstrafe, sodass Hinrichtungen zu etwas Alltäglichem wurden.

Niemand konnte sich sicher fühlen. Robespierre beschuldigte viele seiner politischen Gegner, Feinde Frankreichs und der Revolution zu sein, und ließ sie hinrichten, um seine Position zu stärken. Auf diese Weise wollte er seine Macht festigen. Allerdings machte er sich damit neue Gegner.

Schließlich wurde Robespierre selbst Opfer seiner Terrorpolitik: Viele Abgeordnete des Konvents bekamen Angst, von Robespierre als Feinde verdächtigt zu werden. Daher ließen sie ihn verhaften. Nach einem Fluchtversuch wurde er ohne Gerichtsverhandlung hingerichtet. Dieses Ereignis gilt als das Ende der Terrorherrschaft der Jakobiner.

Justiz
die Umsetzung der Gesetze und Rechte durch staatliche Behörden, wie zum Beispiel Gerichte

Sansculotten
deutsch: ohne Kniebundhose. So nannten sich die Arbeiter, da sie im Gegensatz zu Adligen und reichen Bürgern keine Kniebundhosen, sondern lange Hosen trugen. Diese waren für ihre Arbeit praktischer.

Terror
das Verbreiten von Angst und Schrecken durch Gewalttaten

Bespitzelungen
Die Menschen belauschten sich gegenseitig und verrieten Gegner der Revolution an die Jakobiner.

M2 Ein Revolutionsgericht (zeitgenössische Zeichnung)

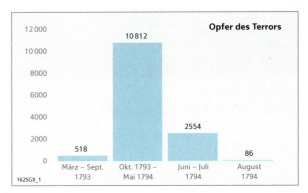

M3 Todesurteile der Revolutionsgerichte

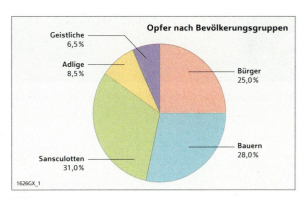

M4 Hingerichtete zur Zeit des Terrors

❶ a) Wen sieht Robespierre als Feinde der Republik Frankreich? (M1)
b) Wie soll nach Ansicht Robespierres mit den Feinden umgegangen werden? (M1)
🌐 Think – Pair – Share

❷ Wie kam es dazu, dass die Jakobiner die Macht in Frankreich übernehmen konnten? Nenne drei Gründe. (T1)

❸ Erkläre, wer die Sansculotten waren. (T1)

❹ Nenne die Merkmale der Terrorherrschaft der Jakobiner. (T2)

❺ Erkläre, wie und warum Robespierre entmachtet wurde. (T2)

❻ a) Hilfe Beschreibe das Revolutionsgericht aus M2.
b) Welche Einstellung hatte der Zeichner gegenüber den Richtern? Begründe.

❼ Stell dir vor, du bist Angeklagter vor einem Revolutionsgericht. Beurteile deine Chancen in der Verhandlung. (T2, M2)

❽ Werte M3 und M4 aus:
a) Wie viele Todesurteile wurden 1793/94 gefällt? (M3)
b) In welchem Zeitraum wurden die meisten Todesurteile gesprochen? (M3)
c) Welchem Stand gehörten die meisten Hingerichteten an? (M4)

❾ Diskutiert folgende Aussage: Um ein gutes Ziel zu erreichen, darf auch Gewalt angewendet werden.

Hilfe zu
❻ a) Was tun die Männer? Wer gehört zum Gericht? Wer ist der Angeklagte?

M1 Reiche Bürgerinnen und Bürger bei einem geselligen Abend (um 1795)

Der Aufstieg Napoleons

T1 • Frankreich in der Krise

Nach dem Ende der Jakobinerherrschaft erhielt Frankreich im Jahr 1795 eine neue Verfassung. Ein fünfköpfiges Direktorium hatte nun die Regierungsgewalt. Das Recht zu wählen war von jetzt an vom Einkommen abhängig. So sollte die ärmere Bevölkerung weniger Einfluss erhalten.

Nach einer Zeit der Ruhe geriet Frankreich im Jahre 1797 erneut in eine schwere Wirtschaftskrise. Viele Menschen verloren ihre Arbeit, kleine Handwerksbetriebe mussten schließen und es drohte eine Hungersnot, weil die Brotpreise stiegen. Die Bürger gaben dem Direktorium die Schuld an der Notlage. Die Direktoren versuchten, ihre Herrschaft zu sichern, indem sie durch Eroberungskriege von den inneren Problemen ablenkten.

❶ a) Beschreibe die Personen in M1.
   b) Welche Ansichten vertreten sie?
   c) Ergänze eigene Sprechblasen.
❷ a) Nenne den Zweck des neuen Wahlrechts. (T1)
   b) Begründe, warum es nicht den Grundsätzen der Revolution entspricht.
❸ Berichte über die Lage in Frankreich im Jahre 1797. (T1)
❹ Erkläre am Beispiel des Direktoriums folgende Aussage: Außenpolitische Erfolge lenken von innenpolitischen Problemen ab.
   Marktplatz

T2 • Napoleon Bonaparte

Die Kriege, die das Direktorium führen ließ, stärkten die Position der französischen Generäle. Einer von ihnen war Napoleon Bonaparte. Während der Revolution hatte er aufseiten der Jakobiner gestanden und schnell Karriere gemacht. 1795 schlug er in Paris mithilfe seiner Soldaten einen Aufstand von Königstreuen gegen das Direktorium nieder. Daraufhin erhielt er weitere Befehlsgewalt und wurde zum Oberbefehlshaber der Armee innerhalb Frankreichs befördert.

Seine Erfolge verschafften Napoleon großes Ansehen beim Volk. Das Direktorium verlor dagegen mehr und mehr das Vertrauen der Bürger. Zwei Mitglieder des Direktoriums und Napoleon wurden zu Verbündeten, um die Macht an sich zu reißen. Am 9. November 1799 stürzte Napoleon mit seinen Soldaten das Direktorium und übernahm gemeinsam mit seinen beiden Verbündeten die Regierungsgewalt. Mit 30 Jahren wurde Napoleon so Erster Konsul. Es dauerte aber nur wenige Wochen, bis er seine Mitkonsuln entmachtete und Frankreich als Alleinherrscher regierte.

Steckenpferd bedeutet eigentlich Hobby; meint hier: den Menschen etwas geben, das sie zufriedenstellt.

> Glauben Sie vielleicht, dass ich eine Republik gründen will: Welcher Gedanke! ... Das ist eine Wahnvorstellung, in die die Franzosen vernarrt sind, die aber auch wie so manche andere vergehen wird. Was sie brauchen, das ist Ruhm, die Befriedigung ihrer Eitelkeit, aber von Freiheit verstehen sie nichts. ... Die Nation braucht einen Führer, einen durch Ruhm hervorragenden Führer, aber keine Theorien über Regierung, keine großen Worte, keine Reden ..., von denen die Franzosen nichts verstehen. Man gebe ihnen ihre Steckenpferde, das genügt ihnen, sie werden sich damit amüsieren und sich führen lassen, wenn man ihnen nur geschickt das Ziel verheimlicht, auf das man sie zumarschieren lässt.

M2 Napoleon Bonaparte in einem Gespräch mit einem vertrauten Politiker (1797)

M3 Napoleon als Erster Konsul (Gemälde von 1804)

❺ Stelle dar, wie es Napoleon gelang, vom General zum Alleinherrscher in Frankreich aufzusteigen. (T2)

❻ Arbeite heraus, wie sich Napoleons Haltung zur Revolution entwickelte. (T2, M2)

❼ Beurteile das Handeln Napoleons im Jahr 1799. (T2)

❽ Hilfe Erläutere, wie sich Napoleons Haltung aus M2 im Gemälde M3 widerspiegelt.
  Think – Pair – Share

Hilfe zu
❽ Wie ist Napoleon gekleidet? Was drückt seine Haltung aus? Wie wirkt das Bild auf dich?

M1 Napoleon krönt sich 1804 selbst zum Kaiser und seine Ehefrau zur Kaiserin. (Gemälde von 1806/07)

Das Ende der Revolution

T1 • Napoleon beendet die Revolution

Napoleon ließ den Franzosen verkünden, dass die Revolution zu Ende sei. Dafür konnte er mit der Zustimmung vieler Franzosen rechnen. Sie wünschten sich nach zehn Jahren voller Unsicherheit endlich Ruhe und Frieden. Napoleon regierte als Alleinherrscher. Seine Anordnungen besaßen Gesetzeskraft. Legislative und Exekutive lagen in seiner Hand. 1802 ließ sich Napoleon in einer Volksabstimmung als Alleinherrscher auf Lebenszeit bestätigen. Am 2. Dezember 1804 krönte er sich selbst zum Kaiser und stellte sich damit über die anderen europäischen Herrscher. Frankreich war wieder zur Monarchie geworden.

> Europa wird nicht zur Ruhe kommen, bevor es nicht unter einem einzigen Oberhaupte steht … Wir brauchen ein europäisches Gesetz, einen europäischen Gerichtshof, eine einheitliche Münze, die gleichen Gewichte und Maße … Aus allen Völkern Europas muss ich ein Volk machen und aus Paris die Hauptstadt der Welt.

M2 Napoleon über seine politischen Ziele (1811)

T2 • Was blieb von der Revolution?

Die Revolution hatte in Frankreich vieles verändert. Doch Napoleon hatte einige Ergebnisse der Revolution wieder abgeschafft. Frankreich war zum Beispiel keine Republik mehr. Napoleon hatte außerdem die Pressefreiheit wieder aufgehoben und auch die Rechte der Frauen beschränkt. Viele Errungenschaften der Revolution ließ Napoleon aber auch bestehen. Von 1800 bis 1804 ließ er ein Gesetzbuch für alle bürgerlichen Rechte erstellen. Dieser sogenannte Code civil war auch Vorbild für das heute noch gültige Bürgerliche Gesetzbuch in Deutschland.

- Alle Menschen sind persönlich frei.
- Jeder Franzose hat das Recht auf Eigentum.
- Alle Franzosen müssen entsprechend ihrem Einkommen Steuern zahlen.
- Vor dem Gesetz sind alle Menschen gleich, unabhängig von ihrem Stand.
- Öffentliche Gerichtsverfahren und unabhängige Richter werden eingeführt.
- Alle Zölle innerhalb Frankreichs bleiben abgeschafft.
- Maße und Gewichte (Meter, Gramm, Liter) werden vereinheitlicht und gelten für ganz Frankreich. (Dieses System setzte sich in ganz Europa durch.)
- Auch Nicht-Adlige können zu hohen Staatsämtern gelangen.

M3 Errungenschaften der Revolution, die bestehen blieben

M4 Eine Darstellung, die für einheitliche Maße und Gewichte und für das 10er-Zahlensystem werben sollte

1 Hilfe Stell dir vor, du erlebst die Situation in M1 als Jakobiner mit. Beschreibe deine Gedanken in einem Tagebucheintrag. (M1)

2 Erkläre, warum viele Franzosen über das Ende der Revolution froh waren. (T1)

3 a) Gib die politischen Ziele Napoleons mit eigenen Worten wieder. (M2)
b) Bewerte diese Ziele.
 Think – Pair – Share

4 Begründe, welche Menschen durch die Revolution Vorteile bzw. Nachteile hatten. (T2, M3)

5 Überprüfe, welche Punkte aus M3 heute noch in Deutschland gelten.
 Stühletausch

6 Erläutere Vorteile von gleichen Maßen und Gewichten für den Handel. (M3, M4)

7 Stell dir vor, M4 wäre ein Teil eines Werbeflyers. Formuliere dazu eigene Werbesprüche.

8 Hilfe Beurteile, ob man mit der Herrschaft Napoleons die Revolution als vollendet oder gescheitert ansehen muss. (T1, T2, M3)

Hilfe zu

1 Denke daran, für welche Ziele du als Jakobiner eingetreten bist. Was hättest du von Napoleon als Anhänger der Jakobiner erwartet?

8 Berücksichtige, was die Menschen zu Beginn der Revolution forderten und welche Errungenschaften bestehen blieben. Du kannst auch noch mal auf den Seiten 16–21 nachlesen. Formulierungshilfen:
In der Revolution hatten die Menschen viele Rechte erkämpft, zum Beispiel … . Unter Napoleon wurden diese Rechte zum Teil … . Meiner Meinung nach muss die Revolution als vollendet/gescheitert angesehen werden, weil … .

M1 Tanz um einen Freiheitsbaum 1792, vermutlich in Mainz

Strahlkraft und Schatten der Revolution

T1 • Stimmen aus Deutschland zur Revolution

Während die deutschen Fürsten erbitterte Gegner der Revolution in Frankreich waren, entwickelten ihre Untertanen vielerorts Sympathien für die Ideen der Revolution. Sie sahen, wie sich die Bürger im benachbarten Frankreich gegen die absolutistische Monarchie zur Wehr setzten. Viele gebildete und von den Ideen der Aufklärung beeinflusste Bürger werteten die Verfassung von 1791 als großen Fortschritt, denn sie schränkte die Macht des Königs ein.

Als im September 1792 die Armee der deutschen Fürsten, die Ludwig XVI. befreien wollte, von der französischen Revolutionsarmee bei Valmy besiegt wurde, fand dies in den deutschen Ländern große Beachtung. Das Freiwilligenheer der Franzosen, das die Revolution verteidigte, hatte die gut ausgebildeten Soldaten der Fürsten besiegt. Besonders im Rheinland, wo deutsche Fürsten vor der Revolutionsarmee geflohen waren, stellten die Menschen Freiheitsbäume mit der Aufschrift „Freiheit und Gleichheit" auf. Sie zeigten so ihre Verbundenheit mit den Ideen der Französischen Revolution.

Mit der Hinrichtung Ludwigs XVI. und der Terrorherrschaft der Jakobiner änderte sich die öffentliche Meinung in den deutschen Staaten. Viele Menschen fühlten sich von den Vorgängen in Frankreich abgestoßen.

❶ a) Gib deine Eindrücke von M1 wieder.
  b) Stelle drei Fragen an das Bild.
     Bienenkorb

❷ Erkläre, warum viele Menschen in den deutschen Staaten die Revolution begrüßten. (T1)

❸ Hilfe Erkläre, warum viele Menschen ihre Meinung zur Revolution änderten. (T1)

Hilfe zu
❸ Nutze auch die Seiten 24 – 27.

T2 • Die Wirkung der Revolution

Die Französische Revolution hatte Auswirkungen auf das politische Denken der Menschen in Europa und der Welt, denn das alte Modell der absolutistischen Monarchie war infrage gestellt worden. Die Revolution wurde von den einen begrüßt und von den anderen gefürchtet.

> Mein Vertrauen in den Verstand des Menschen und in die menschlichen Fähigkeiten, sich selbst zu regieren, ist so groß, dass ich, wo der Vernunft Raum gelassen wird, sich zu behaupten, niemals Angst vor dem Ergebnis habe, und ich will mich als falscher Prophet steinigen lassen, wenn in diesem Land (Frankreich) nicht alles gut endet. Und es wird in diesem Land nicht sein Bewenden haben. Dies ist nur das erste Kapitel in der Geschichte der europäischen Freiheit.

M2 Der US-amerikanischer Außenminister Thomas Jefferson bei einem Besuch in Paris 1790

> Eine der ersten Taten der Französischen Revolution war es, dass sie eine Erklärung der Menschenrechte veröffentlichte, auf deren Grundlage die neue Verfassung errichtet werden sollte. … In der … [Einleitung], die der Erklärung … vorangestellt ist, erscheint die Nation feierlich und eindrucksvoll, und sie bekennt sich … zu ihrem Auftrag, eine Regierung zu schaffen. Das ist ein derart neues und in der europäischen Welt völlig beispielloses Ereignis, dass das Wort „Revolution" seinem Charakter nicht angemessen ist; es handelt sich vielmehr um eine „Wiedergeburt des Menschen".

M3 Thomas Paine, US-amerikanischer Politiker britischer Herkunft, in einer Schrift von 1791

> Was die Französische Revolution kennzeichnet und zu einem einzigartigen Ereignis in der Geschichte macht, ist, dass sie durch und durch böse ist; nicht eine Spur von Gutem mag den Schmerz des Betrachters zu mildern; sie hat den höchsten Grad der Verderbtheit erreicht, sie ist reinster Schmutz.

M4 Joseph de Maistre, Politiker im Königreich Savoyen, der nach der Eroberung seiner Heimat durch Frankreich in die Schweiz emigrierte (1796)

nicht sein Bewenden haben
bedeutet: Es wird nicht dabei bleiben; es wird noch mehr folgen.

Thomas Jefferson
1785 – 1789:
US-amerikanischer Botschafter in Paris,
1790 – 1793: Außenminister der USA,
1800 – 1809: Präsident der USA

Verderbtheit
Begriff, der etwas sehr Negatives beschreibt. Er bezieht sich vor allem auf Unmoralisches und Unehrenhaftes.

4 a) Gib die Stellungnahmen aus M2, M3 und M4 jeweils kurz wieder.
b) Arbeite Gemeinsamkeiten und Unterschiede heraus.

5 Welchen Aspekten der Quellen M2 – M4 würdest du zustimmen? Begründe deine Meinung.
Marktplatz

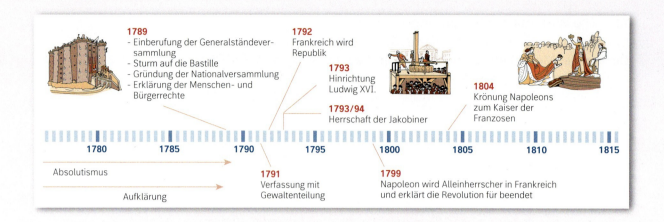

Die Französische Revolution

Warum gab es in Frankreich eine Revolution?

Die Ständeordnung in Frankreich gewährte dem Klerus und dem Adel, also dem ersten und zweiten Stand, eine Vielzahl von Sonderrechten. Die Angehörigen des dritten Standes, Bauern, Handwerker oder Kaufleute, besaßen hingegen wenig Rechte, mussten aber als einzige Steuern zahlen.

Die Steuern verwendete der König zum Beispiel für seinen aufwendigen Hofstaat oder sein Militär. In der Bevölkerung gab es jedoch Armut und Hunger. Diese Missstände führten zu einer großen Unzufriedenheit der Franzosen. Ermutigt durch die Ideen der Aufklärung wagten die Untertanen einen Aufstand gegen die absolutistische Herrschaft.

Was geschah während der Revolution?

1789 wollten Vertreter des dritten Standes auf einer Versammlung der Ständevertreter König Ludwig XVI. ihre Beschwerden vortragen. Weil diese nicht besprochen wurden, erklärten sich die Abgeordneten des dritten Standes aus Protest zur Nationalversammlung. Die Unzufriedenheit der Bürger in Paris schlug in Gewalt um, als sie die Bastille erstürmten. Im Sommer 1789 verkündete die Nationalversammlung die Menschen- und Bürgerrechte. Im Jahr 1791 setzte sie eine Verfassung in Kraft, die die Macht des Königs begrenzte. Nach einem Fluchtversuch 1792 wurde Ludwig XVI. abgesetzt und die Republik ausgerufen. 1793 wurde er wegen Hochverrats hingerichtet. Während der Terrorherrschaft der Jakobiner bis 1794 wurden fast 14 000 Menschen hingerichtet.

Welche Ergebnisse brachte die Revolution?

Napoleon Bonaparte war ein erfolgreicher Heerführer und sehr populär. 1799 übernahm er mithilfe seiner Soldaten die Macht als Alleinherrscher. 1804 krönte er sich selbst zum Kaiser der Franzosen. Frankreich war wieder eine Monarchie. Napoleon sah sich selbst als Verteidiger der Revolution, weil er viele Errungenschaften der Revolution bewahrte.

Viele Ideen der Revolution verbreiteten sich in Europa. Politische Mitbestimmung wurde für viele Menschen zu einem erkämpfenswerten Ziel.

Absolutismus

Im Absolutismus herrschte ein Fürst oder König absolut. Er besaß allein die gesamte Macht im Staat. Er verstand sich als „Herrscher von Gottes Gnaden", also als von Gott eingesetzt, und durfte deshalb nicht kritisiert werden. König Ludwig XIV. von Frankreich gilt als wichtigster Vertreter dieser Herrschaftsform.

Aufklärung

Die Aufklärung war ein Zeitraum im 17. und 18. Jahrhundert, in dem sich die Gelehrten auf die Vernunft beriefen. Sie sprachen sich auch dafür aus, die absolutistische Herrschaft einzuschränken. Die Aufklärung war damit eine Voraussetzung für die Französische Revolution.

Gewaltenteilung

Mitte des 18. Jahrhunderts schrieb Charles Louis de Montesquieu, dass es in jedem Staat eine gesetzgebende Gewalt, eine ausführende Gewalt und eine richterliche Gewalt gibt. Wenn diese drei Gewalten wie im Absolutismus in einer Hand vereint sind, kann diese Macht missbraucht werden. Montesquieu forderte daher, die drei Gewalten aufzuteilen.

Menschenrechte

Die Gelehrten der Aufklärung entwickelten die Idee, dass alle Menschen frei geboren sind und die gleichen Rechte haben. Dies wurde während der Französischen Revolution erstmals verwirklicht. Die Menschenrechte standen am Anfang der Verfassung Frankreichs von 1791.

Konstitutionelle Monarchie

Dies ist eine Form der Monarchie, in der die Macht des Herrschers durch eine Verfassung eingeschränkt ist.

Republik

Eine Republik ist meist eine Staatsform mit einer gewählten Regierung. Staatsoberhaupt ist kein Monarch, sondern ein Präsident. Er übt sein Amt auf Zeit aus. Das Volk übergibt die Macht auf Zeit durch Wahlen an Parlament und Regierung.

Revolution

Als Revolution wird eine grundlegende Veränderung der Gesellschaft oder der politischen Verhältnisse bezeichnet, die sehr plötzlich passiert. Eine Revolution kann mit Gewalt oder gewaltlos erfolgen. Politische Revolutionen haben meist die Änderung von Herrschaftsformen zum Ziel.

Terrorherrschaft

In den Jahren 1793/94 errichteten die Jakobiner in Frankreich eine Terrorherrschaft. Es gab Bespitzelungen und haltlose Beschuldigungen. Ein Angeklagter hatte vor den Revolutionsgerichten keine Chance. Sie fällten fast nur Todesurteile. Es wurden ca. 14 000 Menschen hingerichtet.

Verfassung

Eine Verfassung ist die Sammlung der wichtigsten Gesetze eines Staates. Es regelt die Verteilung der Macht im Staat sowie die Rechte und Pflichten aller Bürger.

Die Französische Revolution

1. Silbenrätsel zum Absolutismus

che – ein – ern – ge – geist – got – il – kö – les – li – nen – nig – sa – schränkt – son – steu – tes – un – ver

1) Titel, unter dem Ludwig XIV. bekannt war
2) Prachtschloss mit 2000 Zimmern
3) Vertreter des ersten Standes
4) Erster und zweiter Stand waren davon befreit.
5) Der König war Herrscher von … Gnaden.
6) Im Absolutismus herrschte der König … .

2. Bilderrätsel

Arbeitet zu zweit und teilt euch die Bilder 1 – 8 auf.
a) Prüft, zu welchen Bildern im Kapitel die Ausschnitte 1 – 8 gehören.
b) Notiere Seite, M-Nummer und Titel.
c) Berichtet euch gegenseitig über die dargestellten Ereignisse.
   Partnervortrag

3. Personenrätsel

Benenne die fünf abgebildeten Personen. Sie wurden im Kapitel erwähnt.
Erkläre jeweils mit einem Satz, wer sie waren.

🐝 *Bienenkorb*

4. Buchstabensalat zur Revolution

Entwirre den Buchstabensalat und schreibe die Wörter richtig auf.
Formuliere zu drei Begriffen einen Merksatz.

1) Ludwig XVI. berief die DELRESGNÄTANE ein.
2) Die Vertreter des dritten Standes erklärten sich zur MULTIVANNEROMALGANS.
3) Am 14. Juli 1789 stürmten Pariser Bürger die BEILSALT.
4) Die Frauen marschierten im Oktober 1789 nach ILVERLESSA.
5) Freiheit und Gleichheit sind STENCHMERENCHE.
6) Montesquieu forderte die TEIGLUNTWENAGGE.
7) In der Verfassung von 1791 war man nur als BETRÜGVAKIR wahlberechtigt.
8) Während der Revolution wurden viele Menschen mit der TINGOLULEI hingerichtet.
9) Napoleon führte den CEVIL ICDO ein.

🐝 *Stühletausch*

5. Schwarze Schafe

Zwei Begriffe je Zeile passen nicht zu den Themen Absolutismus bzw.
Französische Revolution.
a) Finde sie heraus.
b) Begründe deine Auswahl.

1) Einigkeit – Freiheit – Gleichheit – Recht – Brüderlichkeit
2) Bastille – Wartburg – Versailles – Pyramide – Ballhaus
3) Robespierre – Ludwig XIV. – Karl V. – Luther – Montesquieu
4) Habsburger – Jakobiner – Girondisten – Kurfürsten – dritter Stand
5) Generalstände – Konzil – Reichstag – Menschenrechte – Nationalversammlung
6) Reformation – Revolution – Hexenverfolgung – Ständegesellschaft – Absolutismus

🐝 *Lerntempoduett*

M1 Kämpfe am Alexanderplatz in Berlin in der Nacht vom 18. zum 19. März 1848 (zeitgenössische Darstellung)

Auf dem Weg zum Nationalstaat

→ Wofür kämpften die Menschen?

→ Wie wurde ein einheitlicher deutscher Staat geschaffen?

→ Wie lebten die Menschen in diesem Staat?

M2 Die Gründung des Deutschen Reiches 1871 (Gemälde, 1885)

M3 In einer Tanzschule im deutschen Kaiserreich (Foto, um 1900)

M1 Der Einmarsch Napoleons in Berlin am 27. Oktober 1806 (Gemälde aus dem Jahr 1810)

Napoleon und die Deutschen

T1 • Napoleon herrscht über deutsche Staaten

Nachdem Napoleon seine Herrschaft in Frankreich gesichert hatte, versuchte er, Europa zu erobern. Mit Siegen über Preußen und Österreich dehnte er seine Macht auf die deutschen Staaten aus. Viele deutsche Bürger begrüßten zunächst die Eroberungen Napoleons. Sie hofften, dass die Ergebnisse der Französischen Revolution jetzt auch in ihren Ländern eingeführt würden.

Diese Hoffnungen schwanden jedoch bald. Die Besatzung durch französische Truppen wurde immer mehr als Fremdherrschaft empfunden. Zahlreiche Bürger mussten ertragen, dass fremde Soldaten in ihren Häusern untergebracht wurden. Auch für die Versorgung der Truppen mussten sie sorgen. Fuhrwerke und Pferde wurden beschlagnahmt. Waren wie Kaffee und Tee wurden knapp, weil die Häfen gesperrt wurden. Zudem zwang man viele Männer, in der Armee Napoleons zu kämpfen.

Preußen und Österreich
die beiden mächtigsten deutschen Staaten

Fuhrwerk
Wagen, die von Tieren gezogen wurden, zum Beispiel von Pferden

---

1 a) [Hilfe] Wie wird in M1 die Reaktion der Bevölkerung auf den Einmarsch Napoleons dargestellt?
b) Vermute Gründe für diese Reaktionen.
Think – Pair – Share

2 [Hilfe] Erkläre, warum sich die Einstellung der deutschen Bevölkerung zu den französischen Truppen änderte. (T1)

Hilfe zu
1 a) Sieh dir besonders die Personen an den Bildrändern an. Achte zum Beispiel auf Handbewegungen.
2 Folgende Formulierungshilfen kannst du nutzen: Bald empfanden viele Deutsche die französische Besatzung als … .
Gründe dafür waren … .

T2 • Sieg über Napoleon

1812 versuchte Napoleon, auch Russland zu erobern. Er erlitt jedoch eine schmerzhafte Niederlage. Das wurde für viele zum Signal, sich gegen die französische Herrschaft zu wehren. In den deutschen Ländern meldete sich eine große Zahl von Bürgern freiwillig zum Kampf.

Zur entscheidenden Schlacht kam es 1813 bei Leipzig. Gemeinsam konnte Napoleon besiegt werden. Dies gelang auch, weil sächsische und bayrische Truppen, die zunächst für Napoleon gekämpft hatten, die Seite wechselten. Durch den gemeinsamen Kampf empfanden sich viele Bürger der verschiedenen deutschen Staaten immer mehr als Angehörige einer gemeinsamen deutschen Nation.

Nation
Eine große Gruppe von Menschen, die aufgrund von Gemeinsamkeiten als eine Einheit gelten. Gemeinsamkeiten können Sprache, Religion oder auch Feste sein, die sie feiern.

> Ich will Soldat werden, um, sei es mit meinem Blute, mir mein Vaterland zu erkämpfen ... Es ist bei Gott ein würdiges Gefühl, ... es ist die Überzeugung, dass kein Opfer zu groß sei für das höchste ... Gut, für seines Volkes Freiheit.

M2 Der Dichter Theodor Körner zu den Befreiungskriegen 1813

M3 Übermittlung der Siegesbotschaft nach der Schlacht bei Leipzig am 18. Oktober 1813 (Gemälde, 1834/35)

❸ *Hilfe* Beschreibe, wie es den Deutschen gelang, sich von der Fremdherrschaft zu befreien. (T2, M3)

❹ Wie begründete Theodor Körner seinen Entschluss, als Soldat zu kämpfen? (M2)

❺ *Hilfe* Verfasse einen Brief aus Sicht eines Soldaten aus M3. Formuliere darin auch deine Gedanken zum Sieg über Napoleon.

Hilfe zu
❸ Folgende Begriffe kannst du verwenden: Russlandfeldzug, Freiwilligenarmee, Schlacht bei Leipzig.
❺ Leipzig, den 19. Oktober 1813
Liebe(r) ... ,
nach so vielen Jahren habe ich es kaum für möglich gehalten, dass ... . Aber ... .

M1 Der große Wiener Friedenskongress zur Wiederherstellung von Freiheit und Recht in Europa (kolorierter Stich von 1815)

Kongress
Eine größere Gruppe von Menschen kommt zusammen, um sich zu einem Thema auszutauschen und Entscheidungen zu treffen.

Der Wiener Kongress

T1 • Große Hoffnungen

Nach dem gemeinsamen Sieg über Napoleon versammelten sich von September 1814 bis zum Juni 1815 Vertreter der europäischen Herrscher in Wien. Gemeinsam wollte man die Grenzen in Europa neu festlegen und die Beziehungen der Staaten untereinander regeln.

Besonders in den deutschen Ländern waren die Erwartungen an diesen Kongress sehr hoch. Viele Bürger hatten dafür gekämpft, die deutschen Staaten von der Herrschaft Napoleons zu befreien. Im gemeinsamen Kampf hatte sich das Gefühl, zu einer Nation zu gehören, herausgebildet. Nun hofften viele, dass im Ergebnis des Wiener Kongresses ein vereinter deutscher Staat entstehen würde. Nach dem Vorbild der Französischen Revolution sollte der deutsche Staat seinen Bürgern Rechte und Freiheiten wie Meinungsfreiheit, Presse- und Versammlungsfreiheit bieten. Diese sollten in einer Verfassung festgelegt werden.

❶ Hilfe Beschreibe, was M1 über die Teilnehmer und den Inhalt der Beratungen auf dem Wiener Kongress aussagt.
🐝 *Bienenkorb*

❷ a) Hilfe Erkläre die Erwartungen der Bürger in den deutschen Staaten. (T1)
b) Hilfe Nenne die Gründe für diese Erwartungen.

Hilfe zu
❶ Beachte die Gegenstände auf dem Tisch und auch die Kleidung der Personen.
❷ a) Folgende Formulierungshilfen kannst du nutzen: Die Bürger erwarteten … .
Dieser Staat sollte … .
b) Denke an den Kampf gegen Napoleon.

T2 • Die Ziele der deutschen Fürsten

Die deutschen Fürsten sahen durch die Erwartungen der Bürger ihre Macht bedroht. Sie fürchteten, dass Freiheiten wie Meinungs- oder Versammlungsfreiheit das Selbstbewusstsein der Bürger stärken würden. Dies könnte die Bürger ermutigen, die Herrschaft der Fürsten infrage zu stellen. Das Ziel der Fürsten war, auch in Zukunft weitgehend uneingeschränkt zu herrschen. Sie wollten vermeiden, dass Ergebnisse der Französischen Revolution in den deutschen Staaten eingeführt werden. Alle fortschrittlichen Bestrebungen wollten sie verhindern.

T3 • Der Deutsche Bund – ein einheitlicher Staat?

Auf dem Wiener Kongress gründeten die Fürsten den Deutschen Bund. Dieser war allerdings kein einheitlicher Staat, sondern ein loser Zusammenschluss von 35 weiterhin selbstständigen Einzelstaaten und vier Freien Städten. Eine gemeinsame Verfassung gab es nicht.

Fürsten
allgemeine Herrscherbezeichnung; gemeint sind hier die Herrscher der deutschen Staaten. Sie werden auch als deutsche Landesherren bezeichnet.

Freie Städte
Städte, die sich völlig selbst verwalten durften. Sie hatten unter anderem das Recht auf eigene Gerichte und konnten Gesetze selbst bestimmen.

M2 Der Deutsche Bund

❸ Erläutere die Ziele der deutschen Fürsten. (T2)

❹ Hilfe Beschreibe den Deutschen Bund. (T3)

❺ a) Suche aus M2 die Staaten heraus, die nicht mit ihrem gesamten Staatsgebiet dem Deutschen Bund angehören.
b) Vermute, wie sich das auf die Zusammenarbeit im Bund ausgewirkt haben könnte.

❻ Hilfe Wessen Vorstellungen entsprach der Deutsche Bund? Begründe.

Hilfe zu
❹ Formulierungshilfen: Der Deutsche Bund war ein loser … . Es gab keine … .
❻ Vergleiche die Erwartungen der Bürger und der Fürsten mit dem Ergebnis.

M1 Wartburgfest am 18. Oktober 1817 (kolorierter Holzstich, um 1848)

Zwischen Fortschritt und Rückschritt

T1 • Ein Fest auf der Wartburg

Viele Menschen in den deutschen Ländern waren von den Ergebnissen des Wiener Kongresses enttäuscht. Einige wollten sich damit auch nicht abfinden. In Jena schlossen sich zum Beispiel Studenten zu einer Burschenschaft zusammen, um gemeinsam für ihre Ziele zu kämpfen.

Die Jenaer Burschenschaft lud am 18. Oktober 1817 Studenten aus ganz Deutschland zu einem Fest auf die Wartburg bei Eisenach ein. Gemeinsam zogen sie mit Fackeln auf die Burg und hielten dort Reden für die deutsche Einheit. Außerdem verbrannten sie neben fürstenfreundlichen Büchern auch Gegenstände, die für die Herrschaft des Adels standen.

> Wir wünschen unter den einzelnen Staaten Deutschlands einen größeren Gemeinsinn, größere Einheit in ihrer Politik, keine eigene Politik der einzelnen Staaten … [W]ir wünschen, dass Deutschland als ein Land und das deutsche Volk als ein Volk angesehen werden könne.

M2 Politische Ziele der Jenaer Burschenschaft

Burschenschaft
Bursche war ein Wort für Student. Die Studenten schlossen sich in Burschenschaften zusammen. Sie halfen einander und sprachen viel über Politik und die Zukunft Deutschlands.

❶ Beschreibe die Stimmung in M1.
   Stühletausch
❷ **Hilfe** Berichte über das Wartburgfest der Jenaer Burschenschaft. (T1)
❸ Nenne die Ziele der Jenaer Burschenschaft. (M2)
❹ Schildere aus Sicht eines Studenten aus M1 Eindrücke vom Wartburgfest. Schreibe einen Brief an einen Freund.

Hilfe zu
❷ Nenne Ort, Zeit, Teilnehmer und Ablauf.

T2 • Maßnahmen gegen die Studenten

Das Auftreten der Studenten schätzten die Herrschenden als sehr gefährlich ein. Sie befürchteten, dass sich mehr Bürger den Forderungen der Studenten anschließen würden. Als der Student Georg Sand, ein Teilnehmer des Wartburgfestes, einen fürstenfreundlichen Schriftsteller ermordete, sahen die Regierenden die Möglichkeit, gegen die Studenten vorzugehen. Der Deutsche Bund fasste am 20. September 1819 die sogenannten Karlsbader Beschlüsse. Diese Beschlüsse führten zu einem Verbot der Burschenschaften. Viele Vertreter fortschrittlicher Gedanken wurden verfolgt, verurteilt und eingesperrt.

> Es soll bei jeder Universität ... die strengste Vollziehung der bestehenden Gesetze [überwacht werden] ... [Es] dürfen Schriften, die in Form täglicher Blätter oder heftweise erscheinen, dergleichen solche, die über 20 Bogen stark sind, in keinem deutschen Bundesstaate ohne Vorwissen und vorgängige Genehmigung der Landesbehörden zum Druck befördert werden.

M3 Auszug aus den Karlsbader Beschlüssen

M4 „Der Denker-Club" (kolorierte Radierung, um 1825)

① **Wichtige Frage, welche in heutiger Sitzung bedacht wird.**
Wie lange möchte uns das Denken wohl noch erlaubt bleiben?

② **Gesetze des Denker-Clubs**
I. Der Präsident eröffnet präzise 8 Uhr die Sitzung.
II. Schweigen ist das erste Gesetz dieser gelehrten Gesellschaft.
III. Auf dass kein Mitglied in Versuchung geraten möge, seiner Zunge freien Lauf zu lassen, so werden beim Eintritt Maulkörbe ausgeteilt.
IV. Der Gegenstand, welcher in jedesmaliger Sitzung durch ein reifes Nachdenken gründlich erörtert werden soll, befindet sich auf einer Tafel mit großen Buchstaben deutlich geschrieben.

❺ Hilfe Warum fassten die Fürsten die Karlsbader Beschlüsse? Erkläre. (T2)
❻ Hilfe Arbeite wesentliche Inhalte der Karlsbader Beschlüsse heraus. (T2, M3)
  Bienenkorb
❼ Hilfe Analysiere die Karikatur M4 in den bekannten Schritten.
  Think – Pair – Share

Hilfe zu
❺ Achte darauf, zwischen Ursache und Anlass zu unterscheiden.
❻ Zu folgenden Punkten solltest du dich äußern: Burschenschaften, Universitäten und Druckerzeugnisse.
❼ Analyseschritte: 1. beschreiben, 2. historisch einordnen, 3. deuten.

M1 Die Familie des Schlossermeisters Hausschild (Gemälde von 1843)

Das Bürgertum gewinnt an Bedeutung

T1 • Der Aufstieg des Bürgertums

Im Lauf des 19. Jahrhunderts übernahmen immer mehr Maschinen die Produktion von Waren. Anstelle von kleinen Handwerksbetrieben entstanden große Fabriken. Dies führte auch zu Veränderungen in der Gesellschaft. Die Besitzer der Fabriken, ihre leitenden Angestellten, aber auch Ärzte, Rechtsanwälte, Professoren und Verwaltungsbeamte bildeten eine eigene Schicht in der Bevölkerung: das Bürgertum. Diese Schicht grenzte sich klar vom Adel auf der einen Seite und von den Arbeitern und Bauern auf der anderen Seite ab.

Der erarbeitete Wohlstand ermöglichte es ihnen, Angestellte für die Hausarbeiten einzustellen. Dadurch hatten sie mehr freie Zeit. Diese nutzten sie zum gemeinsamen Musizieren und Lesen. Am Abend traf man sich zum Beispiel zu Empfängen.

Leistung und Bildung hatten für die Angehörigen des Bürgertums eine große Bedeutung. Darüber hinaus wurden Kinder erstmals als Persönlichkeiten mit eigenen Interessen wahrgenommen. Wer es sich leisten konnte, richtete für seine Kinder eigene Zimmer ein.

Schlosser
Handwerker, der überwiegend Dinge aus Metall herstellt und anbringt

Verwaltungsbeamte
Personen, die für den Staat oder die Stadt arbeiteten. Durch ihre Arbeit sorgen sie dafür, dass Regeln und Beschlüsse des Staates umgesetzt und kontrolliert werden.

Empfang
festliche Veranstaltung, auf der sich Menschen treffen, um sich auszutauschen und Kontakte zu knüpfen

---

❶ a) Beschreibe M1.
  b) *Hilfe* Stelle Vermutungen über die Lebensverhältnisse der Familie des Schlossermeisters an.
      Placemat

❷ Beschreibe die Voraussetzungen für die Entstehung des Bürgertums. (T1)

❸ Nenne die Angehörigen des Bürgertums. (T1)

❹ *Hilfe* Erkläre, was unter bürgerlichem Leben verstanden wird. (T1)

Hilfe zu
❶ b) Beachte unter anderem die Größe des Raumes, die Möbel und die Kleidung.
❹ Gehe auf folgende Punkte ein: Freizeitbeschäftigungen, Ideale, Kinder.

T2 • Die politischen Ziele des Bürgertums

Die gewachsene wirtschaftliche Bedeutung des Bürgertums führte auch zur Entwicklung von eigenen politischen Ideen. Die starren herrschenden Verhältnisse unter der Führung des Adels wurden für die eigene Weiterentwicklung immer mehr als störend angesehen. Von der Aufklärung beeinflusst forderten viele Bürger wirtschaftliche und politische Freiheiten. Diese Bewegung wird nach dem französischen Wort „liberté", zu Deutsch Freiheit, Liberalismus genannt.

Für die wirtschaftliche Entwicklung war ein freier Handel von großer Bedeutung. Dabei wirkten sich die deutschen Kleinstaaten mit ihren zahlreichen Grenzen als störend aus. Deshalb stieß vor allem im Bürgertum die Idee des Nationalismus auf breite Zustimmung, denn dieser hatte das Ziel, einen einheitlichen Staat zu bilden.

> Achtunddreißig Zoll- und Mautlinien in Deutschland lähmen den Verkehr im Innern und bringen dieselbe Wirkung, wie wenn jedes Glied des menschlichen Körpers unterbunden wird, damit das Blut ja nicht in ein anderes überfließe. Um von Hamburg nach Österreich, von Berlin in die Schweiz zu handeln, hat man zehn Staaten zu durchschneiden, zehn Zollordnungen zu studieren, zehnmal Durchgangszoll zu bezahlen.

M2 Der Wirtschaftswissenschaftler Friedrich List 1819

Maut
Geldbetrag, den man für die Nutzung von Wegen, Straßen oder Brücken zahlen muss

Schaumburg-Lippe
deutsches Fürstentum (seit 1815) mit einer Fläche von 340 km², was ungefähr der Fläche der heutigen Stadt Bremen entspricht

M3 Karikatur zu den wirtschaftlichen Verhältnissen in den deutschen Ländern 1849

„Sie sehen, Herr Gränzwächter, dass ich nix zu verzolle hab', denn was hinte auf'm Wagen ist, hat die Lippi'sche Gränz noch nit überschritten, in der Mitt' ist nix, und was vorn drauf ist, ist schon wieder über der Lippi'schen Gränze drüben."

---

5. Beschreibe die Kritik der Bürger an den Verhältnissen in Deutschland. (T1, M2)
6. **Hilfe** Formuliere aus Sicht eines Bürgerlichen Forderungen für notwendige Veränderungen. (T1, M2)
   🌐 *Marktplatz*
7. Erläutere die Aussage der Karikatur in M3.
8. Erkläre, warum gerade das Bürgertum Anhänger von Liberalismus und Nationalismus war.

Hilfe zu
6. Formulierungshilfen zum Begründen:
   denn, weil, da, deshalb, aus diesem Grund.

Eine Geschichtserzählung

T1 • Schüsse auf dem Schlossplatz

Es ist der 18. März 1848. Die Frühlingssonne scheint auf den gut gefüllten Schlossplatz, aber noch immer fegt eisiger Wind durch die Straßen Berlins. Mitten in der Menge steht Edgar, ein vierzehnjähriger Schusterlehrling. Eigentlich soll er in der Werkstatt seines Meisters Lederreste sortieren. Aber dafür hat er wirklich keine Nerven – angesichts der Neuigkeiten, die in der Stadt kursieren. In Paris haben sie den König abgesetzt und eine Republik ausgerufen. In Wien haben die Bürger den Metternich davongejagt und heute will hier der König zu seinem Volk sprechen. Da kann er nicht in der Werkstatt hocken.

Immer mehr Menschen strömen auf den Platz. Durch die vor ihm Stehenden hindurch versucht Edgar, einen Blick auf den Schlossbalkon zu erhaschen. Da stehen König Friedrich Wilhelm IV. in seiner Uniform und einer seiner Minister, der gerade etwas verliest. Zu verstehen ist hier hinten nichts. Aber die Worte werden umgehend durch zahlreiche Münder über den Platz getragen: „Der König will Pressefreiheit und eine Verfassung!" Im großen Jubel fliegen viele Arme nach oben, Hüte und Tücher werden geschwenkt. Edgar wird immer näher an das Schlosstor geschoben, das von Soldaten bewacht wird. Ein Zurückweichen ist bei dem Gedränge nicht möglich. Schon sind einige Angstschreie zu vernehmen.

„Der König lässt den Platz räumen!" Aber wohin? Panisch blickt sich Edgar um. Überall Menschen. Plötzlich kracht es – einmal, zweimal – Schüsse! „Der König lässt auf uns schießen – Verräter!"

kursieren
etwas wird herumgesprochen

Metternich
Außenminister Österreichs, der während der Aufstände 1848 in Wien zum Rücktritt und zum Verlassen des Landes gezwungen wurde

erhaschen
etwas sehen können, das nur schwer zu sehen ist

T2 • Der Barrikadenkampf

Wutgeschrei mischt sich in die Menge. „Leute – auf die Barrikaden! Revolution!"

Voller Angst sieht sich Edgar um. Da – eine kleine Lücke in der Menschenmenge. Blitzschnell schießt er in diese Richtung davon. Kaum haben sich die Reihen etwas gelichtet, nimmt er seine Beine in die Hand und rennt zur Taubenstraße. Als er die Straße erreicht hat, vernimmt er ohrenbetäubendes Getöse. Ein paar Männer haben einen Leiterwagen umgestürzt, andere tragen Türen aus den Hauseingängen und schichten sie auf den Wagen. Aus den Fenstern krachen Möbel auf die Straße, in der ganzen Stadt läuten die Kirchenglocken. „Los, pack mal mit an!", ruft ihm ein Mann zu. Er ist gerade dabei, Pflastersteine aus der Straße zu reißen und in Richtung Barrikade zu schmeißen. Noch völlig außer Atem lässt sich Edgar neben dem Mann nieder und löst einen Stein.

Mit einem Mal ist deutlicher Kanonendonner zu vernehmen. Rasch verschanzen sie sich hinter der Barrikade. Da tauchen auch schon erste Soldaten auf. Diese suchen an den Hauswänden Schutz, um dem Regen aus Flaschen, Ziegeln und heißem Wasser zu entgehen, der aus den Fenstern auf sie niederprasselt. Ängstlich duckt sich Edgar hinter die Barrikade. Was sollen sie mit ihren Steinen, Schaufeln und Messern gegen diese Übermacht ausrichten? Schüsse peitschen, die Einschläge kommen immer näher. Schreie von Verletzten mischen sich in die Explosionsgeräusche. Sie sind verloren. Flink huscht Edgar in einen Hauseingang und schlüpft in einen Raum unter der Treppe. Krampfhaft versucht er, jedes Geräusch zu vermeiden.

Plötzlich hört er Schritte. Die Tür zu seinem Versteck fliegt auf, eine Bajonettspitze kommt bedrohlich in seine Nähe. Zwei starke Arme zerren ihn heraus. Soldaten! Sie haben ihn entdeckt, er ist verloren.

Barrikaden
Hindernis aus Alltagsgegenständen. Es diente vor allem bei Kämpfen zum Verstecken und zum Schutz.

sich verschanzen
sich hinter einer Blockade verstecken

Bajonettspitze
Messer, das am Ende eines Gewehrs befestigt wurde, damit das Gewehr auch als Stichwaffe benutzt werden konnte

---

❶ **Hilfe** Wer steht im Mittelpunkt der Geschichte?
❷ **Hilfe** Warum versammeln sich die Menschen auf dem Schlossplatz? Erkläre.
❸ **Hilfe** Beschreibe die Stimmung auf dem Schlossplatz.
❹ Was verspricht der König? Zähle auf.
❺ Warum schlägt die Stimmung plötzlich um? Begründe.
❻ **Hilfe** Wie versuchen sich die Bürger gegen die heranstürmenden Soldaten zu verteidigen?
❼ **Hilfe** Schreibe aus der Sicht eines Soldaten: Welche Gedanken hat er bei der Erstürmung der Barrikade?
❽ Beschreibe das Schicksal Edgars.

Hilfe zu
❶ Nenne Name, Alter, Beruf und Wohnort.
❷ Beziehe die Ereignisse von Paris und Wien mit ein.
❸ Folgende Adjektive kannst du verwenden: gespannt, erwartungsvoll, neugierig, interessiert, fordernd.
❻ Formulierungshilfen: Die Bürger errichten Barrikaden aus … . Sie sind mit … bewaffnet. Aus den Fenstern fliegen … .
❼ Du bist seit einem halben Jahr Soldat in der Armee. Deine Eltern betreiben eine Bäckerei in der Gertraudenstraße in unmittelbarer Nähe zur Taubenstraße.

M1 Kämpfe am Alexanderplatz in Berlin in der Nacht vom 18. zum 19. März 1848 (zeitgenössische Darstellung)

Die Revolution von 1848/49

T1 • Das Volk erhebt sich

Nachdem es im Frühjahr 1848 in zahlreichen europäischen Staaten zu revolutionären Erhebungen gekommen war, erreichten die Unruhen im März 1848 auch die Staaten des Deutschen Bundes.

In vielen Städten fanden Versammlungen und Demonstrationen statt, in Wien und Berlin kam es zu Straßenkämpfen. Die Bürger verlangten einen vereinigten Staat und die Möglichkeit, durch Wahlen politisch mitzubestimmen. Die Herrschenden leisteten kaum Widerstand. Aus Angst, ihre Macht völlig zu verlieren, gaben sie den Forderungen nach und gewährten zahlreiche Rechte und Freiheiten. Auch in Berlin ging der König auf die Forderungen ein, um weitere Kämpfe und Tote zu vermeiden.

Die Aufstände der Bürger, die die Herrschenden zu Zugeständnissen zwangen, veränderten die politischen Verhältnisse in den deutschen Staaten erheblich. Sie werden deshalb als Märzrevolution bezeichnet.

❶ Hilfe Beschreibe das Geschehen in M1.
❷ Berichte über die Situation in Europa im Frühjahr 1848. (T1)
❸ Hilfe Erkläre die Reaktion der Herrschenden in den deutschen Staaten im Frühjahr 1848. (T1)

Hilfe zu
❶ Beachte die Gruppen vor und hinter der Barrikade und auf den Dächern.
❸ Formulierungshilfen: Die Herrschenden gaben ... . Sie hatten Angst, dass ... .

T2 • Die Frankfurter Nationalversammlung

Die Fürsten gestatteten die Durchführung von Wahlen zu einer Nationalversammlung. Am 18. Mai 1848 trafen sich die gewählten Abgeordneten für ein einheitliches deutsches Parlament in der Paulskirche in Frankfurt am Main.

Die Abgeordneten stellten sich die Aufgabe, einen vereinigten Staat zu schaffen und eine gemeinsame Verfassung auszuarbeiten. Sie beschlossen, dass an der Spitze des Staates ein Kaiser steht, während ein Parlament die Gesetze beschließen sollte. Diese Staatsform nennt man konstitutionelle Monarchie.

Die Nationalversammlung formulierte im Dezember 1848 in einem Gesetz die Grundrechte, die den Bürgern zahlreiche Freiheiten einräumten. Im April 1849 bot eine Delegation der Abgeordneten dem preußischen König Friedrich Wilhelm IV. die Kaiserkrone an.

T3 • Das Ende der Revolution

Im Frühjahr 1849 hatten sich die Verhältnisse in Europa wieder zugunsten des Adels geändert. Das bestärkte den preußischen König, die angebotene Kaiserkrone abzulehnen. Damit waren die Beschlüsse der Nationalversammlung wirkungslos. Versuche, durch neue Aufstände die Ziele von Einheit und Freiheit doch noch durchzusetzen, schlugen die Truppen der Fürsten nieder. Gewählte Landesparlamente wurden aufgelöst und beschlossene Verfassungen für ungültig erklärt. Viele Revolutionäre wurden verfolgt, zu Haftstrafen oder zum Tod verurteilt. Einige flohen ins Ausland.

Nationalversammlung
Zusammenschluss gewählter Politiker, die vor allem eine Verfassung ausarbeiten

Parlament
vom Volk gewählte Politiker, die vor allem über Gesetze entscheiden

Delegation
ausgewählte Mitglieder des Parlaments, die zeitlich begrenzt eine bestimmte Aufgabe haben

Landesparlament
Zusammenschluss gewählter Politiker in einer Region, die Entscheidungen für diese Region treffen

verunehren
ohne Ehre, verschmutzt

legitim
rechtmäßig, ordnungsgemäß

Meine Herren! Die Botschaft, als deren Träger Sie zu mir gekommen sind, hat mich tief ergriffen. … Aber, meine Herren, ich würde Ihr Vertrauen nicht rechtfertigen, … ich würde Deutschlands Einheit nicht aufrichten, wollte ich … ohne das freie Einverständnis der gekrönten Häupter, der Fürsten und der freien Städte Deutschlands eine Entschließung fassen. …

M2 Friedrich Wilhelm IV. an die Vertreter der Frankfurter Nationalversammlung

Die [Krone ist] … verunehrt … mit ihrem … [Aasgeruch] der Revolution von 1848, der albernsten, dümmsten, schlechtesten –, wenn auch, gottlob nicht der bösesten dieses Jahrhunderts. Einen solchen … Reif, aus Dreck und … [Ton] gebacken, soll ein legitimer König von Gottes Gnaden und nun gar der König von Preußen sich geben lassen …?

M3 Friedrich Wilhelm IV. schrieb an einen Freund

④ Beschreibe die Ereignisse vom Mai 1848. (T2)
⑤ Hilfe Arbeite die Beschlüsse der Frankfurter Nationalversammlung heraus. (T2)
⑥ Hilfe Beschreibe das Ende der Revolution von 1848/49. (T3)
⑦ Stelle gegenüber, wie Friedrich Wilhelm IV. in M2 und M3 seine Entscheidung begründet.

Hilfe zu
⑤ Folgende Punkte solltest du berücksichtigen: Grundrechte und Regierungsform.
⑥ Gehe auf folgende Aspekte ein: Verhältnisse in Europa, Reaktion Friedrich Wilhelms IV., Ende der Nationalversammlung, neue Aufstände, Schicksal der Revolutionäre.

... nicht durch Reden und Majoritätsbeschlüsse werden die großen Fragen der Zeit entschieden – das ist der große Fehler von 1848 und 1849 gewesen –, sondern durch Eisen und Blut.

M1 Der preußische Ministerpräsident Otto von Bismarck 1862

Majorität
bedeutet Mehrheit, gemeint ist hier die Mehrheit bei einer Abstimmung im Parlament

Die Gründung des Deutschen Reiches

T1 • Einigung durch Krieg

Immer stärker setzte sich auch bei den Herrschenden die Einsicht durch, dass nur ein einheitlicher Staat Einfluss in Europa haben kann.

Im Einigungsprozess galt es vor allem, ausländische Gegner einer deutschen Einheit auszuschalten. Im Norden verwaltete Dänemark die deutschen Herzogtümer Schleswig, Holstein und Lauenburg. Als Dänemark versuchte, Schleswig fest an sich zu binden, besetzten preußische und österreichische Truppen diese Gebiete. Im Deutsch-Dänischen Krieg besiegten die Truppen des Deutschen Bundes 1864 Dänemark, das sich aus den Herzogtümern zurückziehen musste.

Streitigkeiten zwischen Preußen und Österreich um die Verwaltung Holsteins führten 1866 zum Preußisch-Österreichischen Krieg, in dem Preußen siegte. Im Friedensvertrag verzichtete Preußen auf harte Strafen und auf die Besetzung Österreichs, das aber aus dem Deutschen Bund ausschied. Dieser wurde 1867 aufgelöst und durch den Norddeutschen Bund ersetzt, in dem Preußen die mächtigste Stellung hatte.

M2 Die Siegessäule in Berlin zur Erinnerung an die Einigungskriege (heutiges Foto)

T2 • Der Krieg gegen Frankreich

Der deutschen Einigung stand vor allem Frankreich ablehnend gegenüber. Es fürchtete einen starken Gegner an seiner Grenze. Die Konflikte zwischen Frankreich und Preußen führten zum Deutsch-Französischen Krieg von 1870/71. Truppen des Norddeutschen Bundes und der süddeutschen Staaten rückten bis Paris vor und konnten Frankreich besiegen. Anders als Österreich wurden Frankreich in einem Friedensvertrag harte Bedingungen auferlegt. Es musste Elsass-Lothringen an Deutschland abgeben und eine hohe Kriegsentschädigung zahlen.

❶ a) Auf welches Geschehen bezieht sich Bismarck mit „1848 und 1849"? (M1)
b) *Hilfe* Wie unterscheidet sich der Weg von 1848/49 von den Vorstellungen Bismarcks? (M1)

❷ Erkläre, warum die Herrschenden nun doch für einen einheitlichen Staat eintraten. (T1)

❸ *Hilfe* Stelle die Schritte zur Einigung in einer Tabelle dar. (T1, T2)

❹ Vergleiche die Friedensschlüsse mit Österreich und Frankreich.
  Lerntempoduett

Hilfe zu
❶ b) Kanonen wurden aus Eisen hergestellt.

❸
Jahr	Ereignis
1864	

Auf dem Weg zum Nationalstaat

M3 Entwicklung des Deutsches Reichs bis 1871

T3 • Die Ernennung des deutschen Kaisers

Am 18. Januar 1871 versammelten sich im Spiegelsaal des französischen Schlosses Versailles fast alle deutschen Fürsten. Mit dem Beitritt der süddeutschen Staaten Bayern, Württemberg und Baden zum Norddeutschen Bund und der Verabschiedung einer Verfassung war ein einheitliches Reich geschaffen worden. Nun galt es, den deutschen Kaiser zu ernennen. Diesen Titel beanspruchte der preußische König, da Preußen im Einigungsprozess die führende Rolle übernommen hatte. Otto von Bismarck, der spätere Reichskanzler, verlas die Erklärung Wilhelms I.

> Wir Wilhelm, von Gottes Gnaden König von Preußen, ... bekunden hiermit, dass Wir es als eine Pflicht gegen das gemeinsame Vaterland betrachtet haben, diesen Ruf der verbündeten deutschen Fürsten und Städte Folge zu leisten und die deutsche Kaiserwürde anzunehmen.

M4 Erklärung Wilhelms I., verlesen von Otto von Bismarck

---

5 Hilfe Warum wird die Reichseinigung von 1871 auch als „kleindeutsche Lösung" bezeichnet? Begründe mithilfe von M3.

6 Hilfe Fasse die Ernennung des deutschen Kaisers zusammen. (T3)

7 Hilfe Erkläre anhand von M4, warum von einer „Reichsgründung von oben" gesprochen wird.
   Placemat

Hilfe zu

5 Vergleiche die Ausdehnung des Deutschen Bundes von 1815 mit dem Deutschen Reich von 1871. Nutze auch M2 von Seite 45.

6 Nenne Datum, Ort und Verlauf.

7 Als „Reichsgründung von unten" wurde der Versuch von 1848/49 bezeichnet, als die vom Volk gewählte Nationalversammlung die Einheit herstellen wollte.

Gemälde auswerten

Die Auswertung und Deutung von Bildquellen ist eine wichtige Methode, die im Geschichtsunterricht erlernt wird. Bilder helfen dabei, dass wir uns eine Vorstellung von vergangenen Ereignissen machen können. Häufig wird dabei aber übersehen, dass jedes Bild vom Künstler mit einer bestimmten Absicht angefertigt wurde. Bilder zeigen also nicht nur einen ausgewählten Ausschnitt aus der Vergangenheit, sondern auch eine bestimmte Blickweise auf das Geschehen. Wir müssen deshalb untersuchen, welche Perspektive der Künstler eingenommen hat und was er damit erreichen möchte. Es ist also notwendig, Bildquellen genau wie andere Quellen kritisch zu überprüfen.

Historiengemälde

Gemälde, die historische Ereignisse darstellen, nennt man Historiengemälde. Sie wurden oft von einem der Beteiligten in Auftrag gegeben. Die Gemälde sind häufig sehr groß, sodass der Betrachter viele Einzelheiten erkennen kann. Da das Malen eines solchen Gemäldes viel Zeit benötigte, sind die Historiengemälde erst Jahre nach dem geschichtlichen Ereignis fertiggestellt worden. Historienbilder dienten dem Auftraggeber dazu, die eigene Sichtweise auf das dargestellte Ereignis deutlich zu machen.

Ereignis (Was?): Krönung des deutschen Kaisers

Zeitpunkt (Wann?): 18. Januar 1871

Ort (Wo?): Im Spiegelsaal des Schlosses von Versailles in Frankreich

Dargestellte (Wer?):

1. Kaiser Wilhelm I., deutscher Kaiser
2. Kronprinz Friedrich Wilhelm, sein Sohn
3. Großherzog Friedrich I. von Baden, Schwiegersohn von Wilhelm I.
4. Otto von Bismarck, Ministerpräsident Preußens und Bundeskanzler des Norddeutschen Bundes
5. Helmuth von Moltke, Generalfeldmarschall
6. Albrecht von Roon, Kriegsminister
7. deutsche Fürsten

Proklamierung feierliche Bekanntmachung

M1 „Die Proklamierung des deutschen Kaiserreiches" am 18. Januar 1871: König Wilhelm I. von Preußen wird im Spiegelsaal des Schlosses von Versailles zum deutschen Kaiser ausgerufen.
(Gemälde, 1885, von Anton von Werner (1843–1915), Öl auf Leinwand, 1,67 Meter hoch und 2,02 Meter breit)

Informationen zum Gemälde

Der Maler Anton von Werner hat 1877, 1883, 1885 und 1913 vier Gemälde mit dem Titel „Die Proklamierung des deutschen Kaiserreiches" angefertigt. Unterschieden haben sich die Gemälde vor allem in ihrer Größe. Das Gemälde von 1885 in M1 ist bis heute erhalten geblieben. Es war ein Geschenk des Kaisers Wilhelm I. an Otto von Bismarck zu dessen 70. Geburtstag für sein privates Anwesen in Friedrichsruh. Heute ist es im dortigen Bismarck-Museum zu sehen.

Otto von Bismarck, der auf dem Gemälde in weißer Uniform dargestellt ist, trug in Wirklichkeit eine blaue Uniform. Kriegsminister Albrecht von Roon hat an der Veranstaltung in Versailles überhaupt nicht teilgenommen. Als enger Freund Bismarcks und Mitstreiter für die Einheit Deutschlands wurde er in dieser Fassung mit aufgenommen.

1. Schritt: Ein Gemälde beschreiben

- Finde heraus, um welche Art von Bildquelle es sich handelt.
- Nenne den Maler und den Zeitpunkt, an dem das Gemälde entstanden ist. Nutze die Bildunterschrift.
- Kläre, wann das Ereignis stattfand.
- Beschreibe, was auf dem Gemälde dargestellt wird.
  Bei dem Gemälde handelt es sich … . Der Titel lautet: … .
  Es wurde im Jahr … . … fand im Jahr … statt. Der Maler ist … .
  Dargestellt wird … . Im Mittelpunkt steht … . Rechts davon ist … zu sehen.
  Rechts erkenne ich … . Im Hintergrund sieht man … .

2. Schritt: Ein Gemälde historisch einordnen

- Erkläre, zu welchem Anlass das Gemälde entstanden ist.
  Das Bild entstand zur Zeit … . Um das Bild zu verstehen, muss man wissen … . Besonders erscheint mir, dass … . Auffällig ist … .

3. Schritt: Ein Gemälde deuten

- Beschreibe die Darstellung auf dem Gemälde.
  Die Darstellung auf dem Bild ist … , weil … . … wird … dargestellt, da … . Nicht gezeigt wird … .
- Vermute, an wen sich das Bild richtet. Wer sollte es betrachten?
  Ich vermute, dass … . Wahrscheinlich … . Der Betrachter des Bildes … .
- Erläutere, welche Wirkung das Gemälde erzeugen sollte.
  Das Gemälde sollte zeigen … . Beim Betrachter sollte der Eindruck entstehen, dass … . Berücksichtigt man die Größe des Bildes … . Im Mittelpunkt steht … , deshalb könnte es sein … .
- Beurteile die Darstellung des historischen Ereignisses auf dem Gemälde.
  Das historische Ereignis wird … dargestellt. Dies erkennt man an … . Besonders hervorgehoben wird … , weil … . Die Bedeutung Preußens und Bismarcks soll … .

Die Darstellungsweise untersuchen

Wie werden die Personen dargestellt?

Wie sind sie einander zugeordnet?

Sind einzelne Personen hervorgehoben?

Werden bestimmte Farben verwendet, um deren Bedeutung zu verstärken?

Zusätzliche Informationen nutzen

Hat das Gemälde einen Titel?

Was erfährst du über den Maler, das Ereignis oder die dargestellten Personen?

---

realistisch
übertrieben
dramatisch
würdevoll
Ehrfurcht einflößend
respektvoll
negativ/positiv
aufwertend/abwertend

M1 In einer Tanzschule im Deutschen Reich (Fotografie um 1900)

Das deutsche Kaiserreich

T1 • Das Militär bestimmt die Gesellschaft

Weil der deutsche Nationalstaat vor allem aufgrund der gewonnenen Kriege errichtet werden konnte, genoss das Militär ein hohes Ansehen in der Bevölkerung. Menschen, die Uniformen trugen, wurden bewundert und geachtet. Bereits die Kindermode war durch Uniformen beeinflusst, auch Kriegsspielzeug war sehr begehrt. Das Prinzip von Befehl und Gehorsam galt im Arbeitsleben, in der Schule und auch in der Familie.

M2 Junge im beliebten Matrosenanzug (Foto, um 1910)

ehrerbietig
mit Respekt behandeln, unterwürfig

> Die Dienstboten müssen stets ehrerbietig gegen ihre Herrschaft … sein. … Wenn ein Auftrag gegeben wird, so sagen sie „Zu Befehl!" (nicht „Jawohl" oder „Ja!"), und werden sie gerufen oder ist etwas nicht verstanden „Wie befehlen?", (nicht „Was gefällig?" oder gar „Was?"); … „Befehlen gnädige Frau noch?" (nicht „Wünschen Sie?")

M3 Aus einer Verhaltensregel für Dienstboten von 1888

❶ a) [Hilfe] Beschreibe M1.
b) Scheint dir die Uniform der Männer für diesen Anlass passend? Begründe.
❷ [Hilfe] Beschreibe, wie das Militär die Gesellschaft bestimmte? (T1, M1, M2)
❸ Erkläre, woran in M3 das militärische Prinzip deutlich wird.

Hilfe zu
❶ Folgende Formulierungen sind möglich:
  Auf dem Bild erkenne ich … . Die Männer tragen alle … .
❷ Auf folgende Punkte solltest du eingehen:
  Uniformen, Kinder, das Prinzip von Befehl und Gehorsam.

Auf dem Weg zum Nationalstaat

T2 • Die Verfassung von 1871

Am 4. Mai 1871 wurde die Verfassung des Deutschen Reichs in Kraft gesetzt. Grundrechte für die Bürger des Staates waren in ihr nicht festgelegt. Die Verfassung sicherte dem Kaiser eine herausragende Stellung. Auch der Reichskanzler besaß erhebliche Macht, denn er musste sich nur dem Kaiser und nicht dem Reichstag gegenüber rechtfertigen.

Für die Wahlen zum Reichstag galt ein allgemeines Wahlrecht für alle Männer über 25 Jahre, Frauen waren ausgeschlossen. Die Rolle des Reichstags war eingeschränkt. Gemeinsam mit dem Bundesrat wirkte er an der Gesetzgebung mit. Die Abgeordneten des Reichstages besaßen die Möglichkeit, über den Staatshaushalt mitzuentscheiden, in außenpolitischen und militärischen Angelegenheiten besaßen sie allerdings keine Mitsprache.

Ein großer Teil der Macht im deutschen Kaiserreich lag in den Händen weniger Personen. Sie bestimmten im Wesentlichen die Politik des Staates. Das Volk hatte nur wenige Mitwirkungsmöglichkeiten. Der Reichstag als Volksvertretung spielte nur eine geringe Rolle, der Staat wurde in erster Linie von oben regiert. Dieses Prinzip zog sich durch das gesamte Zusammenleben. Deshalb wird das Deutsche Reich als Obrigkeitsstaat bezeichnet.

Reichskanzler
nach dem Kaiser der Regierungschef des Deutschen Reichs

Reichstag
gewählte Vertreter, die gemeinsam mit dem Bundesrat über Gesetze entscheiden

rechtfertigen
sein Handeln oder seine Entscheidungen erklären und begründen

Bundesrat
Vertreter der Einzelstaaten, die mit dem Reichstag über Gesetze bestimmen

Obrigkeitsstaat
Staat, in dem Entscheidungen größtenteils ohne die Bürger „von oben" getroffen werden

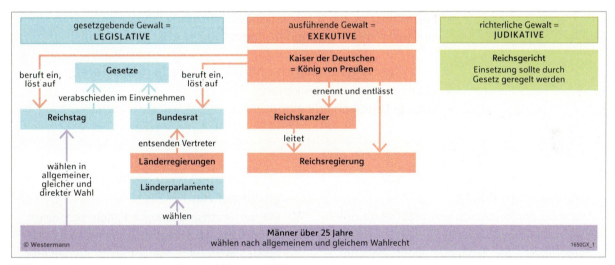

M4 Die Verfassung des Deutschen Reichs von 1871

❹ Untersucht das Schaubild zur Verfassung von 1871. (T2, M4)
  a) 🆘 Welche Aufgaben und Rechte hatten die einzelnen Verfassungsorgane?
  b) 🆘 Geht auf die Beziehungen der einzelnen Verfassungsorgane ein.
  c) Welche Rechte sicherte die Verfassung den Bürgern zu?
  👥 *Gruppenpuzzle*

❺ Begründe, warum das deutsche Kaiserreich als Obrigkeitsstaat bezeichnet wird.

Hilfe zu
❹ a) Untersucht folgende Verfassungsorgane: Kaiser, Reichskanzler, Reichstag, Bundesrat, wahlberechtigte Bevölkerung.
  b) Formulierungen: Der Kaiser ernennt und erlässt … . Er beruft den … ein.

gegenüberstellen

Wenn in der Aufgabenstellung steht, dass du Dinge einander gegenüberstellen sollst, dann musst du diese genau anschauen und ihre Gemeinsamkeiten und Unterschiede aufzählen. In der Aufgabenstellung steht, was genau du einander gegenüberstellen musst. Das können zum Beispiel Werkzeuge, Aufgaben oder Ziele von Menschen, Texte oder auch Anfang und Ausgang eines Ereignisses sein.

Sammle zunächst möglichst viele Informationen und schreibe sie auf. Anschließend ordnest du die Informationen; am besten in einer Tabelle. So kannst du danach ganz leicht erkennen, welche Gemeinsamkeiten und Unterschiede die beiden haben.

Anders als beim Operator *vergleichen* brauchst du kein weitergehendes Ergebnis zu formulieren. Es reicht, wenn du sagst, ob es mehr Unterschiede oder Gemeinsamkeiten gibt.

1. Schritt: Informationen sammeln
- Was soll einander gegenübergestellt werden?
- Welche Informationen findest du zu beidem?

2. Schritt: Informationen ordnen
- Wie kannst du die Informationen übersichtlich notieren?
  Ordne die Informationen in einem Cluster oder einer Tabelle.

3. Schritt: Gemeinsamkeiten und Unterschiede formulieren
- Wo liegen Gemeinsamkeiten?
- Welche Unterschiede gibt es?

T1 • Erwartungen der Bürger 1848 an eine Reichsgründung

Während der Revolution von 1848/49 formulierten die Bürger der deutschen Staaten klare Forderungen. Sie verlangten einen einheitlichen Staat und die Möglichkeit, in diesem politisch mitzubestimmen. Die Menschen forderten das Wahlrecht für alle und wollten ihren Herrscher selbst bestimmen dürfen. Außerdem wollten sie ihre Meinung ohne Strafe vertreten können. Darunter fiel die Pressefreiheit genau wie die Meinungsfreiheit. Die Menschen verlangten die Gleichheit aller Bürger und keine Sonderrechte für den Adel. Darüber hinaus wollten die Menschen frei entscheiden dürfen, welcher Religion sie angehören.

T2 • Situation nach der Reichsgründung von 1871

Mit der Reichsgründung erfüllten sich einige Hoffnungen der in den deutschen Ländern lebenden Menschen. Männer ab 25 durften nun wählen. Es gab einen einheitlichen deutschen Staat und eine Verfassung. Über den Inhalt der Verfassung und die Einsetzung des Staatsoberhauptes hatten jedoch die Fürsten der deutschen Länder entschieden. Das Amt des Kaisers wurde weitervererbt.

Im Jahr 1874 wurde ein neues Pressegesetz verabschiedet, das den Zeitungen erlaubte zu drucken, ohne vorher zensiert zu werden. Weitere Grundrechte, wie die der Religionsfreiheit, waren in der Verfassung kaum zu finden.

Stelle die Erwartungen der Bürger 1848 an eine Reichsgründung der Situation nach der Reichsgründung von 1871 gegenüber.

1. Schritt: **Informationen sammeln**
- Als Erstes sammelst du Informationen. Kopiere dafür die Seite 60.
- Lies die Texte. Markiere die Wünsche und Erwartungen der Bürger während der Revolution von 1848/49 sowie die Informationen zur Situation nach der Reichsgründung.

2. Schritt: **Informationen ordnen**
- Im zweiten Schritt schreibst du die Informationen, die du in den Texten gefunden hast, geordnet auf.
- Schreibe sie zum Beispiel in eine Tabelle.
- Die Informationen zu gleichen Themen sollten nebeneinanderstehen. Zum Beispiel solltest du nebeneinanderschreiben, wie sich die Menschen die politische Mitbestimmung vorstellten und wie viel Mitbestimmung später verwirklicht wurde.

	Erwartungen 1848	Umsetzungen 1871/74
Wahlrecht	- gleiches Wahlrecht für ...	- Wahlrecht nur für ...
Entscheidung über das Staatsoberhaupt	- ...	- ...
Pressefreiheit	- ...	- ...
...	- ...	- ...

3. Schritt: **Gemeinsamkeiten und Unterschiede formulieren**
Zuletzt schreibst du auf, welche Gemeinsamkeiten und welche Unterschiede es zwischen den Forderungen der Bürger 1848 und der Situation nach der Reichsgründung von 1871 gab. Beginne mit den Gemeinsamkeiten und formuliere dann die Unterschiede.
Schreibe so:
Wenn man die Forderungen der Bürger der Situation nach der Reichsgründung gegenüberstellt, sieht man ... .
Der Wunsch nach politischer Mitbestimmung wurde nur zum Teil erfüllt. Denn es durfte zwar gewählt werden, aber ... .
Die Wähler durften nicht bestimmen, wer ... . Diese Entscheidung lag bei ... .
Die Pressefreiheit wurde im Jahr 1874 ... .
Abschließend kann man festhalten, dass es einige Gemeinsamkeiten gibt.
Aber ... .
Insgesamt ... .

M1 Der Hauptbahnhof in Frankfurt am Main (Foto, um 1900)

Aufbruch in die Moderne

T1 • Deutschland wird eine Wirtschaftsmacht

Mit dem Deutschen Reich war ein einheitlicher Staat entstanden. Hindernisse wie Zollgrenzen gehörten der Vergangenheit an. Das begünstigte die wirtschaftliche Entwicklung. Hinzu kam, dass das Deutsche Reich durch die Kriegsentschädigungen Frankreichs nach dem Sieg von 1871 über erhebliche finanzielle Mittel verfügte. Diese Gelder flossen unter anderem in den Ausbau der Verkehrswege. Eisenbahnlinien, Straßen und Schifffahrtswege verbanden das gesamte Land.

Mit der chemischen Industrie und der Elektroindustrie entwickelten sich neue Industriezweige. Deutsche Unternehmen wie die Allgemeine Elektricitäts-Gesellschaft (AEG) oder die Bayer AG verkauften ihre Waren weltweit. Auch in der Schwerindustrie gehörten mit Krupp und Bosch deutsche Unternehmen zu den führenden. Vielfach kauften diese Unternehmen weitere Betriebe auf oder schlossen sich mit anderen zusammen. Auf diese Weise entstanden große Konzerne.

Zollgrenzen
Grenze, an der finanzielle Abgaben für eingeführte oder ausgeführte Waren erhoben werden

Schwerindustrie
Betriebe, die Eisen erzeugen oder es weiterverarbeiten: Bergbau, Stahl- und Eisenindustrie

❶ a) Beschreibe M1.
b) Stellt einen Bezug zur Überschrift her.
   Bienenkorb
❷ Hilfe Was förderte die wirtschaftliche Entwicklung im Deutschen Reich? (T1)
❸ Nenne die Industriezweige, in denen deutsche Unternehmen führend wurden. (T1)

❹ Erkläre die Entstehung eines Konzerns. (T1)

Hilfe zu
❷ Gehe auf folgende Punkte ein: Wegfall von Hindernissen, Sieg gegen Frankreich, Verkehrswege.

T2 • Rege Bautätigkeit

Auch die Städte veränderten ihr Gesicht. Die mittelalterliche Enge wich neuen großzügigen Plätzen und breiten Straßen, die genügend Platz für den neuen Verkehr boten. Bald lösten erste Automobile die Pferdekutschen ab. Es entwickelte sich ein dichtes Netz von Bahn- und Buslinien. Elektrische Straßenlaternen bestimmten zunehmend das Stadtbild.

T3 • Die neue Art des Einkaufens

Ende des 19. Jahrhunderts kamen zunehmend maschinell hergestellte Massenprodukte auf den Markt. Waren aus der ganzen Welt erreichten Deutschland. Den kleinen Verkaufsläden war es nicht mehr möglich, das große Angebot komplett zu präsentieren. In den Großstädten entstanden immer mehr Warenhäuser, die auf einer großen Verkaufsfläche über mehrere Etagen alle erdenklichen Waren unter einem Dach anboten. Manche dieser Häuser glichen Einkaufspalästen mit prächtig gestalteten Verkaufsbereichen, großen Schaufenstern und Dachgärten mit Cafés und Restaurants. Sie machten für die zahlungskräftige Kundschaft das Einkaufen zu einem Erlebnis.

M2 Kaiserplatz und Kaiserstraße in Frankfurt am Main (Foto, um 1895)

M3 Der Lichthof des Kaufhaus Wertheim in Berlin (Foto, 1906)

5 Hilfe Beschreibe die Veränderungen in den Städten. (T2, M2)

6 a) Nenne die Gründe für die Entstehung von Warenhäusern. (T3)
b) Erkläre, warum man von Einkaufspalästen spricht. (T3, M3)
Lerntempoduett

7 Recherchiere zu Warenhäusern dieser Zeit in deiner Heimatregion. Stelle die Ergebnisse deiner Lerngruppe vor.

Hilfe zu
5 Folgende Punkte solltest du berücksichtigen: Bauten, Verkehr, Beleuchtung.

Eine Geschichtserzählung

T1 • In auswegloser Lage

Da stand sie nun auf dieser Brücke – Gislinde – gerade mal 18 Jahre – und wusste weder ein noch aus. Unter ihr floss träge der Main, die feuchte Novemberkälte des Flusses kroch zu ihr herauf. Neben ihr stand das kleine Köfferchen, mit dem sie vor einem halben Jahr nach Frankfurt gekommen war. Wo sollte sie jetzt hin?

Dabei hatte alles so gut angefangen im Frühjahr diesen Jahres. Der Pfarrer hatte ihr eine Stellenanzeige zugesteckt: Frankfurter Handelsrat sucht Dienstmädchen.

Das war die Chance, das kleine Taunusdorf zu verlassen, und die Eltern, die die achtköpfige Familie sowieso kaum satt bekamen. Nach Frankfurt – die große Stadt voller Verlockungen.

Mit zittrigen Knien war sie die Treppe des herrschaftlichen Hauses hochgestiegen, um sich vorzustellen. Die gnädige Frau wirkte streng, der gnädige Herr nicht mal unsympathisch. Man nahm sie in den Dienst.

T2 • Ohne Fleiß kein Preis

Natürlich war auch hier die Arbeit sehr hart. Um fünf Uhr musste sie aufstehen, um die Öfen anzuheizen. Dann natürlich die täglichen Reinigungsarbeiten: Böden fegen und wischen, die schweren Teppiche ausklopfen – und was der gnädigen Frau sonst noch für Einfälle kamen. Und wehe sie entdeckte irgendwo ein Körnchen Staub. Oft fiel Gislinde todmüde und erschöpft ins Bett in ihrer kleinen fensterlosen Kammer, in die sonst nur ein Stuhl passte. Aber es war ihr Reich, zuhause hatte sie sich das Bett immer mit ihrer Schwester teilen müssen. Der Lohn war nur karg, aber weil sie sparsam lebte, konnte sie sogar ein paar Groschen nach Hause schicken.

Mit Martha, der Köchin, verstand sie sich gut. Sie steckte ihr immer mal einen Rest zu. Beide genossen ihren freien Mittwochnachmittag, wenn sie durch Frankfurt bummeln konnten.

Handelsrat
Ehrentitel für bedeutende Persönlichkeiten aus der Wirtschaft

gnädige Frau / gnädiger Herr
höfliche Anrede, mit denen man Personen ansprach, um ihnen Respekt zu erweisen

Taunus
Mittelgebirge in Hessen

karg
hier: gering, knapp

Groschen
damalige kleine Geldeinheit

T3 • Vertrieben aus dem Paradies

Es hätte alles so schön sein können, wenn nicht eines Abends die Tür zu ihrer Kammer geknarrt hätte. Schlaftrunken war sie aufgeschreckt. Der gnädige Herr! Hatte er sich in der Tür geirrt? Grob drückte er ihr die Hand ins Gesicht, riss an ihrer Wäsche und legte sich auf sie. Sie wollte schreien, aber was wäre dann? Wer würde ihr glauben? Was wäre mit ihrer Stellung?

Besonders schlimm war, dass sich dies in den folgenden Wochen mehrmals wiederholte. Oft weinte sie in ihr Kissen, aber wem sollte sie sich anvertrauen? Sie schämte sich so.

Hinzu kam, dass ihr nun häufiger aus heiterem Himmel schlecht wurde. Martha guckte sie mitleidig an: „Mädchen du bist fülliger geworden. Du bist doch nicht etwa …?" Schwanger? Oh nein! Das durfte nicht sein. Aber Martha sprach nur das aus, was sie sich insgeheim schon gedacht hatte und voller Verzweiflung immer wieder verdrängen wollte.

Auch der gnädigen Frau war die Veränderung aufgefallen und sie hatte Gislinde zur Rede gestellt. Sie wollte zu ihrer Verteidigung ansetzen: „Der gnädige Herr…" „Was – der gnädige Herr?", schrie die gnädige Frau empört, „willst du uns etwa beschmutzen? Pack deine Sachen und scher dich fort!"

Da stand sie nun hier auf der Brücke und wusste nicht wohin. Selbst bei einer Anzeige stand Aussage gegen Aussage. Und wem würde das Gericht wohl glauben?

Zurück in ihr Dorf – mit einem vaterlosen Kind – welch eine Schande? Das konnte sie weder sich, dem Kleinen noch ihrer Familie antun. Verzweifelt blickte sie die Brücke hinunter in den träge dahinfließenden Main.

fortscheren
weggehen, verschwinden

❶ Hilfe Verfasse einen Steckbrief zu Gislinde.
❷ Nenne die Gründe für Gislindes Umzug nach Frankfurt. (T1)
❸ Wo findet Gislinde Arbeit? (T1)
❹ Hilfe Beschreibe Gislindes Arbeit. (T2)
❺ Gislinde ist zunächst sehr gern in Frankfurt. Erkläre. (T2)
❻ Was widerfährt Gislinde im Haus der Herrschaften? (T3)
❼ Gislinde steht auf einer Brücke. Beschreibe die Situation, in der sie sich befindet.
❽ Hilfe Recherchiere zur Situation von Dienstmädchen im Kaiserreich. Stelle die Ergebnisse deiner Klasse vor.

Hilfe zu
❶ Nenne Alter, Herkunft und Familienverhältnisse.
❹ Gehe auf die Tätigkeiten, den Zeitumfang und die Unterkunft ein.
❽ Auf folgenden Webesites kannst du deine Recherche starten: www.planet-wissen.de, www.zeitklicks.de

> Die Schule, die ich besuchte, war staatlich und öffentlich. Man wohnte unter Christen, verkehrte mit Christen, und für fortgeschrittene Juden, zu denen mein Vater sich zählte, gab es eine jüdische Gemeinde nur im Sinn ... der Tradition ...

M1 Der jüdische Schriftsteller Jakob Wassermann schrieb 1921 in seiner Biografie über seine Schulzeit in den 1880er-Jahren des 19. Jahrhunderts.

Die jüdische Emanzipation

T1 • Deutsche Staatsbürger mit jüdischem Glauben

In Deutschland lebten ungefähr 600 000 Bürger mit jüdischem Glauben. Das entsprach rund einem Prozent der Bevölkerung. Seit der Zeit der Aufklärung waren viele von ihnen für gleiche Rechte und Pflichten wie ihre christlichen Mitbürger eingetreten. Aber immer noch gab es für Juden zahlreiche Einschränkungen, die in den einzelnen deutschen Ländern unterschiedlich stark ausfielen. Deshalb versprachen sich viele jüdische Bürger von einem einheitlichen deutschen Staat eine rechtliche Gleichstellung.

Seit der Gründung des Deutschen Reiches 1871 gab es eine rechtliche Gleichstellung aller Glaubensrichtungen. Sie war in der Reichsverfassung festgeschrieben. Viele jüdische Bürger sahen dies als Ziel ihres Strebens nach Gleichberechtigung. Aus diesem Grund stand ein großer Teil der jüdischen Bürger dem deutschen Kaiserreich besonders positiv gegenüber. Viele verehrten den Kaiser und engagierten sich in vaterländischen Vereinen.

> Alle noch bestehenden, aus der Verschiedenheit des religiösen Bekenntnisses (Religionszugehörigkeit) hergeleiteten Beschränkungen der bürgerlichen und staatsbürgerlichen Rechte werden hierdurch aufgehoben. Insbesondere soll die Befähigung zur Teilnahme an der Gemeinde- und Landesvertretung und zur Bekleidung öffentlicher Ämter vom religiösen Bekenntnis unabhängig sein.

M2 Gesetz, betreffend die Gleichberechtigung der Religionen in bürgerlicher und staatsbürgerlicher Beziehung; seit 1871 gültig im gesamten Deutschen Reich

---

fortgeschritten
meint hier: fortschrittlich, unabhängig

Emanzipation
sich von Unterdrückung befreien, unabhängig werden

Aufklärung
Zeit erheblicher Veränderungen, die durch neue Ideen geprägt war, die alte Vorstellungen ersetzten. Man wollte die Welt durch Wissen und die menschliche Vernunft erklären.

vaterländische Vereine
In vaterländischen Vereinen setzten sich Menschen für traditionelle Werte, wie Zuverlässigkeit, Fleiß oder auch Gehorsam gegenüber dem Staat ein. Die Mitglieder waren sehr heimatverbunden und dem deutschen Kaiser treu ergeben.

---

❶ a) Wie beschreibt der Schriftsteller Jakob Wassermann das Verhältnis von Juden und Christen Ende des 19. Jahrhunderts? (M1)
b) Stellt Vermutungen über die gesellschaftliche Stellung der jüdischen Bürger an.
   Think – Pair – Share

❷ Die Gründung des Deutschen Reiches verbanden viele Juden mit großen Hoffnungen. Erkläre. (T1)

❸ Nenne die Bestimmungen in M2, die eine Gleichstellung verdeutlichen.

T2 • Aufstieg und Anpassung

Die wirtschaftliche Entwicklung Deutschlands hatte für eine große Zahl jüdischer Bürger neue Chancen im Geschäftsleben und einen wirtschaftlichen Aufstieg eröffnet. So gehörten im Jahr 1870 etwa 60 Prozent der jüdischen Bürger zum gehobenen Bürgertum. Diese Gruppe konzentrierte sich vor allem in den Städten, sodass die jüdischen Gemeinden zu den wohlhabendsten in Europa zählten. Dies zeigte sich auch im Bau von prächtigen Synagogen.

Gleichzeitig kam es zu einem immer stärkeren Austausch mit den christlichen Mitbürgern. Der modische Geschmack war gleich, man verehrte dieselben Musiker oder Autoren. In Sprache, Kleidung und Kultur war nicht in erster Linie die Religion, sondern die Zugehörigkeit zum deutschen Staat entscheidend.

Synagogen
Gotteshaus des jüdischen Glaubens. Mitglieder jüdischer Gemeinden treffen sich dort zum gemeinsamen Beten, Feiern und Sprechen.

M3 Die von 1873 bis 1876 erbaute Synagoge in Darmstadt

❹ a) Erkläre die Folgen der wirtschaftlichen Entwicklungen für eine große Zahl jüdischer Bürger. (T2, M3)
b) Zeige auf, woran der Aufstieg deutlich wurde. (T2)

❺ Hilfe Arbeite aus T2 heraus, wie sich die Anpassung der jüdischen Bürger vollzog.

❻ Hilfe Entwickelt ein Streitgespräch zwischen zwei jüdischen Bürgern, die über die zunehmende Angleichung diskutieren.

⑦ Sind zu dieser Zeit in deiner Umgebung Synagogen entstanden? Recherchiere und stelle die Ergebnisse deiner Klasse vor.
Galeriegang

Hilfe zu
❺ Du kannst auf folgende Punkte eingehen: Kleidung, Kultur, Religion.
❻ Möglicher Beginn: „Du mit deinem neuen Anzug. Man erkennt gar nicht mehr … ."

M1 Ausschnitte aus einer Postkarte von der Nordseeinsel Borkum (1901)

M2 Postaufkleber eines Hotels (um 1900)

Judenfeindschaft trotz Gleichstellung

T1 • Gleich nach dem Gesetz, ungleich im Alltag

Durch Gesetze waren die jüdischen Bürger mit gleichen Rechten ausgestattet. Dennoch hatten sie im alltäglichen Leben immer noch mit mehr oder weniger offener Ablehnung zu kämpfen. Eine umfassende Gleichberechtigung, auch im Alltag, gab es nicht überall.

Die Gleichberechtigung der deutschen Staatsbürger jüdischen Glaubens war nur theoretisch und vom Gesetz her angeordnet. Besonders im Bereich der Verwaltung wurde die Einstellung von Bürgern mit jüdischem Glauben immer wieder verhindert. Gelang dies nicht, erschwerten Vorgesetzte häufig die Beförderung von Bürgern jüdischen Glaubens. Dadurch waren die Stellen in der höheren Verwaltung sowie in den entscheidenden Richter- und Staatsanwaltspositionen nicht von jüdischen Beamten besetzt. Auch im deutschen Militär gelang es jüdischen Bürgern nur sehr selten, für einen Offiziersrang zugelassen zu werden.

❶ a) Beschreibe M1 ① und M2.
 b) Vermutet, welche Überlegungen die beiden Hotels zu diesen Aussagen veranlasst haben.
  Placemat
❷ Hilfe Arbeite aus den Liedstrophen in M1 ② judenfeindliche Textstellen heraus.
❸ Beschreibe, wie jüdische Bürger benachteiligt wurden. (T1)

❹ Vor dem Gesetz gleich – doch nicht im Alltag. Erläutere diese Aussage. (T1, M1)

Hilfe zu
② - koscher: hebräisch für rein
  - Cohn, Rosenthal, Levisohn: jüdische Nachnamen
  - Mammle: jiddisch für Mutter

T2 • Wachsende Ablehnung und Antisemitismus

Das Erstarken des deutschen Nationalbewusstseins hatte zur Folge, dass Teile der deutschen Gesellschaft verstärkt alles Fremde ablehnten. Zum Fremden wurden von ihnen auch jüdische Bürger gezählt.

Die sich Ende des 19. Jahrhunderts herausbildende Rassentheorie unterstützte diese Anschauung. Sie ging davon aus, dass es bei den Menschen verschiedene Rassen geben würde, so auch eine deutsche und eine jüdische Rasse. Diesen angeblichen Rassen wurden typische äußere und charakterliche Merkmale zugeschrieben. Während die "Deutschen" sich selbst vorwiegend positive Eigenschaften zuordneten, schrieben sie den Juden schlechte Eigenschaften zu. Diese Rassentheorie war eine bedeutende Grundlage für eine wachsende Judenfeindlichkeit, den Antisemitismus.

Anhänger des Antisemitismus grenzten Juden aus und erklärten sie zu Feinden. Ende des 19. Jahrhunderts gründeten sich eine Reihe offen antisemitischer Vereinigungen und Parteien. Im Jahr 1880 wollten antisemitische Kräfte mit einer Unterschriftensammlung sogar erreichen, dass die staatsbürgerlichen Rechte für Juden aufgehoben werden. Allerdings kamen hierfür nur 250 000 Unterschriften zusammen. Das entsprach lediglich 0,4 Prozent der Gesamtbevölkerung.

Rassentheorie
Ziel der Rassentheorie war es, alle Menschen in Rassen einzuteilen. Dabei wurden die eingeteilten Rassen bewertet und eine Art Rangordnung vorgenommen. Die Rangordnung ergab sich aus Eigenschaften, die den angeblichen Rassen zugeschrieben wurden.

Antisemitismus
Sammelbegriff für alle Formen judenfeindlicher Einstellungen und Handlungen

Zier
etwas Schmückendes; hier gemeint: eine positive Eigenschaft

Text der Postkarte
„Bescheidenheit ist eine Zier, doch kommt man weiter ohne ihr!"

M3 Darstellung jüdischer Bürger auf einer Postkarte (um 1900)

❺ **Hilfe** Erkläre, wozu das deutsche Nationalbewusstsein in Teilen der deutschen Gesellschaft führte. (T2)

❻ Nenne Inhalte der sich herausbildenden Rassentheorie. (T2)
   Lerntempoduett

⑦ Arbeite aus M3 heraus, welche angeblichen Merkmale jüdischen Bürgern zugeschrieben wurden.

❽ Was hältst du von einer Einteilung der Menschen in unterschiedliche Rassen? Begründe.

❾ Bewerte die antisemitischen Aktionen. (T2, M1–M3)

Hilfe zu
❺ Mögliche Formulierungshilfen:
   Es entwickelte sich … . Dies wurde unterstützt durch … . Das war die Grundlage für … .

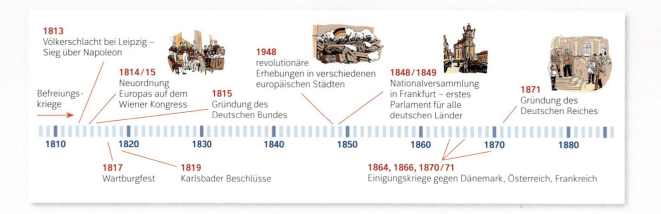

Auf dem Weg zum Nationalstaat

Wofür kämpften die Menschen?

Im gemeinsamen Kampf gegen die französische Fremdherrschaft hatte sich bei vielen Bürgern in den deutschen Ländern der Wunsch nach einem vereinten Staat entwickelt. Sie erhofften sich von einer Staatsgründung auch mehr Rechte und Freiheiten. Der Deutsche Bund, der 1815 durch den Wiener Kongress geschaffen wurde, erfüllte diese Hoffnungen aber nicht. Durch die Karlsbader Beschlüsse versuchten die Fürsten, weitere Bestrebungen nach Einheit und Freiheit einzuschränken. In der Revolution von 1848/49 gelang es den Bürgern nicht, einen einheitlichen Staat durchzusetzen.

Wie wurde ein einheitlicher Staat geschaffen?

Ein einheitlicher Staat wurde schließlich durch die Herrschenden selbst geschaffen. Am 18. Januar 1871 bestimmten die Fürsten den preußischen König zum deutschen Kaiser. Das Deutsche Reich entstand aus dem 1867 gegründeten Norddeutschen Bund, in dem Preußen eine Vormachtstellung besaß, sowie den süddeutschen Staaten. In Kriegen gegen Dänemark, Österreich und Frankreich wurden Gegner dieses Einigungsprozesses ausgeschaltet.

Wie lebten die Menschen in diesem Staat?

Die Verfassung des Deutschen Reiches betonte die starke Stellung des Kaisers und des Reichskanzlers. Der Reichstag wurde durch das Volk gewählt, Frauen besaßen kein Wahlrecht. Die Rechte des Reichstags waren eingeschränkt. Grundrechte wie Versammlungs- oder Meinungsfreiheit für die Bürgerinnen und Bürger fehlten in der Verfassung.

Innerhalb der Gesellschaft spielte das Militär eine herausragende Rolle. Uniformen prägten das Straßenbild, sogar die Kindermode war durch Uniformen beeinflusst. Prinzipien der Armee wie strenge Unterordnung und Gehorsam bestimmten auch das Privatleben der Menschen. Deshalb wird das deutsche Kaiserreich auch als Obrigkeitsstaat bezeichnet.

Deutscher Bund
Im Ergebnis des Wiener Kongresses entstand ein lockerer Zusammenschluss der deutschen Einzelstaaten. Er ermöglichte den Fürsten, in ihren Ländern weiterhin selbstständig politische Entscheidungen zu treffen. Eine gemeinsame Verfassung gab es nicht.

Deutsches Reich
1871 gründeten die Herrschenden einen einheitlichen deutschen Staat. Um deutlich zu machen, dass das Staatsoberhaupt über den Herrschern der Königreiche wie Bayern, Württemberg oder Sachsen stand, verliehen sie dem preußischen König den Titel des deutschen Kaisers.

Frankfurter Nationalversammlung
Im Ergebnis der Märzkämpfe fanden 1848 die ersten freien Wahlen statt. Die gewählten Abgeordneten versammelten sich in der Paulskirche in Frankfurt am Main. Sie beschlossen die Gründung eines deutschen Reiches und arbeiteten eine Verfassung aus. Da die Nationalversammlung nicht über die notwendige Macht verfügte, konnten die Fürsten eine Umsetzung der Beschlüsse verhindern. 1849 löste sich die Nationalversammlung auf.

Karlsbader Beschlüsse
Die Fürsten wollten die Bestrebungen der Bürger nach mehr Rechten und Freiheiten verhindern. So nutzten sie 1819 ein Attentat auf einen Schriftsteller, um Maßnahmen zu beschließen, mit denen sie Vertreter fortschrittlicher Ideen verfolgen konnten.

Märzrevolution
So werden die Aufstände der Bürger im März 1848 in den deutschen Staaten bezeichnet. Um ihre Macht nicht vollständig zu verlieren, waren die Herrscher zu Zugeständnissen bereit. Die Bürger erkämpften sich eine Reihe von Freiheiten.

Nationalstaat
Bis 1871 gab es keinen einheitlichen deutschen Staat, sondern nur einzelne deutsche Herrschaftsgebiete. Nach dem Sieg über die französische Fremdherrschaft 1813 empfanden sich viele Bürger nicht mehr in erster Linie als Preußen, Sachsen oder Bayern, sondern als Angehörige einer deutschen Nationalität mit gemeinsamer Sprache, Kultur und Tradition. Diese Gemeinsamkeiten sollten in einem einheitlichen Staat zusammengeführt werden.

Obrigkeitsstaat
Die Verfassung des Deutschen Reiches sicherte dem Kaiser und dem Reichskanzler eine herausragende Stellung. Die Macht lag in den Händen weniger. Das Volk wurde eher regiert, als dass es mitwirken konnte. Gleichzeitig war dieser Staat durch die große Bedeutung der Armee gekennzeichnet. Das Prinzip von Obrigkeit und Untertanen zog sich durch die gesamte Gesellschaft.

Wiener Kongress
Nach dem Sieg über Napoleon versammelten sich von 1813 bis 1815 Abordnungen der europäischen Herrscher in Wien. Sie berieten über die Zukunft Europas. Neben der Festlegung von Herrschaftsgebieten ging es vor allem darum, den Einfluss der Französischen Revolution zurückzudrängen.

Auf dem Weg zum Nationalstaat

1. Ereignisse in die richtige Reihenfolge bringen

Die Ereignisse in der folgenden Tabelle sind durcheinandergeraten.

a) Übertrage die Tabelle in dein Heft. Ordne die Ereignisse den richtigen Zeiten zu.
b) Suche dir drei Ereignisse aus. Erkläre sie mit je fünf Aussagen näher.
c) Suche dir einen Partner / eine Partnerin und lies deine Aussagen vor. Anschließend soll er / sie das Ereignis benennen.
d) Tauscht nun eure Rollen.

Partnerpuzzle

Zeit	Ereignis
1813	Gründung des Norddeutschen Bundes
1815	Wartburgfest
1817	Deutsch-Französischer Krieg
1819	Krieg Preußens gegen Österreich
1848	Gründung des Deutschen Reiches
1864	Völkerschlacht bei Leipzig
1866	Karlsbader Beschlüsse
1867	Deutsch-Dänischer Krieg
1870/71	Gründung des Deutschen Bundes
1871	Märzkämpfe

2. Eine Karikatur deuten

Die Karikatur zeigt den preußischen König Friedrich Wilhelm IV. in zwei wesentlichen Situationen der Jahre 1848 und 1849.

① Am 22. März 1848.
  Hut ab!

② Am 26. Februar 1849.
  Hüte ab!

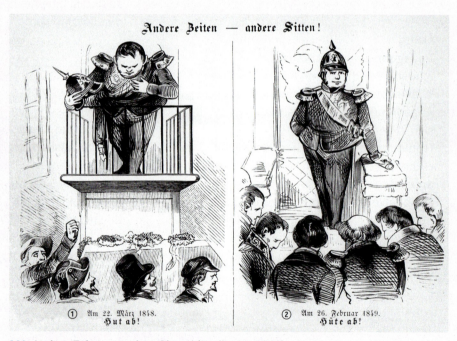

M1 Andere Zeiten – andere Sitten! (Karikatur, 1849)

a) Beschreibe die beiden Bilder der Karikatur.
b) Auf welche Ereignisse beziehen sich die Bilder.
c) Erkläre die Bedeutung der Unterschriften „Hut ab!" und „Hüte ab!"
d) Erläutere die Überschrift: „Andere Zeiten – andere Sitten!"

Think – Pair – Share

3. Schlagzeilen berichtigen

Ein Verlagsmitarbeiter wurde beauftragt, aus alten Zeitungen wesentliche Schlagzeilen zu wichtigen Ereignissen zusammenzustellen. Bei der Abschrift sind ihm aber leider einige Fehler unterlaufen.
Hilf ihm, indem du die Schlagzeilen berichtigst. Schreibe die richtigen Schlagzeilen in dein Heft.

1) Völkerschlacht: Napoleon bei Rostock besiegt!
2) Deutscher Bund – ein einheitliches Vaterland!
3) Skandal beim Wartburgfest: Studenten verbrennen Tablets und Smartphones!
4) Karlsbader Beschlüsse: Kontrolle von Zeitungen wird abgeschafft!
5) Kämpfe in Berlin: Bürger zerstören Barrikaden!
6) Erstes Zusammentreffen der Abgeordneten der Hamburger Nationalversammlung in der Paulskirche.
7) Abgeordnete bieten preußischem König Kaiserkrone an – dankende Annahme!
8) Deutsch-Deutscher Krieg: Österreich besiegt Preußen!
9) Süddeutscher Bund gegründet!
10) Deutsches Reich in Venedig ausgerufen. Bayrischer König nimmt Kaiserwürde an!
11) Neue Reichsverfassung in Kraft: Große Machtfülle für den Reichstag!

 *Stühletausch*

4. Begriffe ordnen

In den folgenden Reihen findest du einzelne Begriffe. Davon ist einer der Oberbegriff. Außerdem passt ein Unterbegriff nicht.

a) Schreibe zunächst den Oberbegriff farbig in deinen Hefter.
b) Notiere dann die passenden Unterbegriffe darunter.
c) Ergänze noch einen weiteren passenden Unterbegriff.

1) Monarchie – Staatsformen – Biologie – Republik
2) Pressefreiheit – längere Ladenöffnungszeiten – Forderungen der Bürger – Meinungsfreiheit
3) Kaiser – Reichskanzler – Verfassungsorgane des Kaiserreiches – Klassenrat
4) Kontrolle von Presseerzeugnissen – Verbot von Filmaufführungen – Überwachung von Universitäten – Inhalt der Karlsbader Beschlüsse
5) Schauplätze der Märzrevolution – Berlin – Frankfurt – Stockholm
6) Dreißigjähriger Krieg – Einigungskriege – Deutsch-Dänischer Krieg – Deutsch-Französischer Krieg

Lerntempoduett

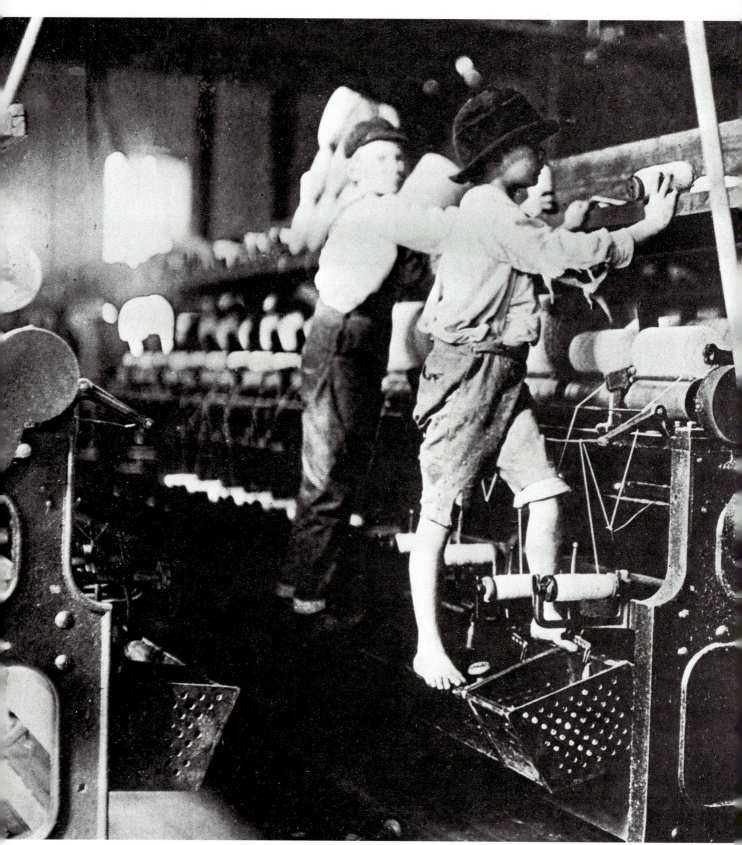
M1 Kinderarbeit in einer Textilfabrik (Foto, 1907)

Die Industrialisierung

→ Was ist Industrialisierung?

→ Welche Erfindungen führten zur Industrialisierung?

→ Wie veränderte die Industrialisierung das Leben der Menschen?

M2 Pflügen mit einem Dampftraktor (kolorierter Stich, um 1890)

M3 Arbeiterfamilie in ihrer Wohnküche (Foto, 1900)

M1 Eine Mähmaschine (Stich, 1840)

M2 Mähen von Getreide mit einer Sense

Hygiene
Sauberkeit

Tiefgreifende Veränderungen

T1 • Landwirtschaft im Umbruch

Bis zum 19. Jahrhundert lebten die meisten Menschen auf dem Land. Landwirtschaft und Handwerk waren die Grundlage der menschlichen Gesellschaft. Die Bauern arbeiteten auf den Feldern und hielten Vieh. Sie säten das Getreide von Hand und ernteten mit der Sense. In handwerklichen Familienbetrieben wurden Waren hergestellt. Große Mengen konnten so nur schwer produziert werden. Mit verschiedenen Erfindungen veränderte sich das Leben auf dem Land. Saat- oder Mähmaschinen erleichterten die Arbeiten und führten zu höheren Ernteerträgen.

T2 • Anstieg der Bevölkerung

Ab Mitte des 18. Jahrhunderts wuchs die Bevölkerung in Europa stark an. Hierfür gab es mehrere Gründe. Durch bessere Ernteerträge wurde die Ernährung der Menschen besser. Außerdem erkannten die Menschen, dass zwischen Gesundheit und Hygiene ein Zusammenhang besteht. Sie verbesserten die Wasser- und Abwasserversorgung, sodass es zu weniger Krankheiten kam. Und in der Medizin wurden Impfstoffe entwickelt, die weitere Krankheiten verhinderten.

❶ a) Überlege, wie die Mähmaschine funktioniert hat. (M1)
  Bienenkorb
  b) Nenne die Vorteile einer Mähmaschine gegenüber einer Sense. (M1, M2)

❷ Hilfe Beschreibe, wie die meisten Menschen bis zum 19. Jahrhundert lebten. (T1)

❸ Erkläre, wie sich die Arbeit auf dem Land veränderte. (T1)

❹ Nenne Gründe für den Anstieg der Bevölkerung. (T2)

Hilfe zu
❷ Die meisten Menschen lebten … . Grundlage der Gesellschaft waren … . Die Bauern … .

T3 • Naturkräfte treiben Maschinen an

Durch das Anwachsen der Bevölkerung wurden mehr Kleidung und Wäsche benötigt. Die Mengen an Stoffen, die bislang in Heimarbeit hergestellt wurden, reichten nicht mehr aus. Forscher, Erfinder und Techniker wurden beauftragt, Lösungen zu entwickeln. Ende des 18. Jahrhunderts gab es erste Maschinen, die größere Mengen an Stoffen herstellen konnten. Diese Maschinen wurden anfangs durch menschliche Muskelkraft angetrieben. Später übernahmen Windräder oder Wasserräder den Antrieb.

T4 • Die Dampfkraft ersetzt Naturkräfte

Bald erkannten die Menschen, dass die benutzten Herstellungsmöglichkeiten nicht ausreichten. Die natürlichen Kräfte wie Muskel-, Wind- und Wasserkraft waren begrenzt und nicht immer und überall verfügbar.

Im Jahr 1769 gelang es dem Erfinder James Watt, die erste leistungsfähige Dampfmaschine herzustellen. Durch Zahnräder, Gestänge und breite Lederriemen wurde die durch Dampf erzeugte Kraft auf Maschinen übertragen. Maschinen zur Herstellung von Stoffen oder Garnen, aber auch Werkzeuge oder Pumpen, konnten jetzt durch die künstliche Kraft unermüdlich angetrieben werden. Darüber hinaus war die Dampfmaschine auch unabhängig von Wetter und Standort.

Heimarbeit
Menschen fertigten in ihren Wohnräumen Waren, zum Beispiel Stoffe.

M3 Windkraft

M4 Wasserkraft

M5 Modell einer Dampfmaschine

Die Dampfkraft wird auf Arbeitsmaschinen übertragen. Die einzelnen Schritte:
- Ein Ofen ① erhitzt Wasser im Kessel ②.
- Der entstehende Wasserdampf wird so in den Zylinder ③ geleitet, dass er dort den Kolben ④ auf- und abdrückt.
- Diese Bewegung wird durch das Gestänge ⑤ auf zwei Zahnräder ⑥ übertragen.
- Die Zahnräder treiben das große Schwungrad ⑦ an. Von dort wird die Energie über Treibriemen an die Maschinen geleitet.

Webcode
Filmclip zur Dampfmaschine
WES-100512-2

---

❺ **Hilfe** Erkläre, warum das Angebot an Kleidung für die Bevölkerung nicht ausreichte. (T3)

❻ Erkläre, wie die Dampfmaschine funktioniert. (M5)
 Lerntempoduett

❼ **Hilfe** Erläutere, warum die Dampfmaschine als Antriebsmaschine besser geeignet war als Naturkräfte. (T4, M3, M4)

Hilfe zu
❺ Mit dem Wachstum der Bevölkerung wurde … . Die in Heimarbeit hergestellten … . Die Weber konnten die Menge an Stoffen … . Maschinen, die große Mengen … .

❼ Bilde mit folgenden Begriffen ganze Sätze: Wasser, Wind, Muskelkraft, begrenzt, verfügbar, künstliche Kraft.

M1 In einer Spinnstube spinnen Frauen auf verschiedene Weise von Hand Garn (18. Jh.)

M2 Arbeiterin an einer „Spinning Jenny" spinnt auf 16 Spindeln Garn (1764)

England als Vorreiter

T1 • Von Handarbeit zur Maschinenarbeit

In England war die Bevölkerung seit Mitte des 18. Jahrhunderts stark angestiegen. Dadurch kam zu einem Mangel an Stoffen für Kleidung und Wäsche. Die Herstellung von Stoffen erfolgte in zwei Arbeitsschritten: Zuerst mussten die Rohfasern zu Garn versponnen werden. In einem zweiten Arbeitsgang wurde aus dem Garn ein Stoff gewoben. Zwar hatte England aus den nordamerikanischen Kolonien genügend Baumwolle als Rohmaterial, aber in Heim- und Handarbeit konnten daraus nicht genügend Garne und Stoffe hergestellt werden.

Um die Stoffproduktion zu steigern sollten neue Herstellungsverfahren entwickelt werden. Dem Engländer James Hargreaves gelang es 1764 eine Spinnmaschine zu entwickeln, die auf 16 Spindeln Garn spinnen konnte. Er nannte sie Spinning Jenny. Die Entwicklung von Spinnmaschinen ging weiter und wenige Jahre später gab es eine Maschine, die Spinning-Mule, die auf bis zu 1000 Spindeln Garn spinnen konnte.

T2 • Mit Dampf spinnen

Anfangs trieben die Menschen die Spinn- und Webmaschinen noch mit den Händen an. Mit der Weiterentwicklung der Dampfmaschine durch James Watt war ab 1769 die maschinelle Verarbeitung von Baumwolle möglich. Garne und Stoffe wurden immer weniger in Heimarbeit, sondern mehr und mehr in großen Fabrikhallen gefertigt.

Begünstigt wurde die maschinelle Produktion in England durch vorhandene Rohstoffe. Kohle und Eisenerz gab es reichlich. Sie waren Voraussetzungen für den Bau und den Betrieb von Dampfmaschinen. Darüber hinaus machte es die weitgehende Gewerbefreiheit möglich, dass sich jedermann gewerblich betätigen konnte.

Mule
engl. Wort für Maulesel, der eine Kreuzung zwischen Pferd und Esel ist. Die Spinning Mule war eine Maschine zum Ausspinnen von Baumwolle, die Merkmale von zwei anderen Maschinen vereinte.

Gewerbe
Bezeichnung für selbstständige Arbeit, mit dem Ziel, Gewinn zu erwirtschaften

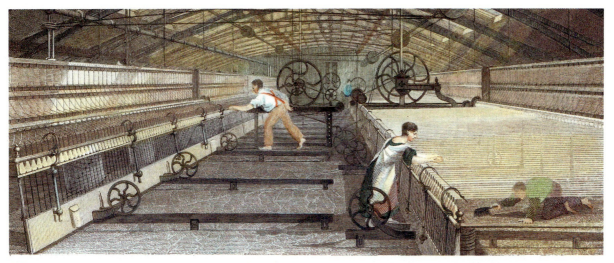

M3 Mule-Spinnmaschinen in einer Fabrikhalle (1830)

T3 • Deutschland hinkt hinterher

In Deutschland setzte die Industrialisierung etwa ein halbes Jahrhundert später ein als in England. Dafür gab es eine Reihe von Gründen. Hinderlich war zum einen der Zunftzwang. Die Vorschriften der Zünfte regelten zum Beispiel, was in welcher Menge und mit welchen Materialien hergestellt werden durfte. Dies verhinderte neue innovative Entwicklungen.

Darüber hinaus wurde der Handel durch die vielen deutschen Einzelstaaten fast unmöglich gemacht. Waren, die von Hannover nach Stuttgart transportiert wurden, passierten bis zu sechs Landesgrenzen. Zoll und Straßengebühren verteuerten die Güter. Erschwerend für den Handel war auch, dass es keine einheitliche Währung und keine einheitlichen Maße gab und in jedem Staat andere Gesetze gültig waren. Erst mit einem einheitlichen Freihandelsgebiet, dem 1834 gegründeten Deutschen Zollverein, der Abschaffung der Zunftzwänge und der Einführung der Gewerbefreiheit im Laufe des 19. Jahrhunderts konnte Deutschland gegenüber England wirtschaftlich aufschließen.

Zoll
finanzielle Abgabe für eingeführte oder ausgeführte Waren

Freihandelsgebiet
Gebiet, über Ländergrenzen hinweg, in dem keine Zölle erhoben werden und Waren frei zwischen Staaten ein- und ausgeführt werden können

Deutscher Zollverein
im Jahr 1834 gebildeter Zusammenschluss der meisten deutschen Staaten zu einem Freihandelsgebiet mit einer gemeinsamen Außenzollgrenze

---

❶ a) Beschreibe die Arbeiten der Frauen. (M1, M2)
b) Nenne den Vorteil der Spinning Jenny gegenüber einfachen Spinnrädern. (M1, M2)

❷ Erkläre, warum in England nicht genügend Stoffe hergestellt werden konnten. (T1)

③ Recherchiere zu James Hargreaves und der Spinning Jenny. Stelle deine Ergebnisse der Klasse in geeigneter Form vor.

❹ Erläutere die Bedingungen, die die Industrialisierung in England begünstigten. (T2)

⑤ a) Hilfe Vergleiche M1, M2 und M3.
🐝 *Bienenkorb*
b) Stelle die Entwicklung der Spinnmaschinen in einem kurzen Lexikonartikel dar. (T1, M1, M2, M3)

❻ Erkläre, warum die Industrialisierung in Deutschland etwa ein halbes Jahrhundert später einsetzt. (T3)

Hilfe zu
⑤ a) Beachte zum Beispiel die Anzahl der Personen und die der Spindeln.

M1 Zwei bewegliche Dampfmaschinen ziehen einen Pflug an einem Seil hin und her. (Stich, um 1890)

Mit Dampf arbeiten

T1 • Mit Kohle Dampf und Kraft erzeugen

Eine Dampfmaschine entwickelte große Kräfte, die immer verfügbar waren. Im Unterschied zum Menschen ermüdete sie auch nicht. Sie konnte 24 Stunden am Tag arbeiten. Eine 600 PS starke Dampfmaschine verrichtete die tägliche Arbeit von rund 9000 Menschen bei einem Zehnstundentag. Und die gleiche Maschine erledigte die tägliche Arbeit von 1800 Pferden bei einem Achtstundentag.

Um Dampfmaschinen betreiben zu können, benötigte man aber viel Kohle. Durch das Verbrennen von Kohle wurde Wasser erhitzt, das dann verdampfte. Der Wasserdampf trieb die Dampfmaschine an. Um die Dampfmaschinen betreiben zu können, musste deshalb enorm viel Kohle abgebaut werden.

PS
Abkürzung für Pferdestärke; bezeichnet die Leistung eines Pferdes für eine bestimmte Arbeit

Kohle abbauen
Braun- oder Steinkohle aus der Erde ausgraben

❶ Die drei Männer rechts im Vordergrund unterhalten sich über die neuartige Technik. Formuliere Sprechblasen. (M1)
  Marktplatz

❷ Hilfe Begründe, warum bei bestimmten Arbeiten eine Dampfmaschine eher eingesetzt wurde als Menschen oder Tiere. (T1, M1)

❸ Erkläre, warum Dampfmaschinen Kohle als Energieträger benötigen. (T1, M1)

Hilfe zu
❷ Nutze folgende Stichpunkte: Menschen ermüden, 600 PS starke Dampfmaschine, Zehnstundentag von 9000 Menschen.

Die Industrialisierung

T2 • Die Dampfmaschine verändert das Leben

Die Dampfmaschine wurde in vielen Bereichen eingesetzt, zum Beispiel zur Herstellung von Maschinen oder zur massenhaften Produktion von Waren. Um die Maschinen zu bedienen, wurden viele Arbeitskräfte in den entstehenden Fabriken benötigt. Menschen, die in der Landwirtschaft nicht mehr gebraucht wurden, zogen vom Land in die Industriegebiete. Hier ergaben sich für sie neue Arbeitsmöglichkeiten.

Mit der maschinellen Massenproduktion gab es eine neue Form der Arbeit, die Fabrikarbeit. Das Leben der Menschen wurde jetzt durch die Arbeitsbedingungen der Fabriken bestimmt. In den Fabrikordnungen waren Arbeitstage von bis zu vierzehn Stunden festgelegt. Oft gab es keine Pausen, und die Menschen arbeiteten in Schichten. Gearbeitet wurde außer an Sonntagen oder hohen Feiertagen immer. Wer zu spät kam, wurde mit Lohnabzug von bis zu zwei Tageslöhnen bestraft.

Im 19. Jahrhundert entwickelte sich die Wirtschaft von der Landwirtschaft zur Industriewirtschaft. Wegen der Veränderungen in der Arbeitswelt wird von der industriellen Revolution gesprochen.

Industrie
Teil der Wirtschaft, in dem Rohstoffe verarbeitet und Waren hergestellt werden. Diese Waren werden dann verkauft.

Schicht
Der Arbeitstag wird in verschiedene Schichten eingeteilt, sodass ein Arbeiter unterschiedliche Arbeitszeiten innerhalb eines Monats hat:
- von nachts bis vormittags,
- von vormittags bis nachmittags oder
- von nachmittags bis nachts.

Bei der Schichtarbeit werden die Maschinen nicht abgestellt, sondern die Arbeiter von Schicht zu Schicht gewechselt. So kann ohne Pause produziert werden.

M2 Französische Tuchfabrik (Stich aus der zweiten Hälfte des 19. Jahrhunderts)

❹ a) Erkläre, warum viele Menschen vom Land in die Industriegebiete zogen. (T2, M2)
  b) Hilfe Begründe, warum das Leben der Arbeiter von der Fabrikarbeit und der Fabrikordnung bestimmt war. (T2, M2)

❺ Was könnten die Arbeiter über ihre Arbeit gedacht haben? Formuliere Sprechblasen. (M2)

❻ Erkläre den Begriff industrielle Revolution. (T2)
  Partnerabfrage

Hilfe zu
❹ b) Das Leben der Arbeiter war von ... bestimmt, denn ... .

vergleichen

Wenn du im Geschichtsunterricht Materialien miteinander vergleichen sollst, betrachtest du sie, um Gemeinsamkeiten und Unterschiede festzustellen. Dazu musst du Vergleichspunkte finden und diese untersuchen. Zum Schluss hältst du deine Ergebnisse fest. Dabei schreibst du auf, ob es mehr Gemeinsamkeiten oder Unterschiede gibt. Außerdem solltest du notieren, welche Erkenntnisse sich aus dem Vergleich ergeben. Hierbei kann es wichtig sein zu formulieren, welche Folgen sich für die Menschen ergeben.

In der Aufgabenstellung steht, was du miteinander vergleichen sollst. Das können Situationen, Aufgaben, Lebensbedingungen von Menschen und vieles andere sein.

1. Schritt: Informationen sammeln
- Werte die Materialien aus.
- Lege Vergleichspunkte fest.

2. Schritt: Informationen ordnen
- Wie kannst du die Informationen übersichtlich aufschreiben?

3. Schritt: Gemeinsamkeiten und Unterschiede formulieren
- Wo liegen Gemeinsamkeiten und Unterschiede?

4. Schritt: Ein Ergebnis formulieren
- Gibt es mehr Gemeinsamkeiten oder Unterschiede?
- Welche wichtigen Erkenntnisse können festgehalten werden?
- Welche Folgen für die Menschen erkennst du?

M1 Schreinerwerkstatt im Mittelalter

M2 In einer Textilfabrik (um 1840)

M3 Werk für Fahrzeugmontage (2022)

Operatoren üben

Vergleiche einen mittelalterlichen Handwerksbetrieb mit einer Fabrik des 19. Jahrhunderts und einem Betrieb der Gegenwart.

1. Schritt: **Informationen sammeln**
- Um Bilder miteinander vergleichen zu können, musst du diese zunächst genau betrachten. Schau dir die Bilder in Ruhe an, finde Vergleichspunkte und notiere sie.
- In unserem Beispiel sind folgende Vergleichspunkte möglich:
    - Tätigkeiten   - Arbeitsplatz
    - Werkzeuge   - Fertigungsweise

Tipp
Du musst nicht jede Einzelheit des Bildes beschreiben. Konzentriere dich auf die Vergleichspunkte.

2. Schritt: **Informationen ordnen**
- Sammle nun Informationen zu den Vergleichspunkten und schreibe sie in einer Tabelle auf.
- Markiere die Gemeinsamkeiten und die Unterschiede mit unterschiedlichen Farben, zum Beispiel mit einem Textmarker.

Vergleichspunkte	M1	M2	M3
Tätigkeit	- etwas wird aus Holz hergestellt - ...	- Stoffe werden auf Webstühlen hergestellt - ...	- Autos werden in einer Fabrik hergestellt - ...
Fertigungsweise	- eine Person fertigt von Hand ein Produkt - ...	- je ein Mensch arbeitet an einer großen Maschine - viele Maschinen ...	- Roboter montieren Autoteile - ...
Arbeitsplatz	- ...	- ...	- ...
Werkzeuge, Geräte	- ...	- ...	- ...

3. Schritt: **Gemeinsamkeiten und Unterschiede formulieren**
- Im dritten Schritt schreibst du die Gemeinsamkeiten und Unterschiede zwischen den Arbeitsplätzen auf. Konzentriere dich hierbei vor allem auf die Vergleichspunkte.
- Beginne mit den Gemeinsamkeiten und formuliere dann die Unterschiede. Schreibe so:
Eine Gemeinsamkeit aller Bilder ist, dass auf allen etwas hergestellt wird. Außerdem ... . Unterschiedlich ist vor allem die Größe der ... . In M1 sieht man, dass die Werkstatt sehr klein ist, da ... . Es gibt auch nur einen Arbeitsplatz, an dem mehrere ... . Selbst das Kind der Familie ... . In Bild M2 dagegen sieht man eine riesige Halle, in der ...

4. Schritt: **Ein Ergebnis formulieren**
- Abschließend fasst du zusammen, was du festgestellt hast und schreibst ein Ergebnis auf. Denke dabei auch an die Folgen für die Menschen. Schreibe so:
Insgesamt gibt es große Unterschiede zwischen den Arbeitsplätzen ... . Die Menschen stellten früher ... . Während der Industrialisierung haben ... . Heute ... .

M1 Die erste Eisenbahnlinie Deutschlands von Nürnberg nach Fürth (6,04 km) (Zeichnung, 1835)

Die Dampfmaschine macht beweglich

T1 • Fahrzeuge mit Dampfantrieb

Mit der Entwicklung der Dampfmaschine kamen Erfinder auf die Idee, mit ihr auch Fahrzeuge anzutreiben. Es entstanden das Dampfschiff und die Eisenbahn.

Im Jahr 1835 fuhr die erste Eisenbahn in Deutschland von Nürnberg nach Fürth. Schnell kamen neue Linien hinzu, sodass am Ende des 19. Jahrhunderts mehr als 40 000 Kilometer Eisenbahnstrecken genutzt werden konnten. Die Reisezeiten verkürzten sich dadurch für die Menschen um ein Vielfaches.

M2 Dampfschiff (1893)

Von Berlin nach …	Hannover	Hamburg	München
Postkutsche	40	36	81
Eisenbahn 19. Jahrhundert	5	5	11
Eisenbahn (ICE) 2018	1:39	1:42	4:02

M3 Reisezeiten im Vergleich (in Stunden)

❶ a) Beschreibe M1.
  b) Vermute, warum so viele Menschen die Eisenbahn beobachten. (M1)
❷ Erkläre die Überschrift: „Die Dampfmaschine macht beweglich". (T1, M1, M2)
  Bienenkorb
❸ Werte die Reisezeiten der verschiedenen Fortbewegungsmittel aus M3 aus:
  a) Welche Veränderung brachte die Eisenbahn im 19. Jahrhundert?
  b) Wie haben sich die Reisezeiten bis heute verändert?

T2 • Die Eisenbahn beschleunigt die Wirtschaft

Mit dem Ausbau des Eisenbahnverkehrs stieg die Nachfrage nach Eisen und Kohle stark an. Eisen wurde für die Schienen, Lokomotiven und Waggons benötigt. Zur Herstellung des Eisens brauchte man sehr viel Kohle. Sie war ebenfalls für die immer größer werdenden Lokomotiven als Brennstoff wichtig.

Mit der Entwicklung der Eisenbahn entstanden viele neue Arbeitsplätze. Für die neuen Eisenbahnlinien wurden Arbeiter gebraucht, die die Schienen verlegten. Die Nachfrage nach Kohle und Eisen schuf neue Arbeitsplätze in den Bergwerken und Eisenhütten. Auch die Fabriken, in denen die Lokomotiven, Waggons und Schienen hergestellt wurden, benötigten immer mehr Arbeitskräfte. Und für den Betrieb der Eisenbahn selbst waren Schaffner, Heizer und Lokomotivführer unentbehrlich.

Mit der Eisenbahn erlebte die Wirtschaft einen großen Aufschwung. Nicht nur die neuen Arbeitsplätze führten dazu, sondern auch der Umstand, dass die Waren in großen Mengen und schnell transportiert werden konnten.

Bergwerk
Ort, an dem Menschen entweder unterhalb oder oberhalb der Erde arbeiten, um Bodenschätze zu gewinnen. Dies können zum Beispiel Eisenerz, Gold oder auch Salz sein.

Eisenhütte
Industrieanlage, in der aus Eisenerz Roheisen gewonnen wird. Daraus wird dort wiederum Eisen und Stahl hergestellt.

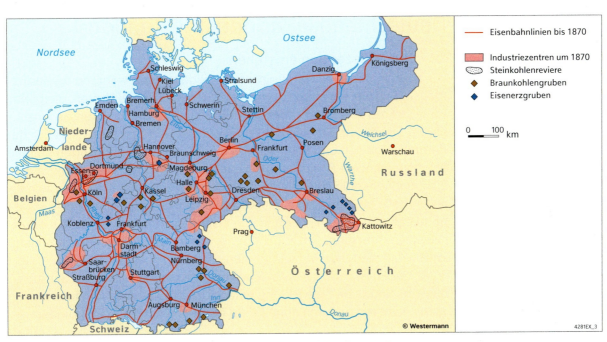

M4 Das Schienennetz und die Industriezentren in Deutschland um 1870

❹ Erkläre, warum für den Ausbau der Eisenbahn viel Eisen und Kohle nötig waren. (T2)
🌐 Placemat

❺ Nenne Bereiche, in denen durch die Eisenbahn neue Arbeitsplätze entstanden. (T2)

❻ Hilfe Eine Berliner Firma produziert Eisen. Woher könnte sie die Rohstoffe Eisenerz und Steinkohle beziehen? (M4)

❼ Beurteile die Aussage: Die Eisenbahn brachte einen großen wirtschaftlichen Aufschwung.
🌐 Think – Pair – Share

Hilfe zu
❻ Denke als Unternehmer und achte bei deinen Überlegungen auch auf Transportkosten und eine schnelle Lieferung.

M1 „Ansicht der Badischen Anilin- und Soda-Fabrik" (BASF) Ludwigshafen (Gemälde, 1881)

Koks
Durch bestimmte Verfahrensweisen werden der Steinkohle Gase entzogen und es entsteht Koks, ein besonders guter Brennstoff.

Schmelzofen
hier: großer Ofen, in dem flüssiges Roheisen erzeugt wird

Landarbeiter
Arbeiter in der Landwirtschaft ohne eigenen Grundbesitz

Heimarbeiter
Arbeiter, die zu Hause Waren in Handarbeit fertigen

urban
städtisch

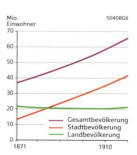

M2 Anstieg der Bevölkerung in Deutschland

Deutschland wird Industriestandort

T1 • Industriezentren entstehen

Vor allem in der Nähe von Bergwerken siedelten sich während der Industrialisierung viele weitere Fabriken an. So zum Beispiel Firmen, die Steinkohle zu Koks veredelten. Koks wurde auf kurzen Bahnstrecken zu benachbarten Eisen- und Stahlwerken transportiert und dort zum Befeuern der Dampfmaschinen und Schmelzöfen eingesetzt. Die produzierten Metalle benötigten andere Firmen zum Beispiel für den Bau von Dampfmaschinen, Eisenbahnen und Schienen. Auch solche Fabriken siedelten sich oft in direkter Nähe der Bergwerke und Kokereien an. Dadurch sparten sie Transportwege und Kosten. Der Bau von Eisenbahnstrecken war eine wesentliche Voraussetzung für die Ansiedlung von Industrie, denn Rohstoffe und Waren mussten transportiert werden.

Mit der Einführung der Gewerbefreiheit wurde ein wichtiger Schritt für die wirtschaftliche Entwicklung getan. Unternehmer, oft mit innovativen Ideen, konnten dadurch ohne große Probleme neue Firmen gründen.

T2 • Städte wachsen rasant

In vielen Bereichen stellten im Laufe des 19. Jahrhunderts Unternehmer ihre Betriebe von handwerklicher auf maschinelle Produktion um. Durch den Fortschritt in der Landwirtschaft und die maschinelle Massenproduktion in den Fabriken verloren viele Landarbeiter und Heimarbeiter ihre Verdienstmöglichkeiten. Sie gingen daher in die Industriestädte, um dort Arbeit zu finden.

Die steigende Zahl der Industriebetriebe und die Zuwanderung von Arbeitern führten dazu, dass bäuerlich geprägte Landschaften, also Dörfer mit Acker- und Weideflächen, deutlich weniger wurden. Stattdessen wuchsen Industrielandschaften mit Städten und Fabriken. Dieser Prozess wird Verstädterung oder Urbanisierung genannt.

Farbwerke in Hoechst

In Hoechst am Main, nahe Frankfurt, gründeten 1863 drei Unternehmer eine Farbenfabrik. Farben wurden dort nicht mehr aus Pflanzen, wertvollen Hölzern oder tierischen Produkten hergestellt, sondern durch chemische Verfahren gefertigt. Diese Farben waren viel kräftiger. Textilien, die damit gefärbt wurden, behielten länger ihre Farben und verloren sie auch nicht durch die Wäsche.

Handel und Finanzwesen in Frankfurt a. M.

Frankfurt war seit dem Mittelalter eine Stadt des Handels und des Bankwesens. Auch in der Zeit der Industrialisierung waren Banken sehr wichtig, da sie Kredite an Unternehmen vergaben, die mit diesem Geld neue Fabriken bauen oder es in neue Maschinen investieren konnten. Ebenso war die Frankfurter Börse in dieser Zeit ein wichtiger Handelsplatz.

Lokomotivenwerk in Kassel

Das Unternehmen Henschel & Sohn produzierte seit 1816 Dampfmaschinen. Später reagierte die Firma auf die wachsenden Nachfrage nach Eisenbahnen und baute 1848 seine erste Dampflokomotive. Sie trug den Namen „Drache".

M3 Beispiele zur Industrialisierung in Hessen

❶ Tausche dich mit deinem Nachbarn über eure Gedanken zum Bild M1 aus.
❷ **Hilfe** Erkläre, warum sich in der Umgebung von Bergwerken viele Fabriken ansiedelten. (T1)
❸ Erläutere, warum für die Industrialisierung der Bau von Eisenbahnstrecken wichtig war. (T1, M1)
　Think – Pair – Share
❹ Erkläre, warum viele Menschen in den Städten Arbeit suchten. (T2)
❺ Beschreibe Urbanisierung mit eigenen Worten. (T2, M2)
❻ Wähle ein Beispiel zur Industrialisierung in Hessen aus und stelle es vor. (M3)
❼ Recherchiere ein Beispiel für die Industrialisierung in deiner Region und stelle es in geeigneter Form vor.

Hilfe zu
❷ Formulierungshilfen: Kohle abbauen, Kohle zu Koks veredeln, Schmelzöfen und Maschinen befeuern, Eisen und Stahl produzieren, Maschinen und anderes herstellen, Transportkosten sparen

M1 Steinkohlebergwerk um 1900 (Darstellung im Querschnitt)

① Dampfkessel
② Dampffördermaschine
③ Fördergerüst
④ Grubenlüfter
⑤ Förderkorb
⑥ Förderschacht/ einziehender Wetterschacht
⑦ ausziehender Wetterschacht
⑧ Wetterkanal
⑨ Deckgebirge
⑩ Kohleflöz
⑪ geologische Störung
⑫ Alter Mann/ abgebautes Kohleflöz
⑬ Abbau/Kohlengewinnung
⑭ Kohlenzug
⑮ Pferdeförderung
⑯ Füllort
⑰ Pumpenkammer
⑱ Schachtsumpf

Die Industrialisierung im Ruhrgebiet

T1 • Dampfmaschinen im Bergbau

Ein Großteil der Steinkohle des Ruhrgebietes lagert in tieferen Schichten unter der Erde. Um die Kohle abzubauen, mussten tiefe Schächte in die Erde getrieben werden. Dabei strömte jedoch Grundwasser in die Schächte ein. Erst mit der Technik von leistungsstarken Dampfmaschinen konnte das Grundwasser, das sich in den Schächten sammelte, schnell abgepumpt werden. Auf diese Weise war es möglich, tiefer als zuvor in die Erde vorzudringen. Seit Mitte des 19. Jahrhunderts gab es immer mehr Zechen, die Tiefen von über 700 Metern erreichten.

Dampfmaschinen waren aber auch für andere Aufgaben im Bergbau unerlässlich. So mussten zum Beispiel die Bergleute in die Tiefe und wieder zurück transportiert werden. Außerdem wurden mithilfe von Dampfmaschinen Materialien befördert und die Kohle gehoben.

T2 • Unternehmer und Erfinder

Neben hochwertiger Steinkohle waren auch Erfinder und Unternehmer wichtige Voraussetzungen bei der Industrialisierung des Ruhrgebietes. Schon der Abbau der Kohle gelang nur durch technische Neuerungen. Um an die Lagerstätten zu gelangen, musste eine 100 Meter dicke, sehr dichte Gesteinsschicht durchbrochen werden. Das gelang 1834 dem Unternehmer Franz Haniel auf einer Zeche in Essen. Oft wird hier von der Geburtsstunde der Industrialisierung des Ruhrgebietes gesprochen. Haniel ließ wenige Jahre später in Essen die Zeche Zollverein bauen. In ihrer Nähe gründete er Fabriken, in denen die Kohle zu Koks veredelt wurde.

M2 Franz Haniel (1779–1868)

M3 Die Zeche Zollverein (1935)

T3 • Transportwege werden geschaffen

Zu Beginn der Industrialisierung war die schiffbare Ruhr ein wichtiger Beförderungsweg. Ab Mitte des 19. Jahrhunderts verlor sie aber an Bedeutung. Immer mehr Eisenbahnstrecken verbanden im Ruhrgebiet Zechen, Fabriken, Dörfer und Städte. Im Jahr 1862 war das Revier weitestgehend für die Eisenbahn erschlossen. Franz Haniel erkannte früh die Bedeutung von Transportmöglichkeiten. Seine Werke produzierten Dampflokomotiven für die Eisenbahngesellschaften sowie Dampfschiffe, die zum Beispiel auf dem Rhein fuhren.

Ruhr
Nebenfluss des Rheins

Revier
hier: Bezeichnung für das Ruhrgebiet. Ursprünglich leitete sich der Begriff von der Bezeichnung Kohlerevier ab, die ein Gebiet beschreibt, in dem Kohle abgebaut wird. Im Ruhrgebiet gab es viele solcher Gebiete, sodass irgendwann das gesamte Ruhrgebiet als Revier bezeichnet wurde.

① Gib deine Eindrücke von M1 wieder.
② Hilfe Beschreibe, wie die Bergleute an die Steinkohle gelangten. (T1, M1)
③ Erkläre die Bedeutung der Dampfmaschine für den Steinkohleabbau im Ruhrgebiet. (T1, M1)
④ Erkläre, warum technische Neuerungen wichtig für die Industrialisierung des Ruhrgebietes waren. (T2)
⑤ Recherchiere zu dem Weltkulturerbe Zeche Zollverein. Präsentiere deine Ergebnisse.
⑥ Erläutere die Bedeutung von Verkehrswegen für das Ruhrgebiet. (T3)
  Lerntempoduett
⑦ Fasse zusammen, was du über den Unternehmer Franz Haniel erfährst. (T2, T3, M2, M3)

Hilfe zu
② Benutze die Begriffe: Ruhrgebiet, Steinkohle lagert, tiefe Schichten, Schächte u.a.

M1 Hörder Eisenwerk (historische Ansichtskarte, um 1910)

Folgen der Industrialisierung für die Umwelt

T1 • Industrieanlagen und Siedlungen breiten sich aus

Mit dem Ausbau der Industrie im 19. Jahrhundert kam es auch zu erheblichen Eingriffen in die Natur. Die Lebensbedingungen von Tieren, Pflanzen und Menschen veränderten sich entscheidend. Immer mehr Fläche wurde für die unterschiedlichste Nutzung benötigt. Wiesen, Felder und Wälder mussten für den Bau von Fabrikanlagen, Eisenbahnstrecken, Straßen, Kanälen oder den Siedlungen für die Arbeitskräfte weichen. Darüber hinaus wurden neue Felder benötigt, damit die Nahrungsmittelversorgung der wachsenden Bevölkerung gesichert werden konnte.

Schon im 19. Jahrhundert gab es Menschen, die schwere Umweltschäden vorhersagten. Alexandre Moreau de Jonnès mahnte zum Beispiel vor den Folgen, die die Zerstörung der Wälder mit sich bringen würde. Er warnte davor, dass die Böden austrocknen, das Grundwasser absinken oder die Temperaturen ansteigen würden.

Alexandre Moreau de Jonnès (1778–1870) Jonnès war ein französischer Offizier und Beamter, der in einem preisgekrönten Buch die Zerstörung der Wälder und die Veränderung des Klimas in einen wissenschaftlichen Zusammenhang stellte.

❶ a) Beschreibe deine Eindrücke zu der Ansichtskarte. (M1)
  b) Vermute Auswirkungen der rauchenden Schornsteine auf die Umwelt.
❷ Nenne Gründe, die zu erheblichen Eingriffen in die Natur im 19. Jahrhundert führten. (T1)
❸ Erkläre, warum Wiesen, Felder und Wälder für andere Nutzungen gebraucht wurden. (T1)
❹ Nenne Folgen, vor denen de Jonnès warnte. (T1)
❺ Recherchiere, ob die Warnungen von de Jonnès eingetreten sind.

T2 • Umweltschäden bedrohen Mensch und Natur

Trotz Mahnungen wurde während der Industrialisierung wenig auf den Schutz von Pflanzen, Tieren und Menschen geachtet. Ungereinigt gelangten Abgase in die Luft oder Abwässer in Flüsse und Seen.

> Der Dortmunder Süden und der nördliche Kreis Hörde hatten nicht nur unter starker Luftverschmutzung durch saure Gase aus den Kokereien zu leiden, sondern auch durch hohe Schadgaskonzentrationen der Hütten und einen enormen Flugascheauswurf durch die Hochöfen ... In diesem Raum verarbeiteten auch mehrere Betriebe die Thomasschlacken der Hochöfen, was zu erheblicher Staubentwicklung und zu Ätzschäden durch Fluorgase geführt haben muss. Die Flugstaubmengen ... [waren] schon um die Jahrhundertwende außerordentlich hoch. Noch in einer Entfernung von zwei Kilometern (dreißig Fußminuten) fand [man] ... um 1898 Wege, Gebäude und Vegetation ... mit Flugasche „überschüttet". Eine dicke schwarze Schicht bedeckte in diesem Radius alles, „viele Bäume sind ihres Lebens ganz beraubt" ... Der Himmel über Ruhr und Emscher zeigte sich schon lange ... nur noch selten in ungetrübtem Blau.

M2 Über Umweltschäden um 1900 (Auszug aus einer Forschungsarbeit von 1995)

> Es hat sich herausgestellt, dass für ganz Deutschland der wirtschaftliche Wert der Industrien, welche Abwässer liefern, ca. 1000-mal größer ist als der Wert der Binnenfischerei in Seen und Flüssen. ...
> Haben sich an einem kleinen Flusse, wie z.B. Wupper, Emscher, Bode und anderen, so viele Fabriken angesiedelt, dass die Fischzucht in denselben gestört wird, so muss man dieselbe preisgeben. Die Flüsse dienen dann als die wohltätigen, natürlichen Ableiter der Industriewässer nach dem Meere. ... Dieser Grundsatz entspricht ... den wirtschaftlichen Interessen der örtlichen Bevölkerung. ... Es liegt daher im wohlverstandenen Interesse eines jeden armen Landstriches, das Aufblühen der Industrie zu fördern, selbst auf Kosten der Fischerei.

M3 Gutachten eines Chemikers zum Wert von Industrie und Fischerei (1890)

saure Gase
Gase, die in Verbindung mit Wasser gesundheits- und umweltschädliche Säuren bilden. Schwefeldioxid ist beispielsweise ein saures Gas, das stechend riecht und giftig ist.

Thomasschlacke
ein Nebenprodukt, das bei der Herstellung von Stahl entsteht und gemahlen als Düngemittel eingesetzt werden kann. Beim Mahlen entsteht viel Staub.

Fluorgas
sehr giftiges, stark riechendes Gas, das zum Beispiel schwere Atemwegserkrankungen verursacht

---

6 Hilfe Fasse die Auswirkungen der Luftverschmutzung in Dortmund und dem Kreis Hörde zusammen. (M2)
🐝 *Bienenkorb*

7 Arbeite aus M3 die Auffassung heraus zu:
a) den Aufgaben von Flüssen und Seen.
b) dem wirtschaftlichen Wert von Industrie und Fischerei.

8 Bewerte die Auffassung des Chemikers in M3.

Hilfe zu
6 Benutze folgende Begriffe: Kokereien; saure Gase; stechendes, giftiges Gas; ätzend; Hochöfen.

M1 In einem Eisenwerk (Gemälde, 1875)

Das Leben der Arbeiterfamilien

T1 • Die Arbeiter – eine neue Schicht

Mit der Industrialisierung war eine neue Bevölkerungsgruppe entstanden: die Industriearbeiter. Die meist ungelernten Arbeiter waren jederzeit gegen andere, die auf der Suche nach Arbeit waren, austauschbar. Die Industriearbeiter lebten unter sehr schlechten Bedingungen. Sie erhielten einen sehr geringen Lohn, der kaum für die täglichen Dinge ausreichte. Die Arbeiter lebten in großer Armut.

Die Arbeitsbedingungen der Industriearbeiter waren sehr hart: Staub, Lärm, Gestank und Hitze waren in den Fabriken normal. Auch Sicherheitsvorkehrungen gab es kaum, denn die Unternehmer ersparten sich alles, was die Produktion langsamer oder teurer gemacht hätte. Arbeitsunfälle galten als normal. Wer sich verletzte und nicht arbeiten konnte, verdiente auch kein Geld. Unternehmer zahlten keine Entschädigungen, auch nicht bei Unfällen mit Todesfolge.

❶ Schreibe zu drei Arbeitern aus M1 eine Sprechblase mit deren Gedanken zur Arbeit und ihren Arbeitsbedingungen.

❷ Beschreibe die neue Bevölkerungsgruppe, die in der Industrialisierung entstand. (T1, M1)

❸ a) Berichte über die Arbeitsbedingungen in den Fabriken. (T1, M1)
b) Erkläre, warum es in Fabriken wenige Sicherheitsvorkehrungen gab. (T1)

Partnervortrag

T2 • Auskommen mit dem Lohn

Trotz schwerer Arbeit waren die Löhne der Arbeiter so gering, dass sie für die Grundbedürfnisse Kleidung, Nahrung und Wohnung kaum reichten. Die Arbeiterfamilien mussten sich stark einschränken, um mit dem Lohn auszukommen. Geld wurde auch bei den Mieten gespart. Familien bezogen nur sehr kleine Wohnungen. So lebten oft bis zu sieben Personen in einer 20 Quadratmeter großen Wohnung.

T3 • Speiseplan einer Arbeiterfamilie

Der Hauptanteil der Ausgaben einer Familie wurde für Nahrungsmittel verwendet. Hier mussten die Menschen sparen. Kartoffeln und Brot waren die Hauptnahrungsmittel, Fleisch gab es meist nur an Sonntagen.

Tag	Tageszeit	Vater: Metallarbeiter Sohn: Lehrling	Mutter: Aushilfsarbeiterin Tochter: schulpflichtig
alltags	6 Uhr	Kaffee (Malz / Gerste), Schwarzbrot mit Bückling, Käse oder Wurst (ohne Butter)	trockenes Schwarzbrot, in Kaffee (Gerste / Malz) gestippt
	12 Uhr	Schwarzbrot mit Pflaumenmus	
	19 Uhr	Mehlspeise oder Eintopfgerichte (Erbsen, Linsen, Kartoffeln), Wasser oder Kaffee (Malz / Gerste)	
sonntags	mittags, morgens und abends	Kuhfleisch (von notgeschlachteten Tieren), Kartoffeln, Schwarzbrot, Kaffee, etwas Aufschnitt	

Malz
kurz gekeimtes und wieder getrocknetes Getreide. Es wurde zur Herstellung von Malz- bzw. Getreidekaffee verwendet. Dieser war deutlich preiswerter als richtiger Kaffee aus Kaffeebohnen.

Bückling
ein geräucherter Hering

M2 Speiseplan einer Arbeiterfamilie

> Mittagessen [bestand] ganz überwiegend aus Kartoffeln. Ich habe sie dann mittags gekocht und etwas Speck oder zerlassenes Schweineschmalz und eine zerschnittene Zwiebel darauf geschüttet. ... Morgen- und Abendessen bestanden aus Brot und Kaffee[ersatz]; gelegentlich wurden abends noch einmal Kartoffeln gebraten ... So bin ich bei Roggenbrot groß geworden. Ich weiß den Preis für ein halbes Brot nicht mehr ... er betrug aber einen Tageslohn der Mutter.

M3 Die Ernährung eines Arbeiterkindes

---

❹ Wie kamen Arbeiter mit ihrem Lohn aus? Beschreibe. (T2)

❺ a) Nenne die Hauptnahrungsmittel einer Arbeiterfamilie. (M2)
  b) *Hilfe* Zeige die tägliche Ernährung eines Arbeiterkindes auf. (M3)
  c) *Hilfe* Vergleiche mit deiner Ernährung.

❻ *Hilfe* Familien mit vielen Kindern litten besonders unter Armut. Erkläre. (T3, M3)

Hilfe zu
❺ b)/c) Lege eine Tabelle an:

Zeit	Speiseplan Arbeiterkind	eigener Speiseplan
6 Uhr	Brot, Kaffeeersatz, Schwarzbrot	

❻ Schreibe in ganzen Sätzen. Verwende Wörter und Wendungen wie: weil, da, denn, darum, deshalb, aus diesem Grund, deswegen.

Fotografien untersuchen

Heute ist das Fotografieren etwas, was wir mit Smartphones und Kameras ständig ausführen. Fotos werden gemacht, verschickt und gelöscht. Früher war das Fotografieren sehr teuer und aufwendig. Ein Fotograf überlegte vorher sehr genau, was er fotografieren wollte.

Fotografien gelten meist als zuverlässige Quellen, da sie die Wirklichkeit in einem bestimmten Moment abbilden. Oft nutzen wir Fotos, um etwas zu beweisen: In einem Pass ist ein Foto, damit wir uns ausweisen können, ein Foto einer Radaranlage beweist, dass jemand zu schnell gefahren ist, ein Ziellinienfoto entscheidet über die Gültigkeit eines Sieges bei Sportwettkämpfen. Aber sind Fotos tatsächlich immer objektiv?

Was müssen wir beachten, wenn wir Fotos als Quellen nutzen wollen? Bearbeitungen oder Veränderungen von Fotos wurden bereits in früheren Zeiten vorgenommen. Fotos als Quelle müssen auch deshalb kritisch ausgewertet werden, weil sie immer wieder verwendet werden, um die Meinungsbildung zu beeinflussen. Dennoch können sie als historische Quelle genutzt werden. Sie zeigen oft den Alltag von Menschen in früheren Zeiten. Dabei handelt es sich jedoch immer nur um einen Ausschnitt in einem Moment, der von einem Fotografen bestimmt wurde.

Radaranlage
ein Gerät, das zum Beispiel von der Polizei eingesetzt wird, um die Geschwindigkeit von Fahrzeugen zu kontrollieren

objektiv
etwas sachlich und neutral ohne eine persönliche Meinung betrachten

M1 Die Wohnküche einer Arbeiterfamilie in einem vierstöckigen Mietshaus in der Badstraße 44 in Berlin. (Foto, 1916) – Das Foto entstand im Rahmen einer Dokumentation der Wohnverhältnisse in den Berliner Elendsquartieren zwischen 1903 und 1920. Eine Berliner Krankenkasse organisierte diese Fotoserie, um staatliche und kommunale Behörden auf die krank machenden Wohnverhältnisse aufmerksam zu machen.

1. Schritt: Fotografien erfassen

- Betrachte die Fotografie aufmerksam.
- Formuliere deinen ersten Eindruck. (Gedanken, Gefühle, Stimmung)
  Ich empfinde / nehme wahr / sehe /...
- Beschreibe, was auf der Fotografie zu sehen ist. Nenne Einzelheiten.
  *Im Vordergrund ... . Im Mittelpunkt ... / Im Zentrum ... . Im Hintergrund ... .
  Rechts ... / Links ... .
  Die Gesichtsausdrücke der Personen ... . Ihre Kleidung ... . Die Kinder wirken
  ... . Die Eltern ... . Die Möbel ... .*

2. Schritt: Fotografien einordnen

- Nenne den Zeitpunkt, wann die Fotografie entstanden ist.
  Das Foto ist ... entstanden. / Die Fotografie wurde ... .
- Benenne den Anlass, aus dem die Fotografie gemacht wurde. Nutze zusätzliche Informationen aus der Bildunterschrift.
  Die Fotografie wurde gemacht, um ... . Sie wurde im Auftrag von ... angefertigt. Der Anlass ... .
- Bestimme, um welche Art von Fotografie es sich handelt. (Privatfoto, Pressefoto, Werbefoto)
  Es handelt sich um ... . Das Foto wurde aufgenommen, um ... .

3. Schritt: Fotografien auswerten

- Untersuche, ob der Fotograf bestimmte Interessen verfolgte.
- Leitfragen:
  - Handelt es sich um ein gestelltes Foto oder einen zufälligen Schnappschuss?
  - Wie wurde der Bildausschnitt gewählt?
  - Handelt es sich um eine Nahaufnahme oder um einen Überblick?
  - Was ist auffällig an der Gestaltung?
  - Gibt es Hinweise darauf, dass die Aufnahme nachträglich verfälscht wurde?
  - Was sagt das Foto über die damalige Zeit aus? Tipp: Vergleiche Fotos, die aus der gleichen Zeit stammen.

*Bei dem Foto handelt es sich um ... . Der Fotograf zeigt ... im Überblick /
als Nahaufnahme. Auffällig ist ... . Wahrscheinlich wurde das Foto ... .
Durch das Foto erfährt man ... .*

Präpositionen
davor
dahinter
neben
über
unter
zwischen

Adjektive
klein/groß
ärmlich/wohlhabend
arm/reich
ängstlich/selbstsicher
traurig/fröhlich
verschreckt
angespannt/entspannt

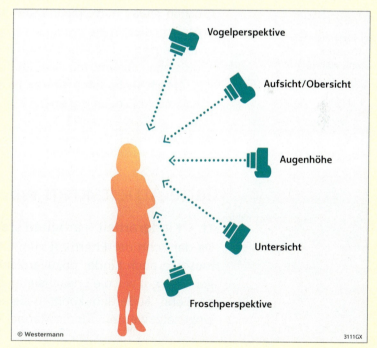

M2 Verschiedene Kameraperspektiven

M1 Kinderarbeit in einer Textilfabrik (Foto, 1907)

Kreuzer
alte Währung

> Ich wurde im Jahr 1852 … geboren. Als ich fünfeinhalb war, musste ich schon etwas mitverdienen. Ich ging also in die Fabrik (Textilfabrik). Als ich die Arbeit ordentlich erlernt hatte, bekam ich wöchentlich 40 Kreuzer. … Die Arbeitszeit dauerte im Sommer von sechs Uhr früh bis sieben abends, mit einer Stunde Mittagspause.
>
> Als ich sechs Jahre alt war, musste ich auch zur Schule gehen. Von halb acht bis neun Uhr abends.

M2 Anna Altmann berichtete 1895 als Erwachsene über ihre Kindheit

Jede Arbeitskraft wird gebraucht

T1 • Kinderarbeit – arbeiten statt lernen

Da der Lohn der Eltern oft zum Leben für die Familie nicht ausreichte, mussten auch Kinder dazuverdienen. Obwohl sie meist die Maschinen genauso gut wie die Erwachsenen bedienen konnten, erhielten sie weniger Lohn. Außerdem konnten sie aufgrund ihrer Körpergröße an Stellen eingesetzt werden, für die Männer oder Frauen zu groß waren.

❶ Versetze dich in einen der Jungen aus M1. Vermute, wie es ist, zehn oder mehr Stunden am Tag an der Maschine zu stehen.

❷ a) Zeige den Tagesablauf von Anna auf. (M2)
b) Berechne ihre Arbeitszeit. (M2)

❸ Erkläre, warum Kinder arbeiten mussten. (T1)

❹ Vergleiche Annas und deinen Tagesablauf. (M2)
  Think – Pair – Share

❺ Beurteile, dass viele Kinder vorwiegend arbeiten mussten und nur wenig zur Schule gingen.

T2 • Frauenarbeit – Leben zwischen Familie und Fabrik

Mütter waren besonders belastet. Zusätzlich zur Fabrikarbeit gehörte die Hausarbeit zu den Pflichten einer Frau. Sie versorgten die Kinder und erledigten den Großteil der anfallenden Hausarbeiten.

> Wenn der Morgen heraufdämmert, so eilen wir ... mit unseren kleinen Kindern ... durch die Gassen, um die Kinder tagsüber unterzubringen ... Sind die Kinder versorgt, so laufen die Mütter hastig zur Fabrik, um an surrenden Maschinen ein Stück Brot zu verdienen. Kaum haben sie den Fabriksaal betreten, so heißt es: schuften! ...
>
> Um halb zwölf Uhr mittags geht es ... nach Hause, um ... Kartoffeln und Hering zu richten ... Um halb ein Uhr geht es dann wieder im Trab in die Fabrik, wo wir müde und gehetzt bis halb sechs oder halb sieben [arbeiten] ... Nach Arbeitsschluss eilen wir aufs Neue durch die Gassen, um unsere Kinder zusammenzuholen ...
>
> Sind alle daheim ... und die Kinder zu Bett gebracht ... dann beginnt für uns Frauen die Quälerei von Neuem ... Mit einem Eimer auf dem Kopf, einem ... in der Hand hasten wir an den Bach, um zu waschen. Gar manchmal wird es zwölf Uhr und noch später ...

Gasse enge Straße
hastig eilig, schnell
schuften hart arbeiten
Trab schnelles Gehen
hasten eilen, hetzen

M3 Bericht über einen Arbeitstag einer Fabrikarbeiterin (1909)

M4 Frauen bei der Herstellung von Glühlampen (Foto, um 1900)

M5 Frau beim Wäschewaschen in einem Waschzuber (Foto, um 1920)

❻ Arbeite den Tagesablauf einer Arbeiterin mit Familie heraus. (T2, M3)
❼ a) Beschreibe M4.
b) Handelt es sich bei M4 um ein gestelltes Foto oder um einen zufälligen Schnappschuss? Begründe deine Meinung.
❽ Vermute, welche Aufgaben der Mann links im Bild hat. (M4)
❾ Begründe, warum die Belastung der Fabrikarbeiterinnen mit Familie besonders groß war. (T2, M3, M4, M5)
🌐 *Placemat*

Eine Geschichtserzählung

T1 • Beengtes Wohnen

Ich bin Erna und sieben Jahre alt. Ich lebe mit meinen Eltern und meinen fünf Geschwistern in einem großen Mietshaus in Berlin. Neben unserer Wohnung gibt es noch ganz viele weitere Wohnungen mit sehr vielen Erwachsenen und Kindern.

Unsere Wohnung besteht aus einer Küche, einem großen Zimmer und einer kleinen Kammer. Ein Bad gibt es nicht und zur Toilette müssen wir in das Treppenhaus. Hier gibt es eine Toilette für vier Wohnungen.

In der kleinen Kammer unserer Wohnung steht ein Hochbett. Hier schlafen meine Schwester Gertrud und ich. Unter dem Hochbett steht eine Truhe. Im Winter sind da unsere warmen Klamotten drin.

In dem großen Zimmer stehen drei Betten, ein Schrank und auch eine Kommode. In dem einen Bett, dem größeren, schlafen Mama und Papa. Die zwei kleineren Betten sind für meine vier Brüder Walter, Karl, Wilhelm und Otto. Sie schlafen zu zweit in einem Bett. Weil die Betten sehr schmal sind, schlafen sie jeweils umgekehrt zueinander.

Die Küche ist unser Wohnraum. Hier stehen ein Kohleherd zum Kochen und Heizen, ein Tisch mit sechs Stühlen und zwei Hockern und ein Küchenschrank. Quer durch die Küche zieht sich die Wäscheleine, hier hängt Mama die Wäsche zum Trocknen auf.

Kommode
eine Art halbhoher Schrank mit Schubladen

Die Industrialisierung

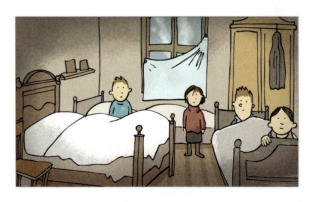

T2 • Start in den Tag

Für mich hat in diesem Monat wieder die härteste Zeit des Jahres begonnen. Es ist November, es hat bereits geschneit und es ist sehr kalt. Wenn ich halb fünf aufstehe, um mich für die Arbeit fertig zu machen, ist es zu dieser Jahreszeit draußen noch stockdunkel.

Ich ziehe mich in meiner kalten Kammer an und gehe in die Küche. Die Küche ist schon warm, Mama hat Feuer im Herd gemacht und für die Männer Malzkaffee gekocht. Das ist kein echter Kaffee, sondern eine Art Kaffee aus Getreide. Echten Kaffee können wir uns nicht leisten. Meine drei älteren Brüder und Papa haben schon angefangen zu frühstücken. Sie arbeiten in einer Eisengießerei. Ihre Arbeit ist sehr schwer, deshalb bekommen sie jeweils zwei Schwarzbrote mit Käse und Wurst. Mama und ich arbeiten in einer Textilfabrik, das ist auch anstrengend, aber nicht so wie bei den Männern. Wir essen jeder ein Schwarzbrot mit Marmelade.

Nach dem Frühstück wecke ich meine kleine Schwester Gertrud und meinen kleinen Bruder Otto. Ich ziehe sie an und bringe sie dann zwei Häuser weiter zur Hütefrau. Meine Geschwister sind noch viel zu jung, um in Fabriken zu arbeiten.

Pünktlich um halb sechs mache ich mich auf den Weg zur Textilfabrik.

Hütefrau
Frau, die Kinder hütet, das heißt, die auf Kinder aufpasst

① a) Nenne die Familienmitglieder von Erna. (T1)
　b) Nenne das Alter von Erna. (T1)
② **Hilfe** Beschreibe die Wohnung (T1):
　a) Nenne die Anzahl der Zimmer.
　b) Beschreibe, welche Möbel in den jeweiligen Zimmern sind.
　c) Berichte über Bad und Toilette.
　d) Beschreibe die Schlafgelegenheiten von Ernas Familie.
　e) Schreibe über die Wärme der Wohnung.
　　Partnervortrag
③ a) Beschreibe das Frühstück der Familie. (T2)
　b) Schreibt eine kleine Szene: „Am Frühstückstisch". Spielt diese in der Klasse vor.
　　Bienenkorb
④ Erkläre, warum für Erna eine harte Jahreszeit beginnt. (T2)
⑤ **Hilfe** Schreibe die Geschichte weiter.

Hilfe zu
② a)–d) Du kannst die Aufgaben in einem Text beantworten oder du erstellst eine Skizze der Wohnung mit den entsprechenden Angaben und Möbeln.
⑤ Du kannst zum Beispiel schreiben über:
　- den Weg zur Fabrik,
　- die Arbeit in der Fabrik,
　- die Übergabe an die Hütefrau,
　- ein Gespräch mit der Mutter,
　- eine eigene Idee.

Perspektiven in Textquellen erschließen

Textquellen sind wichtig für uns, um etwas über die Vergangenheit zu erfahren. Textquellen sind schriftliche Dokumente wie Briefe, Urkunden, Verträge, Berichte oder Lebenserinnerungen. Sie sind in der Vergangenheit entstanden und liegen uns heute noch vor. Doch auch schriftliche Quellen sind nicht objektiv. Sie geben die Meinung des Verfassers wieder, denn sie sind aus seiner Perspektive entstanden. Manchmal wurden schriftliche Quellen auch dazu genutzt, eine bestimmte Meinung zu verbreiten oder den Leser gar absichtlich zu täuschen. Quellen entsprechen also nicht immer den Tatsachen und müssen deshalb sorgfältig untersucht werden. Dazu bietet es sich an, Textquellen unterschiedlicher Verfasser zu einem Thema miteinander zu vergleichen.

Textquellen aus der Zeit der Industrialisierung

Es gibt nur wenige schriftliche Quellen von Arbeitern, die die Arbeit in den Fabriken beschreiben. Die überlieferten Quellen ermöglichen es uns heute zu verstehen, wie die Arbeit das Leben der Menschen bestimmte und zu welchen Konflikten sie führen konnte. In den folgenden Quellen, die sich mit dem Arbeitsleben beschäftigen, werden unterschiedliche Interessen der Verfasser deutlich.

Müßiggang
faulenzen, nichts tun

Verwilderung
Vernachlässigung, ein ungepflegter Zustand

> Es scheint vernünftiger, die Kinder Arbeit verrichten zu lassen, als sie dem Müßiggang und der Verwilderung preiszugeben. Ein Gesetz, welches die Arbeit der Kinder im schulpflichtigen Alter verbietet, verlängert die Not vieler Arbeiterfamilien und verschlechtert ihre Lebenshaltung. Kinder würden durch ungenügende Nahrung mehr leiden als durch Fabrikarbeit. ...

M1 Zentralverband deutscher Industrieller zur Kinderarbeit (Bericht, 1884; sprachlich vereinfacht)

> Ich wurde in einer Werkstätte aufgenommen, wo ich Tücher häkeln lernte; bei zwölfstündiger fleißiger Arbeit verdiente ich 20 bis 25 Kreuzer. Wenn ich noch Arbeit für die Nacht nach Hause mitnahm, so wurden es einige Kreuzer mehr. Wenn ich frühmorgens um 6 Uhr in die Arbeit laufen musste, dann schliefen andere Kinder meines Alters noch. Und wenn ich abends um 8 Uhr nach Hause eilte, dann gingen die anderen gut genährt und gepflegt zu Bette. Während ich gebückt bei meiner Arbeit saß und Masche an Masche reihte, spielten sie, gingen spazieren oder sie saßen in der Schule.

M2 Adelheid Popp über ihre Lebens- und Arbeitsbedingungen im Alter von zwölf Jahren (Lebenserinnerungen, 1881)

1. Schritt: **Den Inhalt der Textquellen erfassen**
- Notiere Schlüsselwörter, die das Wesentliche wiedergeben.
- Fasse mit diesen Schlüsselwörtern den Inhalt der Quelle zusammen.
- Kläre unbekannte Begriffe:
  Müßiggang: Untätigkeit, nichts zu tun haben
  Verwilderung: ...
  Kreuzer: ...
- Tipp: Nutze die W-Fragen (wer, wann, wo, wie, was, warum).

Hinweis
Punkte ... bedeuten, dass hier Wörter aus der Originalquelle ausgelassen wurden. Wörter in eckigen Klammern [ ] sind eingefügt worden, damit der Text verständlicher ist. Wörter in runden Klammern ( ) sind Erklärungen.

	Quelle M1	Quelle M2
Wer ist der Verfasser der Quelle?		
Wann ist die Quelle verfasst worden?		
Wo ist sie entstanden?		
Was ist der Inhalt der Quelle?		
Warum ist sie verfasst worden?		

2. Schritt: **Textquellen einordnen**
- Bestimme, um welche Art von Textquelle es sich handelt (zum Beispiel Zeitungsartikel, Brief, Lebenserinnerungen, Urkunde, Bericht).
  Bei Quelle M1 handelt es sich um ... . Quelle M2 hingegen beschreibt ... .
- Nenne, was du über den Verfasser der Quelle weißt.
  Quelle M1 stammt von ... . Quelle M2 wurde verfasst von ... .
- Vermute, an wen sich die Quelle richtet.
  Ich vermute, dass sich Quelle M1 an ... wendet, weil ... .
  Im Unterschied dazu richtet sich Quelle M2 an ... , da ... .

3. Schritt: **Textquellen deuten**
- Stelle dar, ob eine bestimmte Einstellung des Verfassers deutlich wird.
  Der Verfasser von Quelle M1 ist daran interessiert, dass ... . Er möchte erreichen, dass ... . Die Verfasserin von Quelle M2, Adelheid Popp, möchte aber, dass ... . Ihr ist es ein Anliegen, dass ... . Die Perspektiven der beiden Verfasser sind unterschiedlich, weil ... . berichtet aus der Sicht ... . hat einen ganz anderen Blick auf ... . berichtet aus der Perspektive ... .
- Begründe, ob dir die Textquelle glaubwürdig erscheint.
  Beide Quellen erscheinen mir ... , weil ... . Ich kann überprüfen, wie ... .
- Beurteile die Quellen aus deiner Sicht. Begründe dein Urteil.
  Ich finde, dass ... , denn ... . Ich meine, ... , weil ... . Nach meiner Ansicht, ... , obwohl ... . Trotz ... verstehe ich nicht, ... , da ... .

Im Vergleich zu ...
Im Unterschied zu ...
... aber ...
... hingegen ...
Wenn man die Quellen M1 und M2 vergleicht, wird deutlich ...
Gemeinsam ist beiden Quellen, dass ...
Übereinstimmungen finden sich in ...
Beide Quellen beziehen sich auf ...

M1 Bürgerliche Familie beim Frühstück (Gemälde, 1902)

Das Leben des Bürgertums

T1 • Das Bürgertum

Neben der Gruppe der Industriearbeiter bildete sich eine weitere Bevölkerungsschicht heraus: das Bürgertum. Dazu gehörten zum Beispiel Kaufleute, Fabrikanten, Ärzte, Professoren und Rechtsanwälte. Diese Bevölkerungsgruppe zeigte in der Öffentlichkeit, dass es ihr gut ging. Männer trugen gute Anzüge und Frauen modische und prächtige Kleider.

Jungfer
(Kurzform für Kammerjungfer)
Sie half beim Ankleiden und Frisieren, reinigte die Kleidung, putzte Schuhe u. Ä.

> Da das unsrige [Haus] sehr geräumig war, brauchte meine Mutter außer dem Kinderfräulein: eine Köchin, eine Unterköchin, ein Serviermädchen, eine Jungfer und ein Dienstmädchen, das vor allem putzte. Zum Stiefelputzen und Anmachen der Heizung kam eine männliche Hilfskraft.

M2 Ein Hamburger Kaufmannssohn erinnert sich an sein Zuhause um 1900.

❶ a) Beschreibe die Einrichtung in M1.
   Stühletausch
   b) Versetze dich in eine Person in M1 und schildere die Situation.
❷ Nenne Personengruppen, die zum Bürgertum gehörten. (T1)
❸ Zähle auf, welche Bediensteten es in der Familie des Kaufmannssohnes gab? (M2)
❹ Vergleiche das Zuhause eines bürgerlichen Kindes mit dem eines Arbeiterkindes. (M1, M2, Seite 94 M1)
   Partnerpuzzle

T2 • Das Leben in bürgerlichen Familien

Bürgerliche Familien wohnten in vornehmen Häusern. Die Wohnungen hatten geräumige Zimmer. Diese waren sehr hoch und durch große Fenster hell und freundlich. Kinder hatten ihr eigenes Zimmer, ausgestattet mit guten Möbeln und Spielzeug.

Großer Wert wurde auf die Ausbildung der Kinder gelegt. Söhne wurden zum Beispiel aufs Gymnasium und zum Studium auf Universitäten geschickt. So hatten sie die Möglichkeit, später in gehobenen Stellungen Arbeit mit guten Verdienstmöglichkeiten zu finden.

Mädchen kamen auf Höhere Mädchenschulen. Dort wurden sie auf ihre Rolle als Ehefrau, Mutter und Vorsteherin des Haushalts vorbereitet. Auf dem Lehrplan standen Handarbeiten wie Sticken, Sprachen wie Französisch oder Englisch, Kunst, Literatur und Musik mit Gesang und Klavierspielen. Mit dieser Ausbildung konnten sie später als Ehefrauen den Haushalt organisieren und die Familie repräsentieren.

M3 Schilder an einem bürgerlichen Haus (Foto, 1900)

T3 • Das Einkommen bürgerlicher Familien

Die bürgerlichen Frauen mussten nicht arbeiten, um den Lebensunterhalt der Familie zu sichern. Der Verdienst des Mannes reichte aus, um ein angenehmes und abgesichertes Familienleben zu führen.

Die Männer arbeiteten in gehobenen Stellungen oder als Unternehmer in Büros. Ihre Arbeitskleidung waren Anzüge und weiße Hemden.

Höhere Mädchenschule
weiterführende Schule für Mädchen. Der Schulabschluss entsprach ungefähr einem heutigen Realschulabschluss.

repräsentieren
in der Öffentlichkeit ehrenhaft vertreten

gehoben
angesehen, anspruchsvoll

M4 Konstrukteure in einem Planungsbüro für Kühlmaschinen

---

5 a) Beschreibe das Leben einer bürgerlichen Familie. (T2, M3)
b) Beurteile die unterschiedlichen Ausbildungen bei Mädchen und Jungen. (T2)

6 Erkläre, warum bürgerliche Frauen nicht arbeiten mussten. (T3)

7 Stelle die Arbeitsbedingungen der Industriearbeiter und die der Bürgerlichen dar. (T3, M4; Seite 92/93)

8 Hilfe Fasse die Lebensbedingungen von bürgerlichen Familien mit denen von Arbeiterfamilien zusammen. (102/103; 92–97)
 Kugellager

Hilfe zu
8 Vergleichspunkte könnten sein: Tätigkeiten von Müttern, Kleidung, Schule, Löhne, Wohnungen.

M1 In einer Dorfschule (Gemälde, 1850)

> … häufig unterrichteten … [die Lehrer] nur nebenberuflich, weil sie sich als Küster (Kirchendiener), Schreiber oder gar als Knechte verdingen mussten, um ihre bloße Existenz fristen zu können.

M2 Julius von Massow, 1798–1806 preußischer Kultusminister

Entwicklungen im Schulwesen

T1 • Reformen an den Volksschulen

Ende des 18. Jahrhunderts war Bildung, je nach Region, meist Angelegenheit der Familie, der Kirchen und der Arbeitswelt. Es fehlte häufig am Nötigsten, wie zum Beispiel Schulbüchern, Schulgebäuden oder Lehrern. Die wenigen Lehrer, die es gab, waren schlecht oder gar nicht ausgebildet und erhielten nur einen sehr geringen Lohn. So kam es, dass viele Menschen nicht lesen und schreiben konnten. Im Laufe des 19. Jahrhunderts bemühte sich zum Beispiel die preußische Regierung, die Volksschulen zu reformieren und regional unterschiedliche Schulgesetze zu vereinheitlichen. Seit 1850 war eine allgemeine Volksbildung festgeschrieben und die Schulen standen unter staatlicher Aufsicht. Die Reformen führten dazu, dass Lehrer für ihre Tätigkeit ausgebildet und besser bezahlt wurden. Zudem gab es jetzt verbindliche Lehrpläne.

Knecht
Arbeiter in der Landwirtschaft; erledigten meist schwere und nicht hoch angesehene Arbeit

verdingen
für Lohn arbeiten

Existenz fristen
unter schlechten Bedingungen leben

Volksschule
eine Schulform, die die Mindestausbildung eines jeden Kindes gewährleisten sollte

> Art. 21: Für die Bildung der Jugend soll durch öffentliche Schulen genügend gesorgt werden. Eltern … dürfen ihre Kinder … nicht ohne den Unterricht lassen, welcher für die öffentlichen Volksschulen vorgeschrieben ist. …
> Art. 23: Alle öffentlichen und Privat-Unterrichts- und Erziehungsanstalten stehen unter der Aufsicht vom Staate …
> Art. 24 … Der Staat stellt … aus der Zahl der Befähigten die Lehrer der öffentlichen Volksschulen an.
> Art. 25 … Der Staat gewährleistet demnach den Volksschullehrern ein festes, den Lokalverhältnissen angemessenes Einkommen.
> In der … Volksschule wird der Unterricht unentgeltlich erteilt.

M3 Auszug aus der Preußischen Verfassung vom 31. Januar 1850

Trotz der Reformen konnten im Jahr 1871 knapp 14 Prozent der über zehnjährigen Schüler gar nicht und ein Großteil der anderen nur notdürftig lesen und schreiben. Statt zur Schule zu gehen, mussten viele Kinder in der Landwirtschaft oder in Fabriken arbeiten. Zwar gab es immer wieder Ansätze, Kinderarbeit in Betrieben gesetzlich zu verbieten, doch wirksame Kontrollen unterblieben.

T2 • Weitere Reformen im Schulsystem – die Realanstalten

In der zweiten Hälfte des 19. Jahrhunderts verlangte die Arbeitswelt immer mehr nach Schulabgängern mit Qualifikationen im Bereich von Technik, Handel, Wirtschaft und Verwaltung. Die Lehrpläne sowohl der Volksschulen als auch der Gymnasien waren auf diese Anforderungen nicht ausgerichtet. In den Volksschulen erhielten die Kinder nur eine Bildung mit geringen Standards in Lesen, Schreiben und Rechnen. Und in Gymnasien stand für die Jungen eine wissenschaftliche Orientierung mit den Bildungssprachen Latein und Griechisch im Vordergrund, die sie auf ein Studium vorbereitete.

Seit 1870 wurde die Schullandschaft reformiert, um die Bedürfnisse der Arbeitswelt zu bedienen. Mit den neuen Realanstalten wurde ein mittleres Schulwesen geschaffen. Diese Schulen boten eine realistische Bildung für die Arbeitswelt. Auf dem Lehrplan standen zum Beispiel Naturwissenschaften und Englisch als moderne Fremdsprache. Im Zuge dieser Veränderungen wurden auch weiterführende Schulen für Mädchen eingerichtet, die bislang keinen Zugang zum höheren Schulsystems hatten.

Standards
einheitliche Vorgaben, auf man sich geeinigt hat, um eine Vergleichbarkeit herzustellen

real
leitet sich hier von „realistisch" ab. Damit bezog man sich auf die tatsächlichen praktischen Fähigkeiten, die die Schüler für die moderne Arbeitswelt erlernen mussten.

M4 Klasse einer Höheren Mädchenschule in Berlin (1905)

❶ a) Beschreibe die dargestellte Szene. (M1)
  b) Vermute einen Zusammenhang zwischen M1 und M2.
  c) Vergleiche die Szene mit deiner Schule.
❷ Erläutere, warum viele Menschen Ende des 18. Jahrhunderts nicht lesen und schreiben konnten. (T1)
❸ a) Nenne Bereiche, in denen die Regierung das Volksschulwesen reformierte. (T1)
  b) **Hilfe** Fasse zusammen, wie der Staat für eine Volksbildung sorgen wollte. (M3)
  c) Erkläre, warum die Reform nicht sehr erfolgreich war. (T1)
❹ a) Nenne die Qualifikationen, die die Arbeitswelt forderte. (T2)
  b) Erkläre, warum Volkschulen und Gymnasien solche Qualifikationen nicht vermittelten.
❺ Beschreibe die Reformen nach 1870. (T2, M4)
❻ Erstelle eine Mindmap zu den drei Schulformen.

Hilfe zu
❸ b) Bilde mit folgenden Begriffen einen Text: genügend Schulen, Schulpflicht, vorgeschriebener Unterricht, Aufsicht des Staates, befähigte Lehrer, Einkommen, Unterricht unentgeltlich.

M1 Wohnungslose Jugendliche beim gemeinsamen Essen in ihrer Wohngruppe im „Rauhen Haus" (Holzstich, um 1855)

Die soziale Frage – Lösungsversuche

T1 • Soziale Missstände

Die ungelernten Fabrikarbeiter waren abhängig von den Unternehmern. Sie konnten jederzeit durch andere Arbeitsuchende ersetzt werden. So konnten die Fabrikbesitzer nicht nur sehr geringe Löhne zahlen, sondern auch Arbeitszeiten und Arbeitsbedingungen in ihren Fabriken bestimmen. Die geringen Löhne führten zu Armut, Elend und Obdachlosigkeit. Wie konnten die Missstände geändert werden? Zu dieser sozialen Frage gab es unterschiedliche Ansätze.

T2 • Hilfe durch die Kirche

Hilfen gab es durch die Kirchen. Um Jugendliche, die auf der Straße lebten, kümmerte sich zum Beispiel der Geistliche Johann Hinrich Wichern. Er gründete das „Rauhe Haus". In diesem wurden obdachlose Jugendliche aufgenommen und in familienähnlichen Gruppen betreut.

Der Geistliche Adolph Kolping gründete einen Gesellenverein, der in vielen Städten die sogenannten Kolpinghäuser einrichtete. Hier konnten die Gesellen wohnen und sich weiterbilden.

---

rauh
(heutige Schreibweise rau)
das Gegenteil von freundlich, nett, lieblich

Geselle
Handwerker mit abgeschlossener Berufsausbildung

> [Es] fehlt dem jungen Handwerker zumeist die Gelegenheit, sich außer in der Werkstätte und dem Wirtshaus irgendwo behaglich niederzusetzen. Man richte in allen Städten einen freundlichen geräumigen Saal ein, sorge für Beleuchtung und Wärme und öffne es allen jungen Arbeitern. … Da dürfte es nicht an guten Büchern, Schriften und Zeitungen fehlen …

M2 Forderungen von Adolph Kolping für junge Handwerker und Arbeiter (1840)

Die Industrialisierung

T3 • Einzelne Unternehmer helfen

Die meisten Unternehmer kümmerten sich nicht um die Lebensbedingungen ihrer Arbeiter. Nur wenige waren daran interessiert, die Lage ihrer Arbeiter zu verbessern. Sie waren der Meinung, dass gesunde und zufriedene Arbeiter bessere Arbeiter waren. So richteten sie zum Beispiel Werkskantinen ein, in denen die Arbeiter Mittagessen bekamen. Andere unterstützten die Arbeiter und ihre Familien bei Krankheiten. Dies war etwas Besonderes, denn Arbeiter und ihre Familien hatten keine Krankenversicherung. Im Falle von Krankheiten oder Verletzungen mussten sie normalerweise selbst für die Kosten aufkommen.

> **Invaliden**
> Menschen, die das Rentenalter noch nicht erreicht haben, aber aufgrund von Unfällen oder Krankheiten nicht mehr arbeiten können

> Um die Lage meiner Arbeiter zu verbessern, war ich von jeher zunächst darauf bedacht, ihnen ein möglichst sorgenfreies Dasein für Zeiten zu verschaffen, in denen sie selbst nicht mehr arbeiten könnten. Ihr selbst wisst am besten, wie es mit Kranken, Invaliden und ausgedienten Arbeitern bei uns gehalten wird. Dann habe ich Arbeitern Wohnungen gebaut, worin bereits 20 000 Seelen untergebracht sind, Schenkungen verliehen und Einrichtungen getroffen zur billigen Beschaffung von allem Lebens- und Hausbedarf.

M3 Der Unternehmer Alfred Krupp zu seinen Arbeitern (1877)

M4 Alfred Krupp (1812–1887) war ein Unternehmer. Er verlangte von seinen Arbeitern absolute Treue. Dafür schuf er für sie unter anderem eine Krankenkasse und eine Kasse zur Altersversorgung.

M5 Werkswohnungen für Beschäftigte der Krupp-Werke Essen, erbaut 1872

❶ Formuliere eine Sprechblase zu einem der Jugendlichen. (M1)

❷ Erläutere die sozialen Missstände. (T1)
   Bienenkorb

❸ Erkläre, wie Vertreter der Kirche versuchten, soziale Missstände zu mildern. (T2, M1, M2)

❹ a) Nenne Maßnahmen, mit denen einzelne Unternehmer ihre Arbeiter unterstützten. (T3)
   b) Erkläre, warum sie das taten. (T3)

❺ **Hilfe** Erläutere, wie der Unternehmer Alfred Krupp seiner Arbeiterschaft half. (M3, M4, M5)

❻ **Hilfe** Beurteile die Maßnahmen der Unternehmer, die Missstände zu ändern.
   Placemat

Hilfe zu
⑤ Benutze folgende Begriffe: Kranke, Invalide, Wohnungen, Schenkungen, Einrichtungen, billige, Beschaffung, Lebens- und Hausbedarf, Altersversorgung, Treue.

⑥ Die Maßnahmen der Unternehmer waren für die damalige Zeit sehr … , denn … .

M1 Der Streik (Gemälde von 1886)

Arbeiter fordern Rechte

T1 • Gemeinsam sind wir stark

Nicht nur Kirchen und einige Unternehmer halfen den Arbeitern. Vielmehr erkannten die Arbeiter selbst, dass sie ihre Lebens- und Arbeitsbedingungen verbessern konnten, wenn sie ihre Interessen gemeinsam vertraten. Sie schlossen sich in Arbeitervereinen zusammen. Gemeinsam stellten sie ihre Forderungen an die Unternehmer. Die Fabrikbesitzer sahen sich so gezwungen, auf einige Forderungen ihrer Arbeiter einzugehen, da sie nicht alle entlassen konnten.

T2 • Gewerkschaften

Aus den Arbeitervereinen bildeten sich später die Gewerkschaften. Hier schlossen sich die Arbeiter meist nach Berufsgruppen zusammen; zum Beispiel zur Gewerkschaft der Bergleute oder der Stahlarbeiter.

Die Gewerkschaften vertraten jeweils die Interessen ihrer Mitglieder. Kam es bei Verhandlungen mit den Unternehmern zu keinem Ergebnis, wurden Streiks organisiert. Die Arbeiter legten die Arbeit nieder und das Unternehmen konnte nicht weiter produzieren. Der Unternehmer konnte dadurch weniger oder keine Waren verkaufen und hatte geringere Einnahmen. So wurden die Fabrikbesitzer unter Druck gesetzt. Allerdings führten Streiks nicht immer zur Erfüllung der Forderungen.

I. Der Streik der Bergarbeiter sämtlicher Zechen von Rheinland und Westfalen ... dauert, bis ... folgende allgemeine Forderungen ... eingelöst sind.
1. Es darf die Schicht unter Tage für alle Bergarbeiter nur acht Stunden betragen ...
2. Es dürfen keine Überstunden ... gemacht werden, bevor ... man sich nicht verständigt hat.
3. Eine Lohnerhöhung von 15 Prozent für alle Schichtlohnarbeiter ...
4. Es dürfen weder Beauftragte noch sonstige Arbeiter nach Wiederaufnahme der Arbeit in irgendeiner Weise bestraft oder benachteiligt werden.

M2 Beschluss des Streikkomitees aus Bochum, Dortmund, Gelsenkirchen u. a. vom 24. Mai 1889 (sprachlich vereinfacht)

T3 • Arbeiter gründen Parteien

Die Arbeiter wollten nicht nur auf die Unternehmer, sondern auch auf die Gesetzgebung im Staat Einfluss nehmen. Um politisch mitzuwirken, gründeten sie eine Partei, die die Interessen der Arbeiter vertrat. Ab dem Jahr 1891 nannte sich diese Partei „Sozialdemokratische Partei Deutschland" (SPD). Die neue Partei arbeitete eng mit den Gewerkschaften zusammen. Sie versuchte, schrittweise die gesellschaftlichen Missstände durch Gesetze zu lösen, und trat für demokratische Grundrechte ein.

unter Tag
im Bergwerk unter der Erde

- Wahl- und Stimmrecht aller über 20 Jahre alten [Bürger] ohne Unterschied des Geschlechts
- kostenloser Unterricht und kostenlose Lehrmittel
- Festsetzung eines höchstens Acht-Stunden-Normalarbeitstages
- Verbot der Erwerbsarbeit für Kinder unter 14 Jahren
- eine ununterbrochene Ruhepause von 36 Stunden in jeder Woche

M3 Auszug aus dem Programm der SPD von 1891 (sprachlich vereinfacht)

❶ a) Beschreibe das Geschehen in M1. Achte auf die Körperhaltung der Leute.
b) Wähle zwei Personen aus. Schreibe ein mögliches Gespräch zwischen ihnen.

❷ Erkläre, wie die Arbeiter Forderungen durchsetzen konnten. (T1, M1)

❸ Welche Aufgaben hatten die Gewerkschaften. Erkläre. (T2)
Placemat

❹ a) **Hilfe** Arbeite die Forderungen der Bergarbeiter heraus. (M2)
Partnerabfrage
b) Wie können die Bergleute ihre Forderungen durchsetzen? (T2, M1)

❺ **Hilfe** Gestaltet Wahlplakate zu den Zielen, die die SPD verfolgte. (T3, M3)
Galeriegang

❻ Beurteile die Forderungen der SPD. (T3, M3)

Hilfe zu

❹ a) Benutze die Begriffe: Schicht, unter Tage, acht Stunden, Überstunden, Lohnerhöhung, keine Strafen, keine Benachteiligungen.

❺ Benutze die Stichpunkte aus M3. Du kannst folgende Formulierungen verwenden:
- Wir fordern ... .
- Schluss mit ... .
- Verbot von ... .

M1 Karl Marx 1844 im Gespräch mit Arbeitern (Gemälde von 1961)

Politische Vordenker

T1 • Einteilung der Gesellschaft in zwei Klassen

Die Arbeiterbewegungen fanden Unterstützung durch politische Vordenker wie Karl Marx und Friedrich Engels. Ihre Ideen und Vorstellungen veröffentlichten sie in Büchern und Zeitungen. Marx und Engels teilten die Gesellschaft in zwei Klassen. Auf der einen Seite waren die Unternehmer, auf der anderen Seite die Arbeiter. Die Arbeiter mussten ihre Arbeitskraft verkaufen und erhielten dafür einen Lohn, der kaum zum Leben ausreichte. Die Unternehmer besaßen die Produktionsmittel. Durch den Verkauf der Produkte, die die Arbeiter herstellten, machten die Unternehmer Gewinne. Diese Erträge setzten sie aber nicht für höhere Löhne oder bessere Arbeitsbedingungen ein, sondern kauften neue Maschinen oder ließen neue Fabriken errichten. Damit machten sie weitere Gewinne und beuteten noch mehr Arbeiter aus.

Karl Marx
(1818 – 1883) Philosoph, der sich mit Fragen der Gesellschaft und der Arbeiter beschäftigte

Friedrich Engels
(1820 – 1895) Sohn eines Textilfabrikanten, der während seiner Kaufmannsausbildung die Arbeits- und Lebensverhältnisse von Arbeitern kennenlernte

Produktionsmittel
alle Mittel, die für die Produktion von Gütern nötig sind, zum Beispiel Fabriken, Maschinen, Rohstoffe oder Kapital

❶ a) Beschreibe die in M1 dargestellte Szene.
b) Entwickle zwei weitere Sprechblasen.
❷ Recherchiere den Werdegang von Karl Marx oder Friedrich Engels.
Partnervortrag

❸ a) Nenne die beiden Klassen, in die Marx und Engels die Gesellschaft einteilten. (T1)
b) Stelle den Konflikt zwischen den beiden Klassen in einem Schaubild dar. (T1)
Lerntempoduett

Die Industrialisierung

T2 • Eine Lösung der sozialen Frage – ein Kampf der Klassen

Für Karl Marx und Friedrich Engels konnte es nur eine Lösung für die soziale Frage geben, die klassenlose Gesellschaft. In dieser Gesellschaft sollte es keinen Privatbesitz an Produktionsmitteln mehr geben. Diese würden vielmehr in den Besitz des Volkes übergehen. Da die Fabrikbesitzer aber ihre Produktionsmittel nicht freiwillig abgeben würden, müssten sie gewaltsam durch eine Revolution dazu gezwungen werden. Mit diesem Klassenkampf sollte die herrschende Klasse abgeschafft werden und eine klassenlose Gesellschaft entstehen. Diese Gesellschaftsform wird Kommunismus genannt.

Proletarier
Menschen, die nichts besitzen und nur durch den Verkauf ihrer Arbeitskraft, also durch Lohnarbeit, Geld verdienen können

---

① Die Geschichte aller bisherigen Gesellschaft ist die Geschichte von Klassenkämpfen. Freier und Sklave …, … [Grundherr] und Leibeigener, Zunftbürger und Gesell, kurz, Unterdrücker und Unterdrückter standen in stetem Gegensatz zueinander, führten einen ununterbrochenen … Kampf, der jedes Mal mit einer revolutionären Umgestaltung der ganzen Gesellschaft endete …

② Was … der Lohnarbeiter durch seine Tätigkeit sich aneignet, reicht bloß dazu hin, um sein nacktes Leben wieder zu erzeugen. … Ihr entsetzt euch darüber, dass wir das Privateigentum aufheben wollen. Aber in eurer bestehenden Gesellschaft ist das Privateigentum für neun Zehntel [der Menschen] … aufgehoben.

③ Ein Gespenst geht um in Europa – das Gespenst des Kommunismus. … Die Kommunisten erklären, dass ihre Zwecke nur erreicht werden können durch den gewaltsamen Umsturz aller bisherigen Gesellschaftsordnung. Möge die herrschende Klasse vor einer kommunistischen Revolution erzittern. Die Proletarier haben nichts zu verlieren … Sie haben eine Welt zu gewinnen.

④ Proletarier aller Länder vereinigt Euch!

M2 Karl Marx und Friedrich Engels im Manifest der Kommunistischen Partei von 1848 (Auszüge)

Die Theorie von Marx und Engels beeinflusste viele Arbeiterbewegungen. Auch Parteien griffen immer wieder auf die Ideen der beiden Denker zurück, denn die soziale Frage zu lösen, war für viele Menschen ein wichtiges Anliegen. Allerdings wollten die meisten politischen Parteien nicht den Weg einer Revolution gehen.

Manifest
öffentliche Erklärung, meist über politische Ziele und Absichten

---

❹ Erkläre den Begriff Klassenkampf. (T2)
  Stühletausch

❺ ⓘ Stelle dar, wie sich Marx und Engels die Lösung der sozialen Frage vorstellten. (T2)

❻ Arbeite aus M2 ① heraus, wie Karl Marx die Entwicklung von Gesellschaften sieht. (M2)

❼ Diskutiert die Forderung, das Privateigentum abzuschaffen. (T2, M2 ②)
  Marktplatz

❽ ⓘ Erkläre, was Marx mit dem „Gespenst des Kommunismus" meinte. (M2 ③)

❾ Erläutere, warum die Ideen von Karl Marx und Friedrich Engels von vielen für gefährlich gehalten wurden. (M2 ①–④)
  Think – Pair – Share

Hilfe zu
❺ Benutze die Begriffe: Klassenkampf, abschaffen, Produktionsmittel, gewaltsam, Revolution.
❽ Mit „Gespenst" ist etwas Unheimliches und Angsteinflößendes gemeint.

M1 Staatliche Rentenauszahlung (kolorierter Holzstich, um 1890)

Der Staat greift ein

T1 • Überlegungen des Staates

Die Unzufriedenheit, die Unruhen und die Streiks der Arbeiter veranlassten den Staat zu handeln. Zudem forderten die Kirchen und einige Unternehmer den Staat auf, etwas gegen die sozialen Missstände zu unternehmen.

Außerdem hatten Kaiser Wilhelm I. und sein Reichskanzler Otto von Bismarck Angst davor, dass die Arbeiter Anhänger der Arbeiterpartei SPD werden. Diese Partei wurde als Gefahr für den Staat eingestuft, weil sie die bestehende staatliche Ordnung kritisierte.

> Die bisherigen [Lösungsversuche], welche die Arbeiter vor der Gefahr sichern sollen, durch den Verlust ihrer Arbeitsfähigkeit infolge von Unfällen oder des Alters in eine hilflose Lage zu geraten, haben sich als unzureichend erwiesen, und diese Unzulänglichkeit hat nicht wenig dazu beigetragen, [Arbeiter] dahin zu führen, dass sie in der Mitwirkung zu sozialdemokratischen Bestrebungen den Weg zur Abhilfe suchen.

M2 Kaiser Wilhelm I. (1881)

Rente
Einkommen von Arbeitern, nachdem sie aus dem Berufsleben aus Altersgründen ausgeschieden sind

❶ **Hilfe** Versetze dich in eine Person in M1 und beschreibe deine Gedanken.
   🌐 *Marktplatz*

❷ Erkläre, warum der Staat handelte, um die sozialen Missstände zu mildern. (T1)
   🌐 *Placemat*

❸ Arbeite aus M2 die Aussagen des Kaisers zu den sozialen Problemen heraus:

a) Wie beurteilt Wilhelm I. den Erfolg der bisherigen Lösungsansätze?
b) Welche Folge hatte dies nach Meinung des Kaisers?

Hilfe zu
❶ „Na ja, jetzt gibt es wieder ein bisschen Geld."
„Ein Glück, dass das Parlament … ."

T2 • Gesetzliche Sozialversicherungssysteme

In mehreren Schritten wurden vom Reichskanzler Otto von Bismarck von 1883 bis 1889 die Sozialgesetze eingeführt. Diese Gesetze betrafen die Bereiche Krankheit, Unfall und Rente. Damit begann in Deutschland die staatliche Sozialpolitik. Das von Bismarck eingeführte System der Sozialversicherungen hat in Grundzügen noch heute Gültigkeit. Es wurde aber weiter ausgebaut.

Mit den Sozialgesetzen wollte der Staat die grundlegenden Lebensrisiken Krankheit, Unfall und Alter finanziell absichern, denn der einzelne Arbeiter konnte die anfallenden Kosten nicht allein tragen.

> Der Arbeiter leidet vor allem unter der Unsicherheit. Er ist nicht sicher, dass er immer Arbeit haben wird, er ist nicht sicher, dass er immer gesund ist, und er sieht voraus, dass er einmal alt und arbeitsunfähig sein wird. Verfällt er aber der Armut auch nur durch längere Krankheit, so ist er völlig hilflos. Die Gesellschaft hat bisher keine Verpflichtung ihm gegenüber, auch wenn er vorher noch so treu und fleißig gearbeitet hat.

M3 Otto von Bismarck über die Sorgen der Arbeiter (März 1884)

Versicherungsart (Höhe des Beitrages)	Beitragsanteile		Welche **Leistungen** erhalten die Arbeiter?
	Arbeitgeber	Arbeitnehmer	
1883 **Krankenversicherung** (2–3% des Lohnes)	1/3	2/3	• Bezahlung der Arztbesuche und Medikamente • Kosten für Krankenhausaufenthalt • bis zu 50% des Lohnes als Krankengeld vom 3. bis zum 26. Krankheitstag
1884 **Unfallversicherung** (unterschiedlich)	alles	--	• Bezahlung der Heilungskosten • bei Erwerbsunfähigkeit Weiterzahlung von 2/3 des Lohnes • bei Unfalltod 1/5 des Lohnes für Witwen
1889 **Altersversicherung** (1% des Lohnes)	1/2	1/2	• Altersrente ab 70 Jahren und nach 30 Jahren Beitragszahlung

M4 Bismarcks Sozialgesetze

❹ Welche Bereiche wollte Bismarck nach und nach durch den Staat absichern lassen? (T2)
❺ Hilfe Arbeite aus M3 heraus, warum Bismarck eine Absicherung der Arbeiter für wichtig hielt.
❻ Hilfe Beschreibe die Absicherungen, die für die Arbeiter geschaffen wurden. (M4)
Lerntempoduett

❼ Recherchiere die heutigen Sozialversicherungen. Stelle deine Ergebnisse der Klasse vor.

Hilfe zu
❺ Benutze folgende Wendungen:
Unsicherheit, Gesundheit, Krankheit.
❻ Im Jahr 1883 wurde die … eingeführt. Die Höhe des Beitrages betrug … . Diesen zahlten … .

M1 „Von der Alten in die Neue Welt" – deutsche Auswanderer besteigen in Hamburg ein Schiff nach New York. (Illustration, 1883)

Menschen suchen neues Glück

T1 • Deutschland als Auswanderungsland

Im 19. Jahrhundert war Deutschland ein Auswanderungsland. Millionen Deutsche verließen ihre Heimat. Hunderttausende gingen in das östliche Europa, einige zog es nach Westeuropa. Die meisten jedoch, rund fünf Millionen Deutsche, wanderten in die USA aus.

Es gab sehr unterschiedliche Gründe, Deutschland zu verlassen. So floh ein Teil der Auswanderer wegen der schlechten Lebensbedingungen, denn Arbeitslosigkeit und Missernten hatten in Deutschland vielerorts zu Armut und Hunger geführt. Andere flohen vor den politischen Verhältnissen. Besonders nachdem die Revolution von 1848/49 gescheitert war, verließen viele das Land oder flohen, um einer Verfolgung durch den Staat zu entgehen. Manche der Auswanderer suchten aber auch nur das Abenteuer in der weiten Welt.

Homestead Act
Gesetz, das jeder Person über 21 erlaubte, sich auf einem unbesiedelten Stück Land niederzulassen, es für sich abzustecken und zu bewirtschaften

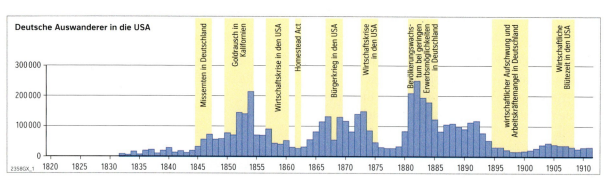

M2 Deutsche, die in die USA auswanderten

T2 • Deutsche Auswanderer in Amerika

In Briefen schilderten viele Auswanderer ihren Verwandten und Freunden in der Heimat, wie es ihnen erging. Vorwiegend zeichneten sie ein Bild, in dem sich ihre Träume und Hoffnungen in dem Land der Freiheit und Gleichheit erfüllten. Einige berichteten aber auch über die Schwierigkeiten und Probleme, die sie in der Neuen Welt hatten.

> Hier ist gut sein. Wer nur arbeiten will, kann sich in einigen Jahren mehr verdienen als bei euch zeitlebens ... Das Land ist sehr gut, worauf alles wächst, was man nur pflanzen tut ... Die Handwerker werden gut bezahlt. Holz ist hier im Überfluss, es tut mehr verfaulen, als bei euch in Deutschland verbrannt wird ... Hier lebt man im Paradies ...

M3 Brief des Auswanderers Peter Morchel (1830)

> Den ganzen regnerischen Tag kroch ich von einem Farmer zum andern und fragte nach Arbeit – umsonst. ... Seit diesem Tage ist jetzt mehr als ein Monat verflossen und in dieser Zeit habe ich Pflügen, Pferdeputzen und noch manche Arbeit erlernt und dabei ehrlichen Schweiß vergossen. ... Als ich aber am vergangenen Sonntag meinen Lohn $ 6 verlangte, hatte der Schuft die Frechheit, mir auf mein Verlangen ... zu antworten: „I would not please to payya (pay you) a cent." Ich sagte ihm hierauf, er sei ein beschissener Kerl und habe ihn ... verklagt.

M4 Ein Auswanderer schreibt an seinen Bekannten in Deutschland. (1861)

T3 • Einwanderung im Auswanderungsland

Seit den 1870er-Jahren gab es auch eine gegenläufige Entwicklung. Die immer erfolgreicher werdende Schwerindustrie in Deutschland benötigte deutlich mehr Arbeitskräfte. Als die Reserven in den näheren Regionen erschöpft waren, wurden auch Arbeiter in Osteuropa angeworben. In das Ruhrgebiet beispielsweise wanderten vor allem Arbeiter polnischer Herkunft ein. Sie kamen, weil sie mit dem Geld, das sie in der Schwerindustrie verdienten, ein besseres Leben als in ihrer Heimat führen konnten. Noch heute gibt es im Ruhrgebiet viele Menschen mit polnischen Familiennamen.

❶ Versetze dich in eine Person in M1 und beschreibe ihre möglichen Gefühle.

❷ a) Nenne Gründe, warum im 19. Jahrhundert so viele Deutsche auswanderten. (T1)
b) Beschreibe die Entwicklung in M2.

❸ a) Stelle die Berichte der beiden Auswanderer gegenüber. (M3, M4)
b) *Hilfe* Vermute, warum Auswanderer oft positiv über ihr neues Leben berichteten.

❹ Beurteile, ob sich für Peter Morchel die Auswanderung gelohnt hat. (M3)
Stühletausch

❺ Erkläre, wie es im Auswanderungsland auch zur Einwanderung kommt. (T3)
Partnervortrag

❻ Du willst deinen Freund überzeugen, auszuwandern bzw. nicht auszuwandern. Schreibe den Brief M3 oder M4 entsprechend weiter.

Hilfe zu
❸ b) Du kannst so beginnen:
Mit den Briefen wollten sie Verwandte und Freunde ... . Sie schilderten ... .

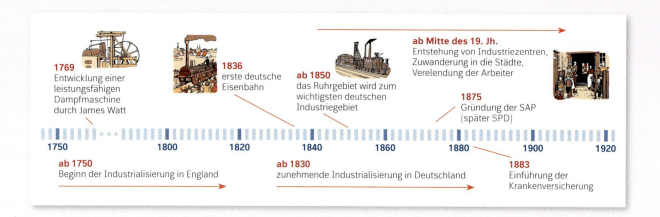

Die Industrialisierung

Was ist Industrialisierung?

Im 18. und 19. Jahrhundert lebten die meisten Menschen auf dem Land und ihre Lebensgrundlagen waren die Landwirtschaft und das Handwerk. In dieser Zeit entwickelte sich jedoch die Wirtschaft von einer landwirtschaftlichen in eine industrielle Wirtschaft. Dieser Prozess wird Industrialisierung genannt. Viele Waren wurden nicht mehr in Handarbeit, sondern mithilfe von Maschinen in großer Stückzahl hergestellt. Für die Produktion wurden viele Arbeiter benötigt. Die Menschen kamen vom Land und siedelten in der Nähe der Fabriken.

Welche Erfindungen führten zur Industrialisierung?

Zur Industrialisierung trug erheblich die Erfindung der Dampfmaschine bei. Sie ersetzte die bislang genutzten Muskel-, Wind- und Wasserkräfte. Für die Produktion und das Betreiben von Dampfmaschinen wurden große Mengen an Kohle benötigt. Die Erfindung wurde auch benutzt, um Fahrzeuge anzutreiben, zum Beispiel die Eisenbahn. Städte und Industriezentren wurden mit Eisenbahnlinien verbunden.

Wie veränderte die Industrialisierung das Leben der Menschen?

Mit der Industrialisierung entstand die gesellschaftliche Schicht der Industriearbeiter. Ihre geringen Löhne führten zu einem Leben in Armut. Da der Lohn der Eltern oft zum Leben nicht ausreichte, mussten auch Kinder dazuverdienen. Neben der Schicht der Industriearbeiter gab es das Bürgertum. Bürgerliche Familien lebten in gut eingerichteten Wohnungen und hatten oft mehrere Bedienstete. Männer verdienten den Lebensunterhalt der Familien, Frauen mussten nicht arbeiten.

Um die Armut bei den Industriearbeitern zu lindern, halfen die Kirchen und einige Unternehmer. Mit der Gründung von Arbeitervereinen, den späteren Gewerkschaften, stellten die Arbeiter ihre Forderungen direkt an die Fabrikbesitzer. Unruhen, Streiks und die Angst vor der Arbeiterpartei SPD veranlassten den Staat zu handeln. In mehreren Schritten wurden von 1883 bis 1889 die Sozialgesetze eingeführt.

Arbeiterschicht (Proletarier)
Fabrikarbeiter oder Proletarier gehörten zur neuen Schicht, die sich während der Industrialisierung bildete. Das Leben der Proletarier war gekennzeichnet durch Armut, Not und schlechte Wohnverhältnisse. Die Löhne, die sie durch ihre Arbeit in Fabriken verdienten, waren so gering, dass sie für die Grundbedürfnisse kaum reichten.

Arbeiterverein
Ein Arbeiterverein war ein Zusammenschluss von Arbeitern, die gemeinsam ihre Interessen vertraten. Arbeitervereine waren die Vorläufer von Gewerkschaften.

Bürgertum
Zum Bürgertum gehörten zum Beispiel Kaufleute, Fabrikanten, Ärzte und Rechtsanwälte. Sie lebten in vornehmen Häusern, die gut eingerichtet waren, und sie hatten oft mehrere Bedienstete. In diesen Familien reichte der Verdienst des Mannes aus, um ein sorgenfreies Leben zu führen.

Dampfmaschine
Die Dampfmaschine ist eine Maschine, die mithilfe von Dampf große Kräfte entwickelt. Sie wurde genutzt, um andere Maschinen oder Fahrzeuge, wie zum Beispiel Webstühle oder Eisenbahnen, anzutreiben.

Fabriken
Im Gegensatz zum Handwerk und zu kleinen Familienbetrieben wurden in Fabriken durch die Erfindung der Dampfmaschine Waren und Güter in Massen produziert.

Gewerkschaft
Eine Gewerkschaft ist ein Zusammenschluss von meistens gleichen Berufsgruppen, zum Beispiel die Gewerkschaft der Metallarbeiter. Die Gewerkschaft vertritt die Interessen und Forderungen der Arbeiter gegenüber den Arbeitgebern. Vorläufer der Gewerkschaften waren die Arbeitervereine.

Industrialisierung
Als Industrialisierung bezeichnet man den Prozess, bei dem sich eine Wirtschaft von der Landwirtschaft zu einer Industriewirtschaft entwickelt. Erfindungen, wie die der Dampfmaschine, führten zu einem Ablösen von Handwerksbetrieben. Waren und Güter wurden in den entstehenden Fabriken in Massen angefertigt. Da diese Entwicklung eine starke Umgestaltung bedeutete, spricht man auch von der industriellen Revolution.

Soziale Frage
Die soziale Frage bezeichnet die Missstände, die in der Gesellschaft während der Industrialisierung entstanden. Die Arbeiterschicht lebte in Armut und litt Not.

Sozialversicherungen
Für manche Lebensrisiken wie schwere Krankheiten, Gebrechlichkeit im Alter oder schwere Unfälle kann sich der einzelne nicht allein absichern. Von dem Politiker Otto von Bismarck wurden Versicherungen eingeführt, die bestimmte Lebensrisiken mithilfe des Staates abdeckten. Dies waren die Krankenversicherung, die Unfallversicherung und die Alterssicherung.

Die Industrialisierung

1. Richtig oder falsch?

a) Notiere in deinem Heft, welche Aussagen richtig oder falsch sind.

1. Am Anfang des 19. Jahrhunderts lebten die meisten Menschen in Städten.
2. Landwirtschaft und Handwerk waren die Grundlage der menschlichen Gesellschaft bis zum Anfang des 19. Jahrhunderts.
3. Das Aussäen und Ernten des Getreides wurde in mühevoller Handarbeit verrichtet.
4. Die Erfindungen von Saat- und Mähmaschinen erschwerten die Arbeit der Bauern.
5. Mit der Erfindung von landwirtschaftlichen Maschinen erschwerten sich die Arbeiten der Bauern.
6. Mit den neuen landwirtschaftlichen Maschinen kam es zu einer Steigerung der Ernten.
7. Maschinen, die Garne und Stoffe herstellten, lösten die Heimarbeit ab.
8. Muskel-, Wind- und Wasserkräfte waren Kräfte, die immer und überall vorhanden waren.
9. Die Erfindung der Dampfmaschine führte zu einer Steigerung der Produktion.
10. Eine Dampfmaschine entwickelt nur eine geringe Kraft.
11. Dampfmaschinen wurden mit Benzin betrieben.
12. Dampfmaschinen ermüdeten nicht und ersetzten die tägliche Arbeit von vielen Menschen.
13. Für die Dampfmaschine wurde Kohle benötigt, um Wasser zum Kochen zu bringen.

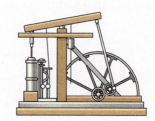

b) Schreibe die Aussagen als Merksätze ab und berichtige dabei die falschen Aussagen.

Lerntempoduett

2. Kurz erklärt

Erkläre mit drei bis vier Sätzen, warum die Erfindung der Dampfmaschine eine revolutionäre Erfindung war.

Benutze die folgenden Formulierungen:
ermüdet nicht – verrichtet die Arbeit von – Dampfmaschinen –
die Dampfmaschine wurde zur Herstellung von –
mit der Erfindung der Dampfmaschine entwickelte sich die Wirtschaft

Beginne zum Beispiel so: Im Gegensatz zu Muskelkräften ermüdet eine ... .

Stühletausch

3. Geschichtsdomino

a) Übertrage die Sätze auf den Dominokarten in der richtigen Reihenfolge in dein Heft.

b) Formuliere zu vier Aussagen einen Merksatz.

4. Begrifferaten

a) Finde die Begriffe zu folgenden Erklärungen.

1. Versicherung bei Krankheit
2. Zusammenschluss von gleichen Berufsgruppen
3. Vorläufer von Gewerkschaften
4. Mittel, um Forderungen durchzusetzen
5. Versicherung für Betriebsunfälle
6. Versicherung für das Alter
7. Einkommen von Arbeitern nach dem Berufsleben

 Stühletausch

b) Warum wurden die Sozialversicherungen durch Otto von Bismarck eingeführt?

 Placemat

M1 Deutsche Soldaten in einem Schützengraben (Foto, 1915)

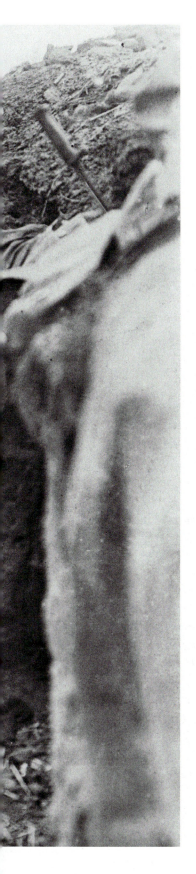

Imperialismus und Erster Weltkrieg

→ Was bedeutet Imperialismus?

→ Warum kam es zum Ersten Weltkrieg?

→ Wie ist der Erste Weltkrieg verlaufen?

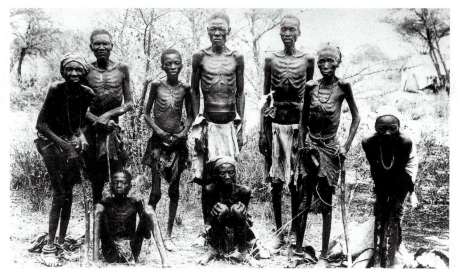

M2 Gefangene Herero nach ihrem Aufstand von 1904

M3 Darstellung der britischen Kriegsflotte auf einer Postkarte (um 1912)

M1 „Die Plünderer der Welt" (amerikanische Karikatur, 1885)

Die Aufteilung der Welt

T1 • Die Europäer und der Wettlauf um Kolonien

Seit den Entdeckungen des 15. und 16. Jahrhunderts hatten europäische Staaten Gebiete in Afrika, Asien und Amerika in ihren Besitz genommen und zu Kolonien gemacht. Die Entdecker wollten möglichst viele Schätze wie Gold und Silber aus den Kolonien erobern.

Im 19. Jahrhundert hatte die Industrialisierung eine gesteigerte Warenproduktion in Europa zur Folge. Man produzierte schnell, preiswert und in großen Mengen. Damit wuchs der Bedarf an günstigen Rohstoffen aus den Kolonien. Diese Rohstoffe wurden in den Fabriken mit großem Gewinn weiterverarbeitet, wie zum Beispiel Baumwolle zu Kleidung. Zudem brauchte man neue Absatzmärkte zum Verkauf dieser Fertigwaren. Ein regelrechter Wettlauf um noch nicht eingenommene Gebiete begann. Die waren vor allem in Afrika zu finden. Und so eroberten die europäischen Staaten fremde Gebiete und schufen sich große Reiche. Dies nennt man Imperialismus.

Kolonien
Gebiete in der Welt, die teilweise gewaltsam erobert worden waren. Sie wurden von den Eroberungsländern regiert.

Absatzmärkte
Orte, zum Beispiel andere Länder, in denen Waren verkauft werden können

Imperialismus
beschreibt das Ziel eines Staates, seine Macht über die eigenen Grenzen hinaus immer weiter zu vergrößern

T2 • Menschen werden in Rassen eingeteilt

Zum Imperialismus gehörte auch die Vorstellung vieler Europäer, dass es unterschiedliche menschliche „Rassen" gäbe und dass die eigene europäische Lebensweise der der Einheimischen in den Kolonien überlegen wäre. Die Europäer hielten die Völker in den Kolonien sogar für minderwertig und zurückgeblieben. Daher waren sie der Meinung, dass sie diesen Menschen neben ihrer Herrschaft auch ihre Kultur und Religion aufzwingen müssen.

M2 Die Aufteilung Afrikas unter den europäischen Staaten

❶ a) Wen symbolisieren die drei Personen in M1?
b) Was wird in M1 kritisiert?

❷ Aus welchen Gründen wollten europäische Staaten fremde Gebiete einnehmen? (T1)

❸ Erkläre die Überzeugung vieler Europäer zur Zeit des Imperialismus. (T2)

❹ Fasse die wesentlichen Merkmale des Imperialismus zusammen. (T1, T2)

❺ Hilfe Arbeite aus den Karten von Afrika um 1880 und 1914 Gemeinsamkeiten bzw. Unterschiede heraus. (M2)
 Lerntempoduett

❻ Hilfe Ordne dem Deutschen Reich und Großbritannien die jeweiligen Kolonien um 1914 zu.
 Partnerabfrage

❼ Finde mithilfe des Atlas heraus, wie die ehemaligen deutschen Kolonien heute heißen.

Hilfe zu
❺ 1880 waren einzelne Gebiete am Rande ....
1914 war fast der gesamte Kontinent ...
❻ Deutsches Reich: Kamerun, ...
Großbritannien: Ägypten, ...

In der Schrift heißt es: Das erste Kaiserwort im neuen Jahrhundert: „Wie Mein Großvater für Sein Landheer, so werde auch Ich für Meine Marine unbeirrt in gleicher Weise das Werk der Reorganisation (des Neuaufbaus) fort- und durchführen."

M1 Der deutsche Kaiser Wilhelm II. auf einer Bildpostkarte (Ausschnitt) von 1900

Späte Kolonialmacht Deutschland

T1 • „Ein Platz an der Sonne"

Auch das junge Deutsche Reich beanspruchte Gebiete als Kolonien für sich. So sollte seine Weltmachtstellung gesichert und sein Ansehen gesteigert werden. Um die Pläne umsetzen zu können, beschlossen Kaiser Wilhelm II. und das Parlament, eine Kriegsflotte aufzubauen. Weite Teile der Bevölkerung nahmen die Kolonialpolitik begeistert auf. Das Ausland aber beobachtete Deutschlands Pläne kritisch und Großbritannien, die führende Seemacht dieser Zeit, reagierte ab 1904 mit dem Bau noch größerer Kriegsschiffe.

> Die Zeiten, wo der Deutsche dem einen seiner Nachbarn die Erde überließ, dem anderen das Meer und sich selbst den Himmel reservierte … sind vorüber … Mit einem Worte: Wir wollen niemanden in den Schatten stellen, aber wir verlangen auch unseren Platz an der Sonne.

M2 Staatssekretär Bernhard von Bülow 1897 im Berliner Reichstag

❶ a) Beschreibe, wie M1 auf dich wirkt.
b) Vermute, weshalb es Wilhelm II. so wichtig war, die Marine auszubauen.
   Placemat

❷ Nenne die Folgen, die die Politik Wilhelms II. hatte. (T1)

❸ Gib die Forderungen Bernhard von Bülows in eigenen Worten wieder. (M2)

❹ „Ein Platz an der Sonne" ist wörtlich und im übertragenen Sinn zu verstehen. Erkläre.
   Think – Pair – Share

T2 • Die erste Kolonie: Deutsch-Südwestafrika

1883 erwarb der Bremer Kaufmann Lüderitz einen Küstenstreifen in Südwestafrika. Ein Jahr später erklärte das Deutsche Reich das Gebiet offiziell zum deutschen „Schutzgebiet" und hatte damit seine erste Kolonie. Danach wanderten immer mehr deutsche Siedler in Deutsch-Südwestafrika ein. Sie betrogen die einheimischen Volksgruppen der Herero und Nama um Vieh und Land und drängten sie in unfruchtbare Gebiete ab.

T3 • Der Aufstand der Herero

Die Einheimischen waren den deutschen Siedlern schutzlos ausgeliefert. 1904 wagten sie einen Aufstand. Sie überfielen die Farmen der Einwanderer und töteten die Männer. Die deutschen Truppen reagierten mit einem brutalen Krieg, dem ca. 75 % der Herero und 50 % der Nama zum Opfer fielen.

„Schutzgebiet"
sogenannte Schutzgebiete unterstanden direkt dem Deutschen Reich und wurden von Vertretern des Reiches verwaltet. Sie wurden außerdem von deutschen Schutztruppen bewacht.

> Ich war dabei, als die Herero ... in einer Schlacht besiegt wurden. Nach der Schlacht wurden [von den Deutschen] alle Männer, Frauen und Kinder ohne Gnade getötet. ... Die große Masse war unbewaffnet und konnte sich nicht wehren.

M3 Augenzeugenbericht des einheimischen Jan Cloete, der für die deutschen Truppen als Führer arbeitete

M4 Gefangene Herero nach dem Aufstand von 1904

❺ Beschreibe die Auswirkungen der Kolonisierung auf die Einheimischen. (T2)
 Stühletausch

❻ a) Stelle das Verhalten der Herero und der deutschen Truppen gegenüber. (T3, M3, M4)
 b) Wie ist deine Meinung dazu?

M1 Menschen von den Philippinen auf einer Völkerschau in New York (1905)

M2 Menschen aus Südwestafrika auf einer Völkerschau in Deutschland (um 1900)

Überlegenheitsdenken der Kolonialmächte

T1 • Völkerschauen – Menschenzoos

Ende des 19. Jahrhunderts wurde es in den USA und in Europa beliebt, Menschen aus den Kolonien auf sogenannten Kolonial- bzw. Völkerschauen auszustellen. In Deutschland organisierte der Tierhändler Carl Hagenbeck die erste große Ausstellung dieser Art im Jahr 1874. Dabei wurden Menschen fremder Völker zum Beispiel in Zoos für Besucher zur Schau gestellt. Das Publikum wurde dabei in seinen Vorstellungen über die aus ihrer Sicht unterentwickelten Völker bestärkt. So dienten die Völkerschauen auch dazu, die europäische Bevölkerung für die Kolonialpolitik zu gewinnen.

M3 Werbeplakat um 1900

> Diese erste Völkerausstellung wurde zu einem großen Erfolg ... Die gegerbten Häute des Rentiers nähen ... [die Lappländer] mit Sehnen sehr fein zusammen, Schneeschuhe und auch Bestandteile ihrer Schlitten werden aus Holz geschnitzt und die Verbindungen mit Lederriemen hergestellt. Ein Vergnügen war es zuzusehen, wie die Rentiere mithilfe der Wurfschlinge eingefangen wurden ... Aufsehen erregte ... die kleine Lappländerfrau, wenn sie ihrem Säugling ... die Brust reichte.

M4 Aus den Erinnerungen von Carl Hagenbeck (1844–1913)

1. Stelle drei Fragen an M1 und M2.
2. Erkläre, was eine Kolonialschau bzw. Völkerschau war. (T1, M1, M2)
3. Versetze dich in einen der in M1 oder M2 ausgestellten Menschen. Notiere deine Gedanken und Gefühle.
4. Beschreibe, was du heute unter einem Zoologischen Garten verstehst. (M3)
5. Menschen anderer Kulturen wurden bei Völkerschauen ausgestellt. Welche Meinung hast du dazu? (M1–M4, T1)

Bienenkorb

T2 • Überlegenheitsgefühl und Sendungsbewusstsein

In den Kolonien hatten die Kolonialherren kein Interesse an den Sprachen und Kulturen der dortigen Bevölkerung. Sie zwangen diese stattdessen, ihre Rituale und Gebräuche aufzugeben und sich der europäischen Kultur anzupassen. Weigerten sie sich, die fremde Lebensweise anzunehmen, wurden sie gewaltsam dazu gezwungen.

> Ich behaupte, dass wir die erste Rasse in der Welt sind und es für die Menschheit umso besser ist, je größere Teile der Welt wir bewohnen. ... Wenn es einen Gott gibt, denke ich, so will er eines gern von mir getan haben: nämlich so viel von der Karte Afrikas britisch-rot zu malen wie möglich und anderswo zu tun, was ich kann, um die Einheit der englisch sprechenden Rasse zu fördern und ihren Einflussbereich auszudehnen.

M5 Der britische Unternehmer und Politiker Cecil Rhodes im Jahr 1877

M6 The Rhodes Colossus – striding from Cape Town to Cairo (britische Karikatur, 1892)

> Es handelt sich darum, unsere Sprache, unsere Sitten ... zu schützen. Die französische Ausdehnung hatte zu allen Zeiten zivilisatorischen und religiös-missionarischen Charakter ... Frankreichs Aufgabe ist die intellektuelle und moralische Evangelisation der Völker ... Wenn die Kunst, die Literatur, die Sprache, der Geist Frankreichs nicht ausgesät worden wären, der Rest der Welt wäre unfruchtbar geblieben.

M7 Aussage des französischen Politikers Gabriel Hanotaux (1902)

to stride
schreiten, große Schritte machen

zivilisatorisch
hier: einem Volk, dessen Lebensweise als niedrig eingestuft wird, andere Lebensgewohnheiten aufzeigen und aufzwingen

Evangelisation
Verbreitung des Glaubens an Jesus; Bekehrung Andersgläubiger zum christlichen Glauben

> Wir haben ohne Zweifel ein sittliches Recht, in jenen fremden Ländern als Herren aufzutreten. ... Man sollte meinen, dass unter urteilsfähigen Menschen darüber nur eine Meinung herrsche, ob ein Volk wie das deutsche, von dem für die Kulturentwicklung der Menschheit Ströme ausgingen und ausgehen, auch berechtigt sei, über so minderwertige Völker zu herrschen, wenn die Herrschaft zu einem gesunden wirtschaftlichen Fortschritt nötig ist.

M8 Aus einem Artikel der deutschen Kriegerzeitung „Parole" (1904)

---

6 Zeige auf, wie sich die Kolonialherren gegenüber den einheimischen Völkern verhielten. (T2)

7 Vergleiche die Sichtweisen der Kolonialpolitiker in M5, M7 und M8.
 Gruppenpuzzle

8 Fasse die Hauptaussage der Karikatur M6 mithilfe von M5 zusammen.

9 Vermute mögliche Auswirkungen imperialistischer Politik.
 Think – Pair – Share

Hilfe zu
7 Untersuche, wie die Verfasser jeweils die imperialistische Politik rechtfertigten.

M1 Ein deutsches Expeditionsmitglied vermisst einen einheimischen Dorfbewohner (1910/11)

Stärkung rassistischer Vorurteile

T1 • Vorurteile werden gezielt aufgebaut

Seit Beginn der Kolonisierung setzten die Kolonialmächte die indigenen Bevölkerungen bewusst herab. Damit wollten sie vor der eigenen Bevölkerung ihr respektloses und oft gewalttätiges Handeln gegenüber den fremden Völkern rechtfertigen. Infolgedessen wurden die wirtschaftliche Ausbeutung der Gebiete, die Zwangsarbeit und die Unterdrückung der Einheimischen kaum kritisiert.

Neger
Der Begriff stammt vom lateinischen Wort „niger", was „schwarz" bedeutet. Im Zusammenhang mit menschenverachtenden Rassentheorien wurde der Begriff abwertend für einen schwarzen Menschen gebraucht.

Qualität, Quantität
Quantität sagt etwas über die Menge, Qualität über den Wert aus. Der Autor der Quelle war der Meinung, dass die von ihm beschriebenen Menschen nicht besonders lernfähig waren.

… Der Neger ist nach keiner Richtung hin ein Qualitäts-, sondern ganz und gar ein Quantitätsmensch, und dementsprechend bewegen sich seine Bedürfnisse auf dem Gebiet der niederen Sinnlichkeit. Er ist befriedigt, wenn er reichlich zu essen und zu trinken hat und wenn ihm Weiber nach Wunsch zu Gebote stehen. … Mag er nun aber viel oder wenig arbeiten, das Entscheidende, worauf es einzig ankommt, ist, dass er nicht mehr arbeiten will, als bis er das hat, was er braucht. … Auch der größte Negerfreund kann nicht behaupten, dass die schwarze Rasse im Ganzen genommen mit der Summe körperlicher Arbeitskraft, über die sie verfügt, im Verhältnis annähernd so viel Werte schaffte wie die übrigen Völker, die durch ihre Lebensumstände und durch ihre innere Charakterveranlagung zu wirklicher Arbeit getrieben werden.

M2 Ausführungen eines deutschen Kolonialbeamten im Jahr 1911

T2 • Rassismus in der Wissenschaft

Am Ende des 19. Jahrhunderts war Berlin das Zentrum der messenden Anthropologie. Durch das Vermessen vor allem von Knochen sollten Unterschiede in den sogenannten Rassen wissenschaftlich belegt werden. Auf diese Weise trugen Wissenschaftler dazu bei, dass Unterdrückung, gewaltsame Übergriffe und das massenhafte Töten der indigenen Bevölkerung in den Kolonien gerechtfertigt werden konnte. An der Charité oder dem Königlichen Museum für Völkerkunde und Naturkunde in Berlin, dem Vorläufer des heutigen Museums für Ethnologie, wurden umfangreiche Knochen- und Schädelsammlungen von Menschen aus den Gebieten der damaligen Kolonien angelegt. Diese Sammlungen bestehen bis heute.

messende Anthropologie
Die Anthropologie beschäftigt sich mit dem Menschen. In der messenden Anthropologie wollte man durch genaue Vergleiche der Körper Unterschiede zwischen sogenannten Rassen belegen.

Ethnologie
Wissenschaft, die sich mit der Lebensweise verschiedener Menschengruppen weltweit beschäftigt. Themen wie Religion, Kultur oder Politik werden erforscht und miteinander verglichen.

> Eine Kiste mit Hereroschädeln wurde kürzlich von den Truppen in Deutsch-Südwestafrika verpackt und an das Pathologische Institut zu Berlin gesandt, wo sie zu wissenschaftlichen Messungen verwandt werden sollen. Die Schädel, die von Hererofrauen mittels Glasscherben vom Fleisch befreit und versandfertig gemacht werden, stammen von gehängten oder gefallenen Hereros.

M3 Ein deutscher Offizier schrieb in einem Brief über die Verladung von Hereroschädeln (1907)

T3 • Die Aufarbeitung deutscher Kolonialverbrechen

Seit Jahren verhandeln die deutsche und die namibische Regierung über die Aufarbeitung des Völkermords während der Kolonialzeit. In den Jahren 2011, 2014 und 2019 haben die Deutschen menschliche Überreste an Namibia zurückgegeben. Zwischen 2015 und 2020 fanden acht Treffen zwischen deutschen und namibischen Vertretern statt, bis diese sich im August 2020 auf einen Erklärungsentwurf geeinigt hatten. In diesem Entwurf hat sich die deutsche Regierung bereit erklärt, sich bei der namibischen Regierung und den betroffenen Gemeinschaften für die verübten Völkermorde zwischen 1904 und 1908 zu entschuldigen. Über die finanzielle Wiedergutmachung wurde noch keine Einigkeit erzielt. Die namibische Regierung hat ein Angebot Deutschlands als nicht akzeptabel abgelehnt.

M4 Postkartenausschnitt mit der Originalbeschriftung: „Verladung der für die deutschen Museen und Universitäten bestimmten Herero-Schädel. Deutsch Süd-West-Afrika". (um 1904)

❶ Entwickle zu einer Person in M1 eine Gedankenblase.

❷ Erkläre, warum die Kolonialmächte die indigenen Bevölkerungen herabsetzten. (T1)

❸ a) Arbeitet aus M2 den Standpunkt des Verfassers heraus.
b) Formuliere Gegenargumente aus afrikanischer Sicht. (M2)

❹ a) Beschreibe das Forschungsziel der messenden Anthropologie. (T1)
b) Bewerte die Forschungen. (T1, M3, M4)

❺ Viele Afrikaner forderten die Rückgabe der Gebeine. Vermute Gründe. (T2, T3)

❻ Recherchiere den aktuellen Stand der deutsch-namibischen Verhandlungen zum Völkermord.

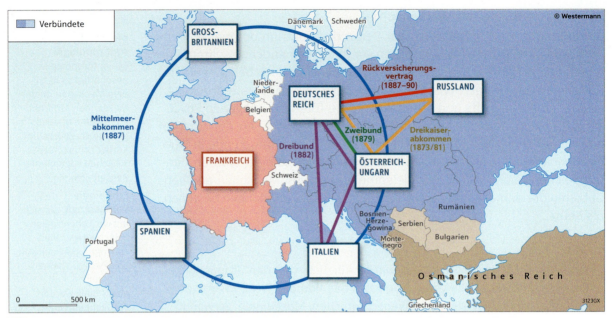

M1 Bündnisse in Europa zur Zeit Bismarcks

Deutsche Außenpolitik im Wandel

T1 • Otto von Bismarcks Außenpolitik

1871 war mit dem Deutschen Reich eine neue Großmacht in Europa entstanden. Um das Reich zu sichern und den Frieden zu erhalten, schloss Reichskanzler Otto von Bismarck mehrere Bündnisse. Zudem wollte er einen möglichen Angriffskrieg Frankreichs gegen Deutschland verhindern.

Großmacht
Staat, der in der Welt großen Einfluss hat

> 1873 **Dreikaiserbündnis:** Deutschland, Russland und Österreich-Ungarn wollen zur Sicherung des Friedens zusammenarbeiten.
> 1879 **Zweibund:** Deutschland und Österreich-Ungarn versichern sich militärische Unterstützung im Angriffsfall.
> 1882 **Dreibund:** Italien tritt dem Zweibund bei.
> 1887 **Rückversicherungsvertrag:** Deutschland und Russland wollen sich neutral verhalten, falls Deutschland von Frankreich oder Russland von Österreich-Ungarn angegriffen würde.
> 1887 **Mittelmeerabkommen:** von Deutschland vermitteltes Bündnis zwischen Großbritannien und Italien, um den Frieden im Mittelmeerraum zu erhalten; Österreich-Ungarn und Spanien folgten

M2 Bismarcks Bündnispolitik

❶ Nenne die Ziele von Bismarcks Außenpolitik. (T1)
❷ a) Beschreibe M1 mithilfe von M2.
   b) Beurteile die Stellung Deutschlands. (M1)
❸ Erkläre, weshalb die Bündnispolitik für das Deutsche Reich wichtig war. (M1, T1, M2)
   Think – Pair – Share

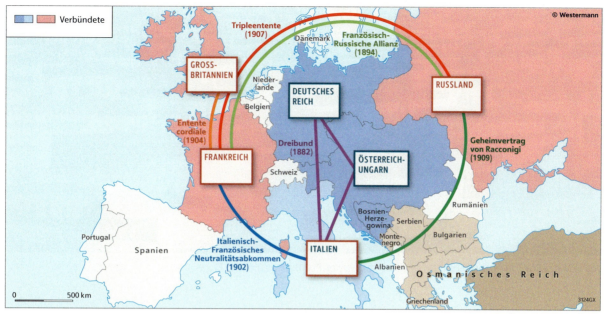

M3 Bündnisse in Europa 1914

T2 • Kaiser Wilhelm II. setzt sich durch

Im Jahr 1888 wurde Wilhelm II. deutscher Kaiser. Er war jung, ehrgeizig und wollte selbst regieren. Er hatte andere Vorstellungen als Bismarck und entließ diesen im Jahr 1890. Zudem erneuerte er nicht den Rückversicherungsvertrag mit Russland, welches sich daraufhin Frankreich annäherte. Während sich das Deutsche Reich immer mehr durch die Politik Kaiser Wilhelms II. isolierte, verständigten sich die anderen europäischen Großmächte untereinander.

Webcode
Filmclip über Wilhelm II.
WES-100512-3

1894 **Französisch-Russische Allianz (auch Zweibund genannt):** Russland und Frankreich beschließen zusammenzuarbeiten.
1902 **Neutralitätsabkommen:** Italien vereinbart einen Nichtangriffspakt mit Frankreich.
1904 **Entente cordiale:** Großbritannien und Frankreich beseitigen alle bisherigen Streitpunkte in Kolonialfragen.
1907 **Tripleentente:** Russland tritt der Entente cordiale bei.

M4 Neue Bündnisse in Europa

Entente cordiale
Abkommen zwischen Frankreich und Großbritannien mit dem Ziel, sich bei strittigen Fragen über die Kolonien friedlich zu einigen

❹ Erkläre, warum es zu Veränderungen im Bündnissystem kam. (T2)

❺ a) Beschreibe M3 mithilfe von M4.
b) Beurteile die Stellung Deutschlands. (M3)

❻ a) Benenne die Veränderungen zum Bündnissystem unter Bismarck. (M1, M2, M3, M4, T2)
b) Hilfe Vermute mögliche Konsequenzen.

❼ Hilfe Vermute, was das übergeordnete außenpolitische Ziel von Wilhelm II. war.

Hilfe zu
❻ b) Deutschland hatte sich selbst ins Abseits gestellt. Die anderen Großmächte … .
❼ Du kannst Seite 124 zu Hilfe nehmen.

M1 Darstellung der britischen Kriegsflotte auf einer Postkarte (um 1912)

Auf Kriegskurs

T1 • Rüstungswettlauf

Zu Beginn des 20. Jahrhunderts waren die Gegensätze zwischen den europäischen Staaten deutlich stärker geworden. Das Misstrauen wuchs immer mehr. Die Folge war ein enormes Wettrüsten. Die Großmächte rechneten damit, dass über kurz oder lang ein Krieg unausweichlich sein würde. Man war zudem der Meinung, dass künftige Konflikte besser durch einen schnellen Krieg als durch zähe Verhandlungen gelöst werden könnten. Dabei ging natürlich jedes Land vom eigenen Sieg aus.

	1905	1910	1913
Frankreich	991	1177	1327
Russland	1069	1435	2050
Großbritannien	1263	1367	1491
Deutschland	1064	1377	2111
Österreich-Ungarn	460	660	720

M2 Rüstungsausgaben in Millionen Mark

1 a) Beschreibe M1.
b) Vermute, warum solche Motive für Postkarten verwendet wurden.

2 Schildere, welche Einstellung zum Krieg in Europa vorherrschte. (T1)

3 a) Hilfe Fertige ein Kurvendiagramm zu den Rüstungsausgaben an. (M2)
b) Werte das Diagramm aus.

Hilfe zu

3 a)

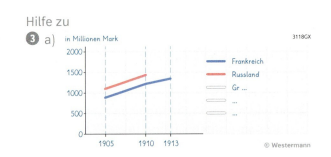

T2 • Friedensstreiter

In Europa gab es auch Menschen, die vor den Folgen des Wettrüstens warnten und gegen einen möglichen Krieg protestierten. Auf Friedenskongressen setzten sie sich für den Erhalt des Friedens ein und zeigten die Unmenschlichkeit des Krieges auf. Sie wollten, dass politische Konflikte vor einem internationalen Schiedsgericht gelöst werden. Die Österreicherin Bertha von Suttner hatte 1889 mit ihrem Antikriegsroman „Die Waffen nieder" weltweit Aufsehen erregt. Bis zu ihrem Tod 1914 setzte sie sich unermüdlich für den Frieden ein.

Kongress
Treffen, um über bestimmte Themen zu sprechen

internationales Schiedsgericht
neutrales Gericht, das Streit zwischen Ländern schlichtet

> Wenn einer nach verlorener Schlacht mit zerschmetterten Gliedern auf dem Felde liegen bleibt und da ungefunden durch vier oder fünf Tage an Durst, Hunger, unter unsäglichen Schmerzen, lebend verfaulend zu Grunde geht – dabei wissend, dass durch seinen Tod dem besagten Vaterland nichts geholfen, seinen Lieben aber Verzweiflung gebracht worden – ich möchte wissen, ob er die ganze Zeit mit jedem Rufe [für das Vaterland] gerne stirbt. ... Ich aber versichere dich, Vater, dass dieses naturwidrige „Gern-sterben", welches da allen Männern zugemutet wird, so heldenhaft es dem Aussprechenden auch dünken mag – mir klingt es wie gesprochener Totschlag.

M3 Auszug aus dem Roman „Die Waffen nieder" von Bertha von Suttner

M4 Führende Mitglieder der deutschen Friedensgesellschaft auf dem Weltfriedenskongress in München 1907 (sitzend, 2. v. links: Bertha von Suttner)

④ Arbeite die Ziele der Friedensbewegung heraus. (T2)

⑤ Nenne Argumente gegen den Krieg, die in dem Romanausschnitt genannt werden. (M3)
Bienenkorb

⑥ Recherchiere Informationen über die deutsche Friedensgesellschaft. (M4)
Partnervortrag

⑦ Gestaltet ein Flugblatt gegen Krieg.
Galeriegang

Stellung nehmen

Zu historischen Ereignissen soll oft Stellung genommen werden. Das bedeutet, dass man mit zeitlichem Abstand auf das Ereignis schaut und eine begründete Meinung dazu äußert. Oft sollst du eine Fragestellung beantworten, manchmal aber auch eine Aussage über ein Ereignis als richtig oder falsch begründen. Dazu musst du zunächst Informationen zum Thema sammeln, um Überlegungen zu der Frage oder der Aussage anstellen zu können. Anschließend musst du dir über deine Meinung bewusst werden, um sie begründen zu können. Zum Schluss formulierst du, welcher Meinung du bist. Du begründest deine Meinung, indem du die Fragestellung beantwortest bzw. der Aussage mit Argumenten zustimmst oder sie verneinst.

1. Schritt: Thema benennen
- Worum geht es?

2. Schritt: Informationen sammeln
- Welche Informationen findest du?

3. Schritt: Überlegungen anstellen
- Was spricht für eine zustimmende bzw. verneinende Beantwortung
- der Frage?
- Was spricht für die Zustimmung zu der Aussage bzw. die Verneinung der Aussage?

4. Schritt: Meinung äußern und erklären
- Welcher Meinung bist du? Warum bist du dieser Meinung?

Überall, wo die Flagge der Bibel und der Handel der Flagge gefolgt ist, liegt ein deutscher Handlungsreisender mit dem englischen ... im Streit. ... Eine Million geringfügiger Streitigkeiten schließen sich zum größten Kriegsgrund zusammen, welchen die Welt jemals gesehen hat. Wenn morgen Deutschland ausgelöscht würde, gäbe es übermorgen keinen Engländer in der Welt, der [dadurch] nicht ... reicher geworden wäre. Völker haben jahrelang um eine Stadt oder ein Erbfolgerecht gekämpft; müssen sie [da] nicht um einen jährlichen Handel von 750 Millionen Pfund Krieg führen?

M1 Ein Artikel aus der britischen Zeitung „Saturday Review" von September 1897

Es [gibt] nur ein Mittel, um Deutschlands Handel und Kolonien zu schützen: Deutschland muss eine Flotte von solcher Stärke haben, dass selbst für die größte Flotte (die Flotte Großbritanniens) ein Krieg mit ihm ein solches Risiko in sich schließen würde, dass ihre eigene Überlegenheit gefährdet wäre. ... Aber selbst, wenn es ihr gelingen sollte, uns mit überlegenen Kräften gegenüberzutreten, würde der Feind ... so erheblich geschwächt werden, dass dann trotz des errungenen Sieges die eigne Machtstellung zunächst nicht mehr durch eine ausreichende Flotte gesichert wäre.

M2 Bereits 1900 wurde das zweite Flottengesetz mit dieser Begründung im Reichstag verabschiedet

Nimm Stellung zu der Frage, inwiefern der Rüstungswettlauf Großbritanniens und Deutschlands zum Kriegsausbruch beigetragen hat.

Tipp
Erarbeitet die Quellen mithilfe der Methode Partnerpuzzle.

1. Schritt: **Thema benennen**
- Worum geht es?

Beantworte zunächst die Frage nach dem Thema. Wie lautet die Frage bzw. die Aussage? Um was geht es genau? Schreibe so:

In der Aufgabe geht es um die Frage, inwiefern … . Besonders Großbritannien und Deutschland sollen sich gegenseitig durch den Rüstungswettlauf … . Das soll schließlich zum Kriegsausbruch … .

2. Schritt: **Informationen sammeln**
- Welche Informationen findest du?

Trage alle Informationen zusammen, die du zum Thema findest. Ordne sie übersichtlich. Fakten zum Rüstungswettlauf findest du auf der Seite 132. Die Quellen auf Seite 134 helfen dir, weitere Gründe für die Aufrüstung und den Konflikt zwischen Deutschland und Großbritannien zu finden. Weitere Informationen findest du auch auf den Seiten 124 und 130/131.

Tipp
Du kannst deine Notizen zu Schritt 2 und 3 in einer Tabelle, einem Cluster oder einer Mindmap sammeln.

3. Schritt: **Überlegungen anstellen**
- Was spricht für die zustimmende bzw. verneinende Beantwortung der Frage?
- Was spricht dafür, die Aussage zu bestätigen bzw. zu entkräften?

Sammle deine Überlegungen zusammen mit den Informationen in einer Übersicht, um sie in Schritt 4 ausformulieren zu können.
So könnte deine Tabelle aussehen:

Führte der Rüstungswettlauf zum Kriegsausbruch?	
Ja, denn …	Nein, denn …
- Aufrüstung führte zu gegenseitigem Misstrauen > weiter Aufrüstung - durch die Aufrüstung glaubten die Menschen an einen schnellen Sieg > Kriegsbegeisterung	- Weltmachtstreben Wilhelms II. führt zur Isolation Deutschlands - Handelsstreit in Kolonien förderte die Spannungen - …
Einerseits ist der Rüstungswettlauf einer der Hauptgründe …, andererseits … .	

4. Schritt: **Meinung äußern und erklären**
- Welcher Meinung bist du?
- Warum bist du dieser Meinung?

Formuliere deine Meinung und begründe sie. Schreibe so:
Ich bin der Meinung, dass der Rüstungswettlauf … . Einerseits kann man sagen, dass der Rüstungswettlauf zum Kriegsausbruch beigetragen hat. Denn er kann als Hauptgrund … . Andererseits führten viele andere Gründe erst zum Rüstungswettlauf. Zum Beispiel wollte Wilhelm II. … . Der Konflikt zwischen Deutschland und Großbritannien begann mit dem Streit um … . Beide Länder wollten … .

Ich bin der Meinung, dass …
Meiner Meinung nach …
Zum einen …
Zum anderen …
Außerdem …
Besonders …
Man sollte beachten, dass …
Dafür spricht, dass …
Dagegen spricht, dass …

M1 Balkan Troubles (britische Karikatur, 1912)

M2 Der Balkan 1914

Der Ausbruch des Ersten Weltkrieges

T1 • Die Krise auf dem Balkan

Zu Beginn des 20. Jahrhunderts war der Balkan eine gefährliche Krisenregion. Hier hatten verschiedene Völker ihre Unabhängigkeit vom Osmanischen Reich erkämpft. Serbien, Bulgarien und Griechenland waren als neue Staaten entstanden. In Österreich-Ungarn lebten viele Slawen, die ebenfalls unabhängig werden wollten. Dabei erhielten sie Unterstützung von Russland, das seinerseits das Ziel verfolgte, alle slawischen Länder unter seiner Führung zu vereinen.

Im Jahr 1908 annektierte Österreich-Ungarn das von vielen Slawen besiedelte Bosnien. Serbien beanspruchte das Gebiet ebenfalls für sich und wurde dabei von Russland unterstützt. Die Spannungen nahmen zu und eine Auseinandersetzung zwischen den Großmächten Österreich-Ungarn und Russland konnte nur knapp verhindert werden.

Slawen
Gruppe von Völkern aus Osteuropa, deren Sprache zur gleichen Sprachfamilie gehört

annektieren
gewaltsam in Besitz nehmen, erobern

❶ Formuliere drei Fragen zu M1.
   Placemat

❷ [Hilfe] Nenne die unterschiedlichen Interessen auf dem Balkan. (T1)

❸ [Hilfe] Werte die Karte M2 mithilfe von T1 aus.
   Lerntempoduett

Hilfe zu
❷ Gehe auf die Interessen Serbiens, Österreich-Ungarns und Russlands ein.

❸ Die Karte zeigt Österreich-Ungarn und seine Nachbarstaaten 1914. Österreich-Ungarn ist ... . Der Balkan ... . In der Darstellung wird deutlich ... .

T2 • Das Attentat von Sarajewo

Am 28. Juni 1914 eskalierte die Situation auf dem Balkan. Ein serbischer Attentäter erschoss in Sarajewo das österreich-ungarische Thronfolgerpaar. Der erst 19-jährige Schüler war Mitglied einer Geheimorganisation, die für einen unabhängigen serbischen Staat kämpfte. Das Attentat löste in Europa Entsetzen und eine verhängnisvolle Kettenreaktion aus, an deren Ende ein Krieg stand, wie ihn die Menschen bisher nicht kannten.

M3 Ermordung des Thronfolgerpaares (Pressezeichnung, 30. Juni 1914)

Mittelmächte	Triple Entente
28. Juni • das österreichische Thronfolgerpaar wird in Sarajewo ermordet	
5. Juli • Deutschland sichert Österreich-Ungarn bedingungslose Unterstützung zu	
23. Juli • Österreich stellt Serbien ein Ultimatum mit nahezu unerfüllbaren Forderungen	
	25. Juli • Serbien akzeptiert die meisten Punkte des Ultimatums • Russland verspricht Serbien Unterstützung
28. Juli • Österreich-Ungarn beachtet Serbiens Entgegenkommen nicht und erklärt den Krieg	
	30. Juli • Russland bereitet seine Streitkräfte auf einen Kriegseinsatz vor
31. Juli • Deutschland fordert Frankreich im Falle eines Krieges mit Russland zur Neutralität auf	**31. Juli** • Frankreich bereitet sich zur Unterstützung Russlands auf einen Kriegseinsatz vor
1. August • Deutschland bereitet seine Streitkräfte auf einen Kriegseinsatz vor • Deutschland erklärt Russland den Krieg • Italien erklärt seine Neutralität	
3. August • Deutschland erklärt Frankreich den Krieg	
4. August • Deutsche Truppen marschieren auf dem Weg nach Frankreich in Belgien ein	**4. August** • Großbritannien tritt zum Schutz Belgiens in den Krieg ein

M4 Die Julikrise

❹ Berichte über das Attentat vom 28. Juni 1914. (T2, M3)

❺ Formuliere für einige Daten aus M4 mögliche Zeitungsschlagzeilen.

❻ Überlege, zu welchen Zeitpunkten ein Krieg hätte verhindert werden können. (M4)
  Think – Pair – Share

137

M1 Deutsche Propagandapostkarte (1914)

Europaweite Kriegsbegeisterung

T1 • Das Militär als Vorbild

In den Jahrzehnten vor Kriegsbeginn wurde in Europa alles Militärische bewundert. Wertvorstellungen des Militärs wurden übernommen, zum Beispiel die strenge Disziplin oder die Vorstellung, dem Vaterland treu zu dienen. Die Militarisierung der Gesellschaft im Deutschen Reich wurde verstärkt durch Kaiser Wilhelm II., denn dieser liebte Uniformen, Militärmanöver und Paraden.

Mithilfe von Plakaten und Postkarten sollte politische Werbung, sogenannte Propaganda, verbreitet werden. Sie zeigten die Ansichten der Führung von Staat und Militär und verstärkten Vorurteile gegen gegnerische Staaten. Die Meinung der Menschen sollte so beeinflusst werden.

Propaganda
Verbreitung einer bestimmten Meinung, um Menschen von dieser Meinung zu überzeugen

Disziplin
das strenge Einhalten von Regeln; sich beherrschen, um ein Ziel zu erreichen

❶ a) Erkläre den Ausruf „2 gegen 7, Hurra!". (M1)
b) Hilfe Wie sollte mit dieser Postkarte die Sicht auf den Krieg beeinflusst werden? (M1, T1)

❷ Wie wird die Militarisierung der Gesellschaft deutlich? (T1)

❸ Nimm Stellung zu der Frage, ob der Krieg durch die Propaganda verharmlost wurde. (T1, M1)

Hilfe zu
❶ b) Welche Länder sind dargestellt? Achte auch auf die Größenverhältnisse.

T2 • Mit Begeisterung in den Krieg?

In den europäischen Hauptstädten wurde der Ausbruch des Krieges vielfach mit Begeisterung begrüßt. Alle Seiten erwarteten einen schnellen Sieg, die deutsche Heeresleitung ging von einem Ende noch vor Weihnachten aus.

M2 Jubelnde Soldaten bei Kriegsbeginn 1914 in Österreich

Während der ganzen Fahrt gestern haben die Leute unterwegs oder auf den Bahnhöfen nicht aufgehört, uns anzufeuern, die Frauen warfen uns Küsse zu … Warum muss mir diese dumpfe Angst das Herz zuschnüren – wenn das eine Truppenübung wäre, dann wäre das sehr unterhaltsam; doch übermorgen oder in drei Tagen wird der Kugelhagel einsetzen, und wer weiß? Wenn ich nicht zurückkehren sollte, dann hätte ich vorsätzlich meine Mutter unter die Erde gebracht, ermordet. Was steht mir noch bevor?

M3 Der 22-jährige Franzose Maurice Maréchal berichtete seiner Mutter von der Fahrt in den Krieg.

Wie hätte der Künstler nicht Gott loben sollen für den Zusammenbruch einer Friedenswelt, die er so satthatte! – Krieg! Es war Reinigung, Befreiung, was wir empfanden, und eine ungeheure Hoffnung.

M4 Der deutsche Schriftsteller Thomas Mann über den Kriegsausbruch

❹ a) Beschreibe die Stimmung der Menschen in M2.
  b) Hilfe Erkläre das Verhalten der Menschen. (M2, T2)

❺ Schildere die Gefühle, die in M3 und M4 deutlich werden.

❻ Vergleiche die Aussagen der Textquellen und des Fotos miteinander. (M2 – M4)

Hilfe zu
❹ b) Verwende die Begriffe: Militarisierung, Propaganda, Jubel, Treue zum Vaterland.

M1 Deutsche Soldaten in einem Schützengraben (Foto, 1915)

M2 Französische Soldaten bergen Verwundete (Foto, 1915)

M3 Schützengrabensystem im Stellungskrieg

1 Drahthindernisse
2 Graben zur Annäherung an den Feind
3 Kampfgraben
4 Verbindungsgräben
5 Unterstände
6 Wohngraben
7 Reservestellung

Die Schrecken des Krieges

T1 • Der Kriegsverlauf

Schnell drangen die deutschen Truppen im Westen durch das neutrale Belgien bis nach Frankreich vor. Doch bereits im September gelang es der französischen Armee, den deutschen Vormarsch zu stoppen.

Aus dem Bewegungskrieg wurde an der etwa 750 km langen Frontlinie ein Stellungskrieg, bei dem sich die Gegner in Schützengräben gegenüberstanden. Der Abstand zwischen den feindlichen Linien betrug manchmal nur zehn Meter, höchstens aber einen Kilometer. Tagelang mussten die Soldaten bei Regen, Kälte und voller Todesangst in den schlammigen, stinkenden Gräben aushalten. Sie waren umgeben von Leichen und Ungeziefer. Tod und Verstümmelung waren allgegenwärtig.

Im Durchschnitt überlebten Soldaten 1916 ihren Kriegseinsatz nur etwa zwei Wochen. Allein bei Verdun (Frankreich) starben etwa 700 000 deutsche und französische Soldaten. Dreieinhalb Jahre gelang es keiner der Kriegsparteien, die feindliche Linie dauerhaft zu durchbrechen.

Im Osten drangen die Truppen Deutschlands und Österreich-Ungarns 1915 weit in russisches Gebiet vor. Obwohl sie auch hier große Verluste erlitten, konnten sie die Ostfront unter ihre Kontrolle bringen.

Front
Ort, an dem feindliche Soldaten aufeinandertreffen und einander bekämpfen

Stellungskrieg
Soldaten kämpfen von einem festen Punkt aus, zum Beispiel Gräben

Webcode
Filmclip zum Stellungskrieg
 WES-100512-4

---

❶ Beschreibe die Schützengräben des Ersten Weltkrieges. (M1 – M3)

❷ Arbeite die Informationen zum Frontalltag eines Soldaten heraus. (T1, M1 – M3)
Lerntempoduett

❸ Hilfe Verfasse aus Sicht eines Soldaten im Schützengraben einen Brief an seine Eltern.

Hilfe zu
③ Sammle zunächst Gefühle und Wünsche:
Angst, Kälte, Heimweh u. Ä.
Formuliere dann deinen Brief:
Liebe Eltern,
vor gar nicht langer Zeit war ich stolz, meinem Vaterland dienen zu können. Nun aber … .

T2 • Materialschlachten

Durch die fortschreitende Kriegstechnik wurden Waffen mit immer verheerenderer Wirkung entwickelt. Dazu zählten Schnellfeuerwaffen, Geschütze, Panzer, Flugzeuge, Unterseeboote und Schlachtschiffe.

1915 setzte das Deutsche Reich in der Schlacht bei Ypern in Belgien erstmals Giftgas ein. Das Gas führte zu einem mehrere Tage dauernden, qualvollen Erstickungstod. Die meisten Opfer forderte Senfgas, das Haut und Lungenoberfläche zerstörte und dabei unerträgliche Schmerzen verursachte. Die Wirkung konnte mehrere Wochen andauern. Giftgas wurde wichtiger Bestandteil der modernen Kriegsführung, 1918 war fast jede dritte Granate damit gefüllt.

Der massenhafte Einsatz der neuen Kriegsmittel führte zu schrecklichen Verwundungen, Verstümmelungen und zum Tod von Millionen Menschen.

verheerend
zerstörend

> Am schrecklichsten ist das langsame Sterben der Gasopfer. Ich sah, wie einige Hundert dieser Leidensgenossen unter freiem Himmel lagen und langsam am Wasser in ihren Lungen erstickten.

M4 Tagebucheintrag eines französischen Generals sechs Tage nach dem ersten Gasangriff bei Ypern

M5 Soldaten und Maultier mit Gasmasken (1917)

M6 Britische Soldaten, die nach einem Gasangriff erblindeten (Foto von 1918)

❹ Erkläre den Begriff Materialschlacht. (T2)

❺ a) Arbeite die neuen Kriegstechniken heraus. (T2)
b) Beschreibe die Eigenschaften von Giftgas. (T2)
c) Nimm Stellung zum Einsatz von Giftgas als Kampfmittel. (T2, M4 – M6)

❻ Zeige Widersprüche zwischen Kriegspropaganda und Kriegswirklichkeit auf. Nutze hierfür diese und die vorangegangene Doppelseite.
🐝 *Bienenkorb*

M1 Ein französischer Soldat schreibt aus dem Schützengraben (Foto, 1916)

M2 Bildpostkarte (1916)

Die Feldpost

T1 • Organisation der Feldpost

Die Feldpost organisierte während des Ersten Weltkrieges den Briefaustausch zwischen den Frontsoldaten und ihren Angehörigen und Freunden zu Hause. Die Organisation des Postverkehrs der vielen Millionen Soldaten stellte für die Feldpost eine enorme Herausforderung dar. Bei Kriegsende arbeiten fast 30 000 Personen für die Feldpost. Über 28 Milliarden Sendungen soll die deutsche Feldpost von 1914–1918 befördert haben, meist Postkarten.

T2 • Lebenszeichen und einzige Verbindung

Die Feldpost war oft die einzige Verbindung der Frontsoldaten zu ihren Angehörigen in der Heimat. Sie wurde ungeduldig erwartet, denn es waren neue Lebenszeichen, die auf die Rückkehr des Soldaten hoffen ließen. Die Soldaten berichteten in ihren Briefen von ihren grausamen Fronterfahrungen, die oft im Gegensatz zu den offiziellen Darstellungen der deutschen Heeresleitung standen. Briefe, die den Krieg zu negativ darstellten, sollten von der Feldpost aussortiert werden. Wegen der großen Menge an Post erreichten diese Zensurmaßnahmen aber nicht die gewünschte Wirkung.

Zensur
staatliche Kontrolle

Und dann zwängten wir uns, einer nach dem anderen durch den Schützengraben, auf dessen <u>Sohle</u> Ströme von Blut erlahmten, in dem Leichen Deutscher und Franzosen in wüstem Durcheinander fast alle paar Schritte den Weg versperrten, sodass man über die angehäuften Leichen hinwegklettern musste und dabei mit den kalten Händen und Gesichtern und den furchtbaren, blutigen Wunden in Berührung kam. Schlamm und Blut mischten sich an den Stiefeln, Kleidern und Händen; aufrecht gehen konnte man, durfte man nicht. Denn unten in der Schlucht auf 30 Meter Entfernung laufen französische Schützengräben; sowie sich eine Helmspitze zeigte, pfiff es beng, beng über die Köpfe hinweg. …

Es war früh 9 Uhr, der sogenannte Graben war angefüllt mit Toten und allen möglichen Ausrüstungsgegenständen; man stand da und saß auf den Toten, als wenn's Steine oder Holzklötze wären! Ob dem einen der Kopf zerstochen oder abgerissen, dem anderen der Brustkorb aufgerissen, dem dritten aus dem <u>zerschlissenen</u> <u>Rock</u> die blutigen Knochen herausragten – kümmerte einen nicht mehr.

Sohle
meint hier den Boden des Schützengrabens
zerschlissen
kaputt
Rock
meint hier eine Jacke oder einen Mantel für Männer

M3 Brief des 23-jährigen Studenten August Hopp (sprachlich vereinfacht)
Im März 1915 nach einem Angriff auf einen Schützengraben – siebzehn Tage nachdem August Hopp diesen Feldpostbrief geschrieben hatte – war er gefallen.

❶ a) Beschreibe das Foto M1.
   b) Vergleiche mit der Bildpostkarte M2.
      Bienenkorb
❷ Arbeite die Bedeutung der Feldpost im Ersten Weltkrieg heraus. (T1, T2)
❸ Lies den Feldpostbrief (M3) und beantworte folgende Fragen rechts in ganzen Sätzen.
      Think – Pair – Share

- Wann wurde der Brief verfasst?
- Wer ist der Verfasser?
- An wen ist der Brief gerichtet?
- Worüber wird berichtet?
- Was ist die Hauptaussage?
- Wie wirkt der Verfasser des Briefes auf dich? (traurig, begeistert, ängstlich, teilnahmslos o. Ä.)

M1 Die Menschen zu Hause stehen nach Lebensmitteln an (Foto, 1917)

Die Heimatfront

T1 • Versorgungsnöte

Keiner der am Krieg beteiligten Staaten war darauf vorbereitet gewesen, dass der Krieg mehrere Jahre dauern würde. Während die Soldaten an der Front kämpften, sorgten sich die Daheimgebliebenen um das eigene Überleben. Im Deutschen Reich gab es schon bald große Probleme mit der Nahrungsmittelversorgung. Lebensmittel, Kleider und Kohle wurden rationiert und mithilfe von Bezugskarten zugeteilt. Im Winter 1916/17 herrschte eine große Hungersnot. Die Menschen mussten sich von Kohlrüben ernähren, die man eigentlich als Viehfutter verwendete. Die Folge war eine allgemeine Unterernährung, die wiederum zu Krankheiten und nicht selten auch zum Tod führte.

M2 Bezugskarte (Ausschnitt)

rationiert
in kleine Portionen eingeteilt

Siechtum
lang anhaltende Krankheit und zunehmende Schwäche, die oft mit dem Tod endet

> Was kommen musste, ist eingetreten: Der Hunger! ... Man kann noch ein halbes Jahr, vielleicht ein ganzes Jahr Krieg führen, indem man die Menschen langsam verhungern lässt. Dann wird aber die künftige Generation geopfert. Zu den furchtbaren Opfern an Toten und Krüppeln der Schlachtfelder kommen weitere Opfer an Kindern und Frauen, die infolge des Mangels dem Siechtum verfallen.

M3 Aus einem Flugblatt von 1916

T2 • Arbeitskräftemangel

Viele Frauen in den kriegsbeteiligten Ländern standen nun vor ganz neuen Aufgaben. Sie mussten daheim die Männer in der Landwirtschaft und in den Betrieben ersetzen. Besonders hoch war der Bedarf an Arbeitskräften in der Rüstungsindustrie, die ständig Nachschub produzieren musste.

☐ Webcode
Filmclip über das Leben in Deutschland während des Ersten Weltkrieges
WES-100512-5

M4 Frauen arbeiten in der Rüstungsindustrie (Foto, 1917/1918)

Kriegsinvalide
durch einen Krieg dauerhaft verletzte oder körperbehinderte Person

traumatisiert
durch schlimme Erlebnisse geprägt und daran leidend

T3 • Kriegsinvaliden

Das Ergebnis des ersten modernen Krieges der Geschichte mit seiner verbesserten Waffentechnik war nicht nur eine sehr hohe Anzahl toter Soldaten, sondern auch Millionen Kriegsinvaliden; allein 2,7 Millionen in Deutschland. Sie waren verstümmelt, erblindet und traumatisiert von der Front zurückgekehrt und nun dauerhaft geschädigt und pflegebedürftig. Für ihre Familien konnten sie nicht mehr sorgen.

M5 Kriegsinvalide mit Prothesen

❶ Formuliere Gedankenblasen zu drei Personen in M1.
❷ Nenne die Folgen der Nahrungsmittelknappheit. (T1, M1, M2, M3)
❸ Zeige auf, was der Arbeitskräftemangel für die Frauen bedeutete. (T2, M4)
❹ „Der Erste Weltkrieg hinterließ nicht nur tote, sondern auch lebende Opfer." Erkläre. (T3)
❺ Versetze dich in eine Person in M4. Schreibe einen Brief an einen Angehörigen an der Front und berichte über deinen Alltag in der Heimat. (T1–T3, M1–M5)

❻ **Hilfe** Vom hart arbeitenden Mann und heldenhaften Soldaten zum traumatisierten Kriegsinvaliden. Diskutiert mögliche Folgen für die Familien. (T3, M5)
🐝 *Bienenkorb*
❼ Erläutere mithilfe der Doppelseite den Begriff Heimatfront.

Hilfe zu
⑥ Denkt an die Beziehung zwischen Mann und Frau, zwischen Vater und Kindern, an die Rolle innerhalb der Gesellschaft usw.

Plakate untersuchen

Plakate werden auch heute dazu genutzt, die Aufmerksamkeit des Betrachters zu wecken. Du kennst Plakate aus dem Wahlkampf. Dort werden sie eingesetzt, wenn Parteien versuchen, für ihre politischen Ziele zu werben. Aber auch Werbeplakate sind dir bekannt. Auf einen Blick sollen Kunden für ein neues Produkt interessiert werden. Dies gelingt mit Plakaten besonders gut. Sie haben ein großes Format und verwenden kurze Texte, Symbole und Farben, die jeder schnell erfassen kann.

Politische Plakate

Im Ersten Weltkrieg wurden Plakate eingesetzt, um die Bevölkerung für den Krieg zu gewinnen. Auf den Plakaten wurde der Kriegsgegner herabgesetzt, die Überlegenheit des eigenen Heeres herausgestellt oder der Sieg des eigenen Landes angekündigt. Die Plakate waren absichtlich so gestaltet, um die Bevölkerung zu beeinflussen. Die Menschen sollten keinen Zweifel an der Stärke des Heimatlandes haben. Diese Form der Beeinflussung nennt man Propaganda. Plakate, aber auch Postkarten, Kinderbücher oder Zeitschriften wurden also als Mittel der Propaganda eingesetzt.

Kriegsanleihen

Einen Krieg zu führen, ist äußerst teuer. Im Ersten Weltkrieg finanzierten die am Krieg beteiligten Staaten diese Kosten durch Kriegsanleihen. Die Bevölkerung konnte ihr privates Geld an den Staat verleihen. Dies nannte man „Kriegsanleihen zeichnen". Um die Menschen dafür zu gewinnen, ihr Geld an den Staat zu geben, wurde auf Plakaten geworben. Die Menschen hofften auf den Sieg ihres Landes, um nach dem Krieg ihr Geld und plus Zinsen wiederzubekommen.

Text
① Helft uns siegen!
② zeichnet die Kriegsanleihe: Kriegsanleihen kaufen

Bild
③ Ausrüstung eines Soldaten: die Uniform, die Gasmaske, die Waffe, der Stahlhelm

M1 Deutsches Plakat für Kriegsanleihen (1917)

1. Schritt: **Plakate beschreiben**
- Beschreibe das Plakat genau.
  Tipp: Nutze die W-Fragen!

2. Schritt: **Plakate einordnen**
- Ordne die Plakate in den geschichtlichen Zusammenhang ein.
  Das Plakat M1 bezieht sich auf ... .
- Untersuche die Wirkung der Plakate.
- Nutze folgende Leitfragen:
  - Welche Symbole oder Farben werden verwendet?
  - Welche Gedanken und Gefühle werden beim Betrachter hervorgerufen?
  - Werden diese Gedanken und Gefühle durch den Text verstärkt?

  Das Plakat M1 wirkt ... . Plakat M1 stammt aus ... . Es wirkt ... . Die Stimmung ist sehr ... .

3. Schritt: **Plakate deuten**
- Benenne, an wen sich die Plakate wenden.
  Das Plakat M1 wendet sich an ... .

M2 Französisches Plakat für Kriegsanleihen (1915)

Tipp
Um Plakate zu vergleichen, könnt ihr in Partnerarbeit jeweils ein unterschiedliches Plakat untersuchen und dann gemeinsam ein Venn-Diagramm anlegen.

Nutzt die Ergebnisse aus Schritt 2. Was haben die Plakate gemeinsam? Was ist unterschiedlich?

Überlegt, was diese Gemeinsamkeiten und Unterschiede über die Zeit aussagen.

Text
① Für Frankreich / Gebt Euer Gold
② Das Gold kämpft für den Sieg.

Bild
③ eine Goldmünze von 1915 mit der Inschrift: Freiheit, Gleichheit, Brüderlichkeit (Leitspruch aus der Zeit der Französischen Revolution)
④ deutscher Soldat

M1 „Das Kind der Kompanie" (Foto, o. J.) Vermerk: Das Kind gehört zur 3. Kompanie … Vater im Krieg gefallen, Mutter nach Frankreich durchgebrannt.

M2 Postkarte vom Deutschen Verein für Kinder-Asyle e. V. (um 1916)

Kindheit im Krieg

T1 • Schicksal vieler Kinder

Der Krieg veränderte auch das Leben vieler Kinder und Jugendlicher. Die Lebensmittelversorgung verschlechterte sich im Verlauf des Krieges immer weiter. Säuglinge und Kinder litten oft an Unterernährung und starben. Viele Kinder verloren ihren Vater, ihren Bruder oder andere Angehörige. Viele wurden zu Waisen.

Die Kinderheime waren überfüllt und Waisen, die keinen Platz im Heim bekamen, mussten ihr Überleben selbst sichern. Kräftige Kinder fanden gelegentlich Arbeit und eine Unterkunft auf dem Land. Manchmal meldeten sich ältere Jungen zum Militär und wurden dort später als Soldaten ausgebildet. Auf jeden Fall mussten die meisten Waisenkinder arbeiten, um zu überleben, egal ob Groß oder Klein. Insgesamt hinterließ der Krieg weltweit acht Millionen Waisen.

❶ a) Beschreibe die Situationen in M1 und M2.
b) Berichte über die Nöte der Waisenkinder. (T1)
c) **Hilfe** Das Kind aus M1 denkt über seine Zukunft nach. Verfasse einen Tagebucheintrag.
Partnervortrag

Hilfe zu
❶ c)

Deutschland, im Januar 1918

Heute war wieder ein anstrengender Tag. Ich habe schon in aller Frühe die Ratten mit der Schaufel gejagt. Leider konnte ich keine erwischen. Später dann … .

T2 • Kinderbücher erklären den Krieg

Mit dem Kriegsausbruch wurde der Krieg auch Thema in den Kinderbüchern. Neben den Kindern hoffte man, auch die Eltern zu erreichen und diese beispielsweise zum Kauf von Kriegsanleihen zu bewegen. Einige Bücher enthielten neben den Bildern auch kurze Texte, die an die Erwachsenen gerichtet waren.

In dem Kriegsbilderbuch „Lieb Vaterland, magst ruhig sein!" versucht der Autor, in einfachster Form die Ursachen und Ziele des Krieges aus deutscher Sicht zu vermitteln. Im Mittelpunkt stehen Nachbarskinder, der deutsche Michel und der österreichische Seppl, die zu Beginn friedlich ihren Garten pflegen. Das ärgert den serbischen und den russischen Nachbarsjungen aus nicht genannten Gründen. Es entwickelt sich eine Prügelei, an der weitere Kinder beteiligt sind. Obwohl Michel und Seppl vier Gegnern gegenüberstehen, entscheiden sie die Prügelei für sich.

Kriegsanleihen
Die Bevölkerung verlieh ihr Geld an den Staat. Dieser bezahlte davon Kriegskosten. Die Menschen hofften bei einem Sieg auf hohe Zinsen.

warten
veraltetes Wort für kümmern oder pflegen

Kujon
veraltetes Schimpfwort für jemanden, der als gemein angesehen wird

Der Michel und der Seppl warten
Ganz friedlich ihren Blumengarten.

Das ärgert aus dem Nachbarhaus
Den Lausewitsch und Nikolaus.

Und fasst beim Schopfe gleich den Kecken,
der Nikolaus haut mit dem Stecken,

da denkt der Michel: Drauf und dran,
ich zieh mal meine Stiefel an.

Am andern Zaune lauert schon
Der Jacques und noch so ein Kujon.

Die Keilerei wird beiderseitig,
Doch sieh, es kommt noch anderweitig.

So hat man gründlich sie verdroschen,
Bis ihre Kampfbegier erloschen.

Man sperrt sie in den Käfig ein,
Nun wird wohl endlich Ruhe sein.

M3 Ausgewählte Szenen aus dem Kinderbuch „Lieb Vaterland, magst ruhig sein!"

❷ Hilfe Arbeite die Funktion von Kinderbüchern im Krieg heraus. (T2, M3)

❸ Hilfe Arbeite aus einem Bild bzw. Text aus M3 heraus, wie die Meinung des Lesers beeinflusst werden sollte.

Hilfe zu
❷ Die Bücher sollten den Kindern … . Kleine Texte waren direkt … .
❸ Achte auf Inhalte, bildliche Darstellungen, die Wortwahl und Ähnliches.

> Es ist eine fürchterliche Sache, dieses große und friedfertige Volk in den Krieg zu führen … Aber das Recht ist wertvoller als der Friede, und wir werden für die Dinge kämpfen, die wir stets unserem Herzen zunächst getragen haben – für die Demokratie … für eine allgemeine Herrschaft des Rechts …, das allen Nationen Frieden und Sicherheit bringen wird.

M1 Der amerikanische Präsident Woodrow Wilson am 2. April 1917 vor dem Kongress der Vereinigten Staaten

Die Kriegswende

T1 • Kriegseintritt der USA

Die US-Regierung und auch die US-Bevölkerung lehnten es zunächst mehrheitlich ab, dass sich amerikanische Truppen am Krieg beteiligen. Die USA unterstützten die Entente-Mächte aber mit Wirtschaftshilfen und der Lieferung von Kriegsgütern.

Im Jahr 1916 wurde die militärische Lage für das Deutsche Reich immer bedrohlicher. Deshalb forderte die Oberste Heeresleitung den uneingeschränkten U-Boot-Krieg. Als daraufhin auch US-amerikanische Handels- und Passagierschiffe versenkt wurden, traten die Vereinigten Staaten am 6. April 1917 in den Krieg gegen Deutschland ein. Aus dem europäischen Krieg war ein Weltkrieg geworden.

Oberste Heeresleitung
oberste Befehlshaber der Armee

uneingeschränkter U-Boot-Krieg
nicht nur gegnerische Kriegsschiffe, sondern auch Handelsschiffe werden angegriffen

M2 Ein Schiff mit US-Soldaten auf dem Weg nach Europa (Foto, 1917)

T2 • Russland scheidet aus

Riesige Menschenverluste, Hungersnöte und Kriegsmüdigkeit hatten in Russland 1917 zu zwei Revolutionen geführt. Der Zar hatte abgedankt, Russland war nicht mehr in der Lage, Krieg zu führen, und die neue Regierung drängte auf einen Waffenstillstand und Friedensverhandlungen mit Deutschland. Im März 1918 unterzeichnete die russische Regierung einen Friedensvertrag, der ihr von Deutschland aufgezwungen wurde und unter anderem große Gebietsverluste zur Folge hatte.

T3 • Waffenstillstand im Westen

Mit dem Kriegseintritt der USA trafen 1,8 Millionen US-Soldaten und ein großer Nachschub an Kriegsmaterial an der Westfront ein. Gegen diese Übermacht konnte das Deutsche Reich nicht bestehen, die militärische Lage für die deutschen Truppen war aussichtslos. Schließlich gestand die Oberste Heeresleitung unter der Führung der Generäle Paul von Hindenburg und Erich Ludendorff im Oktober 1918 die deutsche Niederlage ein. Sie forderten die Regierung auf, Waffenstillstandsverhandlungen zu führen. Dabei schoben die beiden Generäle jegliche Verantwortung von sich.

Am 11. November unterzeichnete Deutschland den Waffenstillstand. Der Erste Weltkrieg war damit beendet.

Zar
Bezeichnung für einen Monarchen (Kaiser, König) in Russland, Bulgarien oder Serbien

Oberste Heeresleitung
oberste Befehlshaber der Armee – zu dieser Zeit unter der Führung der Generäle Hindenburg und Ludendorff

> ... infolge der Unmöglichkeit, die in den Schlachten der letzten Tage eingetretenen sehr erheblichen Verluste zu ergänzen, besteht ... keine Aussicht mehr, dem Feind den Frieden aufzuzwingen ... Der Gegner seinerseits führt ständig neue, frische Reserven in die Schlacht ... Unter diesen Umständen ist es geboten, den Kampf abzubrechen.

M3 General Hindenburg im Oktober 1918 an den Reichskanzler Max von Baden

M4 Unterzeichnung des Waffenstillstandes bei Compiègne (Postkarte, 1918)

---

❶ a) Wofür spricht sich der amerikanische Präsident in seiner Rede in M1 aus?
b) Aus welchen Gründen? (M1, T1)

❷ **Hilfe** Was würde ein europäischer Soldat einem amerikanischen Soldaten 1917 erzählen? (M2)

❸ Erkläre, inwiefern sich der Kriegseintritt der USA von denen der anderen Krieg führenden Nationen unterschied.

❹ Erkläre, weshalb die russische Regierung den von Deutschland aufgezwungenen Friedensvertrag unterzeichnete. (T2)

❺ Erläutere, was die deutsche Regierung veranlasste, um einen Waffenstillstand zu bitten. (T3, M3, M4)
Lerntempoduett

Hilfe zu
❷ Stelle zuvor folgende Überlegungen an:
- Wie lange kämpfen die Soldaten bereits im Krieg?
- Was haben sie erlebt?
- Was wünschen sie sich?

151

M1 Frauen im russischen Petrograd protestierten am 8. März 1917 gegen die zaristische Regierung.

Texte der Transparente

Erhöht die Ration für die Familien von Soldaten – den Kämpfern für Freiheit und Volksfrieden

Gebt Kindern etwas zu essen – den Sicherern des Volkes

Petrograd
heute Sankt Petersburg; zweitgrößte Stadt in Russland

meutern
sich gegen seinen Vorgesetzten auflehnen, Befehle missachten

1917 – Revolutionen in Russland

T1 • Die Februarrevolution 1917

Zu Beginn des 20. Jahrhunderts war Russland ein kaum industrialisiertes Land. 90 % der Russen waren Bauern. Fabriken gab es kaum. Die große Mehrheit der Bauern und Arbeiter lebte in Armut.

Als Russland im Jahr 1914 von Deutschland der Krieg erklärt wurde, fehlte es der russischen Armee an Waffen und Ausrüstungsgegenständen. Statt versprochener Siege erlebten die Menschen nur Niederlagen, Hunger und Not. 1917 waren beinahe zwei Millionen russischer Soldaten gefallen und acht Millionen waren verwundet. Im Winter 1916/17 wurden die Versorgungsschwierigkeiten unerträglich. Die große Not der Menschen führte zu Kriegsmüdigkeit und Aufständen im ganzen Land. Als der Zar Anfang März Truppen gegen die Aufständischen in Petrograd einsetzen wollte, meuterten die Soldaten. Das führte zu einer Revolution.

Zar Nikolaus II. musste am 15. März 1917 abdanken und Russland wurde zu einer Republik. Eine Doppelherrschaft entstand: Zum einen gab es das Parlament und eine Regierung, und zum anderen bildete sich der Petrograder Sowjet, ein Rat der Arbeiter, Bauern und Soldaten. Diese Ereignisse werden als Februarrevolution bezeichnet.

❶ Vermute, weshalb die Frauen in Russland protestierten (M1).

❷ a) Beschreibe die russische Gesellschaft und Wirtschaft um 1900. (T1)
b) Vergleiche mit dem Deutschen Reich.
Lerntempoduett

❸ Hilfe Stelle dar, wie es zur Februarrevolution 1917 kam. (T1)

❹ Nenne Ergebnisse der Februarrevolution. (T1)

❺ Recherchiere, warum die Februarrevolution 1917 im März 1917 stattfand.

Hilfe zu

❸ Nutze dazu ein Flussdiagramm.
Winter 1916/17: … → … Aufstände im ganzen Land → …

T2 • Die Oktoberrevolution 1917

In der Phase der Doppelherrschaft gewannen die radikalen Bolschewiki unter ihrem Anführer Lenin zunehmend an Einfluss. In den Arbeiter- und Soldatenräten stieg die Zahl der Bolschewiki stark an. Lenin sah die Zeit für eine Fortsetzung der Revolution gekommen. Im November 1917 übernahmen die Bolschewiki unter seiner Führung gewaltsam die Regierung. Sie ersetzten die bürgerliche Demokratie durch die sogenannte „Diktatur des Proletariats". Tatsächlich herrschte aber nicht das Proletariat. Vielmehr lag alle Macht bei den Bolschewiki. Ihr Ziel war es, in Russland eine kommunistische Gesellschaft aufzubauen.

M2 Wladimir Iljitsch Uljanow, genannt Lenin (1917)

> Ohne allgemeine Wahlen, Presse- und Versammlungsfreiheit, freien Meinungskampf erstirbt das Leben. ... Einige Dutzend Parteiführer ... regieren ... und eine Elite der Arbeiterschaft wird von Zeit zu Zeit zu Versammlungen aufgeboten, um den Reden der Führer Beifall zu klatschen, vorgelegten Resolutionen einstimmig zuzustimmen. Im Grunde also .... eine Diktatur ..., aber nicht die Diktatur des Proletariats, sondern die Diktatur einer Handvoll Politiker ...

M3 Die deutsche kommunistische Politikerin Rosa Luxemburg im September 1918 über das neue politische System in Russland

T3 • Russischer Bürgerkrieg

Nach der Oktoberrevolution enteigneten die Bolschewiki gewaltsam Großgrundbesitzer und Geschäftsinhaber. Das Land verteilten sie an Bauern. Außerdem wurden Handel und Industrie verstaatlicht sowie Gegner der bolschewikischen Politik verfolgt, getötet oder in Arbeitslager gebracht.

Im Juli 1918 ließen die Bolschewiki die Zarenfamilie ermorden. In den folgenden Jahren kämpften die Bolschewiki mit massivem Terror um den Erhalt ihrer Macht. Durch den blutigen Bürgerkrieg starben Millionen von Menschen, weite Landstriche wurden verwüstet. Das führte zu einer Verschärfung der Hungersnot. Diese erreichte im Winter 1921/22 ihren Höhepunkt und forderte Millionen weiterer Menschenleben. Außerdem erschütterten Aufstände das Land. Dennoch konnten die Kommunisten ihren Machtanspruch behaupten.

Republik
Staatsform ohne Kaiser oder König, meist mit einem gewählten Präsidenten als Staatsoberhaupt. Die gewählten Vertreter beschließen Gesetze.

Bolschewiki
radikaler Teil der russischen Arbeiterpartei

Kommunismus
politische Einstellung bzw. Herrschaftskonzept. Der Grundgedanke des Kommunismus ist die Gleichheit aller Menschen. Wichtige Dinge sollen allen Menschen gehören, sodass es keine Armen und Reichen mehr gibt. In der Umsetzung gab es jedoch nur noch eine Partei und die Menschen hatte wenig Wahlfreiheiten.

Resolutionen
schriftliche Erklärung, Beschluss oder Gesetz

---

6 a) Erkläre, wie die Bolschewiki ihre Macht erlangten. (T2, M2)
b) Beschreibe ihr Ziel. (T2)

7 Arbeiter und Bauern auf der ganzen Welt begrüßten die Oktoberrevolution in Russland. Vermute weshalb.

8 Hilfe Die „Diktatur des Proletariats" war eine Diktatur über das Proletariat. Nimm Stellung zu der Aussage. Ziehe M3 hinzu.

9 Beschreibe die Situation in Russland nach der Oktoberrevolution. (M3, T3)

Hilfe zu
8 Beantworte zunächst folgende Fragen:
- Wer ist das Proletariat?
- Wer soll laut Lenin herrschen?
- Wer herrscht tatsächlich?
- Über wen?

Berliner Tageblatt

Abdankung des Kaisers

Ebert voraussichtlich Reichskanzler. – Vor der Einführung der Regentschaft.

Ausschreibung der Wahlen für die Nationalversammlung.

Arbeiter- und Soldatenräte in Berlin.

M1 Schlagzeilen der Abendausgabe des Berliner Tageblatts vom 9. November 1918

Die Novemberrevolution von 1918

T1 • Unruhen und Streiks in Deutschland

Von der gemeinschaftlichen Aufbruchsstimmung des Jahres 1914 war vier Jahre später nichts mehr zu spüren. Die schlechte Versorgung mit Nahrungsmitteln führte zu großem Unmut in der deutschen Bevölkerung. Infolgedessen kam es im Januar 1918 zu einem landesweiten Streik Zehntausender Arbeiter. Ermutigt von der Revolution in Russland forderten sie nicht nur das Ende des Krieges, sondern auch die Abdankung des Kaisers. Militär und Polizei konnten die Streiks nach wenigen Tagen auflösen. Die Anführer wurden verhaftet und viele Arbeiter ins Militär eingezogen und an die Front geschickt.

Friedrich Ebert
deutscher Politiker, Vorsitzender der SPD von 1913 bis 1919

Großoffensive
großer militärischer Angriff

T2 • Von einer Meuterei zur Revolution

Obwohl große Teile der Bevölkerung Frieden wollten und das deutsche Reich militärisch geschlagen war, hatte die Oberste Heeresleitung (OHL) lange Zeit Friedensverhandlungen abgelehnt. Zu diesem Zeitpunkt übte die OHL praktisch eine Militärdiktatur aus. Der Kaiser und der Reichstag hatten kaum noch politische Macht.

Nachdem die letzten Großoffensiven im Westen gescheitert waren, zeichnete sich die Niederlage ab. Dennoch sollte die deutsche Marine Ende Oktober ein von vornherein aussichtsloses Gefecht durchführen. Die Matrosen in Kiel aber meuterten und forderten ein Ende des Krieges. Am 4. November ergriffen sie in Kiel die Macht und verbanden sich dort mit streikbereiten Arbeitern.

Der Aufstand breitete sich in kurzer Zeit in ganz Deutschland aus. Dieses Mal konnten die Proteste nicht zurückgedrängt werden. In vielen Städten gründeten die Menschen Arbeiter- und Soldatenräte und übernahmen die regionale Verwaltung und Regierung. Gemeinsam forderten alle Räte die Abdankung des Kaisers und eine neue politische Ordnung. In Berlin überschlugen sich die revolutionären Ereignisse. Der Kaiser dankte ab und die politische Richtung Deutschlands veränderte sich stark.

M2 Revolutionäre Matrosen und Zivilisten demonstrieren am 9.11.1918 in der Straße Unter den Linden in Berlin

> Während wir alle erschüttert vor den Trümmern standen, die uns die deutsche Machtpolitik und eine jammervoll niedergebrochene Kriegsführung hinterlassen hatte ... wurde unser Blick mit jähem Ruck ins Innere Deutschlands gerissen: Revolution der Soldaten und Arbeiter! ... Die Ereignisse überstürzten sich: Sieg der Revolutionäre an allen Orten, Abdankung des Kaisers, deutsche Republik, aber zugleich schweres Ringen um die Macht zwischen den aufsteigenden politischen Gruppen. ... Eine deutsche Republik, der freie deutsche Volksstaat, das Reich auch der sozialen und wirtschaftlichen Gerechtigkeit und Freiheit – das soll sie bringen! ... Gewalt hat die alten Mächte gestürzt, und auf Gewalt beruht, was heute an der Macht ist. Alles hängt nun davon ab, dass die Gewalt ... so schnell wie möglich wieder auf den Weg des Rechts zurückgeführt werde.

M3 In der Frankfurter Zeitung vom 11. November kommentiert ein Journalist die Ereignisse vom 9. November 1918

❶ Betrachte M1. Stelle drei Fragen an den Zeitungsausschnitt.
❷ Nenne Ursachen für die Streiks im Januar 1918.
❸ Vermute, weshalb die russische Revolution eine solch große Wirkung hatte. (T1)
❹ Erkläre, warum die Matrosen in Kiel meuterten. (T2)
❺ Arbeite die Forderungen der Arbeiter- und Soldatenräte heraus. (T1)
❻ Stelle die Ursachen und den Anlass der Novemberrevolution gegenüber. (T1, T2)
❼ Überlege dir Forderungen, die die Menschen in M2 gerufen haben könnten.
❽ Arbeite aus M3 heraus:
 a) **Hilfe** Was sind die wesentlichen Ereignisse des 9. November 1918?
 b) Welche Meinung hat der Verfasser?

Hilfe zu
❽ - Was ist mit dem Kaiser geschehen?
 - Was ist an die Stelle der Monarchie gerückt?
 - Wie ist es zu den Veränderungen gekommen?

> Heute ist der schwärzeste Tag des Krieges, die Friedensbedingungen von Versailles! Alle Lebenslust versagt, das Herz stockt. ... Noch erscheint es unfassbar, dass ein solcher Frieden Wirklichkeit werden soll. ...

M1 Reaktion des deutschen Unternehmers Oskar Münsterberg auf den Friedensvertrag (Tagebuchauszug, 8. Mai 1919)

Friedensverhandlungen in Versailles

T1 • Der Versailler Vertrag

Nach der Niederlage im Ersten Weltkrieg musste Deutschland einen Friedensvertrag mit seinen Kriegsgegnern abschließen. Im Januar 1919 begann die Friedenskonferenz in Versailles, einem Vorort von Paris. Über tausend Politiker aus 32 Staaten nahmen daran teil, deutsche Vertreter waren jedoch keine Verhandlungspartner.

Hauptziel der Kriegsgegner war es, das Deutsche Reich dauerhaft zu schwächen, um neue Angriffe auf seine Nachbarländer zu verhindern. Deutschland sollte stark abrüsten: Panzer, Flugzeuge, U-Boote und Kriegsschiffe waren zu verschrotten. Die Armee musste auf 100 000 Soldaten verkleinert werden. Zudem wurden dem Deutschen Reich umfangreiche Reparationszahlungen auferlegt. Zur Sicherstellung der Zahlungen besetzten die Siegermächte das Rheinland für einen Zeitraum von 15 Jahren. Deutschland verlor alle Kolonien und musste Teile seines Reichsgebietes abtreten.

Reparation
Entschädigung, Wiedergutmachung

M2 Das Deutsche Reich nach dem Versailler Vertrag

T2 • Reaktionen auf die Bestimmungen

Als die einzelnen Vertragspunkte im Deutschen Reich bekannt wurden, waren große Teile der Bevölkerung über die Bestimmungen entsetzt und empört. Sie empfanden diese als viel zu hart, vor allem den Artikel 231, der festlegte, dass die alleinige Kriegsschuld beim Deutschen Reich und seinen Verbündeten lag. Viele Bestimmungen hatten aber auch große wirtschaftliche Nachteile und weitreichende politische Folgen für Deutschland. Deshalb gab es heftige Diskussionen, ob der Friedensvertrag angenommen werden soll. Erst als Deutschland mit erneuten Kriegshandlungen gedroht wurde, unterzeichnete die deutsche Regierung am 28. Juni 1919 den Vertrag von Versailles.

Webcode
Filmclip zum
Versailler Vertrag
WES-100512-6

Meine Herren Delegierten des Deutschen Reiches! … Die Stunde der Abrechnung ist da. Sie haben uns um Frieden gebeten. Wir sind geneigt, ihn Ihnen zu gewähren. Wir übergeben Ihnen das Buch des Friedens (den Entwurf des Friedensvertrages). Jede Muße zu seiner Prüfung wird Ihnen gegeben werden. Ich rechne darauf, dass Sie diese Prüfung im Geiste der Höflichkeit vornehmen werden, welche zwischen den Kulturnationen vorherrschen muss; der … Versailler Friede ist zu teuer von uns erkauft worden, als dass wir es auf uns nehmen könnten, die Folgen dieses Krieges allein zu tragen.

M3 Der französische Ministerpräsident Clemenceau an die deutsche Delegation vor der Übergabe des Vertragstextes (7. Mai 1919)

Heute, wo jeder die erdrosselnde Hand an der Gurgel fühlt, lassen Sie mich ganz ohne taktisches Erwägen reden: … Deutschland verzichtet, verzichtet, verzichtet! Dieser schauerliche und mörderische Hexenhammer, mit dem einem großen Volke … die Zustimmung zur erbarmungslosen Zerstückelung abgepresst werden soll, … [dieser Vertrag] darf nicht zum Gesetzbuch der Zukunft werden. … Ich frage Sie: Wer kann als ehrlicher Mann – ich will gar nicht sagen als Deutscher –, nur als ehrlicher, vertragstreuer Mann solche Bedingungen eingehen? … Dieser Vertrag ist nach der Auffassung der Reichsregierung unannehmbar …

M4 Rede des Reichsministerpräsidenten Philipp Scheidemann in der Deutschen Nationalversammlung (12. Mai 1919)

---

❶ a) Beschreibe die Stimmung von Oskar Münsterberg in M1.
  b) Vermute Gründe für diese Haltung.
❷ a) Wer nahm an den Friedensverhandlungen teil? (T1)
  b) Nenne wichtige Bestimmungen des Friedensvertrages. (T1)
❸ Werte die Karte M3 aus:
  - Welche Gebiete wurden abgetreten?
  - Für welche Gebiete galten besondere Bedingungen?
❹ Erkläre, warum der Friedensvertrag in Deutschland auf Ablehnung stieß. (T2, M2)

❺ a) *Hilfe* Werte die Quellen M3 und M4 aus.
  b) Stelle die Standpunkte der beiden Verfasser gegenüber.
  Partnerpuzzle
❻ Deutschland unterzeichnete schließlich den Friedensvertrag. Nimm Stellung dazu. (T2, M4)
  Think – Pair – Share

Hilfe zu
❺ a) Arbeite aus den Quellen Folgendes heraus: Verfasser, Inhalt, Entstehungszeit, Anlass, Adressat und Absicht.

M1 Ein amerikanischer Friedhof aus dem Ersten Weltkrieg im Nordosten Frankreichs (Foto, 1939)

Folgen des Krieges

T1 • Bilanz des Krieges

Der Erste Weltkrieg dauerte vier Jahre und wurde schon von den Zeitgenossen als „Urkatastrophe des 20. Jahrhunderts" empfunden. Die Folgen für die Menschen waren unbeschreiblich. 15 Millionen Todesopfer wurden gezählt. In den beteiligten Staaten – ausgenommen den USA – gab es kaum eine Familie, die keine Toten zu beklagen hatte. Hinzu kamen unzählige verkrüppelte und entstellte Soldaten mit dauerhaften seelischen Schäden. Ganze Landstriche waren komplett verwüstet. In Deutschland, Österreich-Ungarn und Russland waren die Regierungen abgesetzt worden. Die europäische Wirtschaft war ruiniert.

Alliierte	mobilisierte Soldaten	tote Soldaten	verwundete Soldaten	tote Zivilisten
Russland	12 000 000	1 800 000	4 950 000	2 000 000
Frankreich	8 660 000	1 390 000	4 330 000	40 000
Britisches Empire	8 780 000	900 000	2 090 000	1 000
Italien	5 900 000	460 000	960 000	unbekannt
USA	4 350 000	50 000	230 000	keine
andere	2 320 000	405 000	320 000	1 260 000
Mittelmächte	**mobilisierte Soldaten**	**tote Soldaten**	**verwundete Soldaten**	**tote Zivilisten**
Deutschland	13 400 000	2 040 000	5 690 000	700 000
Österreich-Ungarn	7 800 000	1 020 000	1 940 000	unbekannt
Türkei	1 000 000	240 000	1 270 000	2 000 000
Bulgarien	1 200 000	80 000	150 000	275 000

M2 Verluste durch den Krieg

T2 • Nachwirkungen

Der Erste Weltkrieg hat eine ganze Generation junger Menschen hinterlassen, die von furchtbaren Fronterlebnissen und grausamen Erfahrungen mit dem Tod geprägt worden war. Viele konnten sich nach dem Krieg wegen ihrer traumatischen Erlebnisse nicht mehr in die Gesellschaft integrieren. Sie waren nicht mehr in der Lage, einer Arbeit nachzugehen oder ein glückliches Familienleben zu führen. Viele hatten auch alles verloren, die Wohnung war aufgelöst, die Frau verschwunden, die Kinder im Waisenhaus verschollen. Einige fühlten sich verraten und schworen Rache.

Die allermeisten Menschen allerdings hofften nach Kriegsende, nie wieder einen Krieg miterleben zu müssen. Heute wissen wir, dass alle Spannungen und Konflikte, die der Erste Weltkrieg hinterließ, bereits 20 Jahre später zu einem zweiten Weltkrieg führten.

traumatisch
schreckliche Erlebnisse, die man nicht vergessen kann und unter denen man leidet

verschollen
verschwunden, nicht auffindbar

---

❶ Beschreibe die Wirkung, die M1 auf dich hat.
❷ Stelle Alliierte und Mittelmächte gegenüber.
   a) Ermittle jeweils die Anzahl:
      - der mobilisierten Soldaten,
      - der gefallenen Soldaten,
      - der verwundeten Soldaten
      - der toten Zivilisten. (M2)
   b) Vergleiche die jeweiligen Zahlen.
   Partnerpuzzle

❸ Begründe, weshalb der Erste Weltkrieg als eine der großen Katastrophen des 20. Jahrhunderts bezeichnet wird. (M1, T1, M2, T2)
   Think – Pair – Share
❹ Beurteile die Aussage des französischen Generals Charles de Gaulle zum Ersten Weltkrieg: „Es gab Sieger und Besiegte, wir alle haben verloren."
   Placemat

M1 Jedes Jahr legt der französische Staatspräsident am „Grabmal des unbekannten Soldaten" in Paris einen Kranz nieder und zündet die ewige Flamme der Erinnerung an. (2019)

Erinnern und Gedenken

T1 • Das Erinnern an die „Urkatastrophe des 20. Jahrhunderts"

Das Erinnern an den Ersten Weltkrieg spielt in Großbritannien, Frankreich und Belgien eine viel größere Rolle als in Deutschland. Am 11. November, dem Tag im Jahr, an dem 1918 der Waffenstillstand unterschrieben wurde, finden dort Gedenkfeiern statt.

In Großbritannien wird am sogenannten Poppy Day in offiziellen Gedenkzeremonien der Toten gedacht. In Belgien und in Frankreich ist der 11. November ein nationaler Feiertag. Neben offiziellen Zeremonien wie Kranzniederlegungen wird auch in den Familien an den Ersten Weltkrieg erinnert. So werden unter anderem Briefe vorgelesen und Bücher und Texte im Internet veröffentlicht. Auch Künstler thematisieren den Ersten Weltkrieg an diesem Tag. In Deutschland hingegen steht heute der Zweite Weltkrieg im Vordergrund des Gedenkens. Am Volkstrauertag, einem Sonntag im November, wird der Toten beider Weltkriege gedacht.

Poppy Day
Volkstrauertag für gefallene Soldaten des Ersten und des Zweiten Weltkrieges. Poppy ist das englische Wort für Mohnblume und ein Symbol des Gedenkens.

M2 Poppy-Anstecker

❶ Finde passende Adjektive, die die Wirkung von M1 beschreiben.

❷ Nenne Unterschiede beim Gedenken und Erinnern zwischen den genannten Ländern. (T1)

❸ Vermute Gründe, warum Menschen an den Ersten Weltkrieg erinnern.
 Marktplatz

❹ Nimm Stellung, welche Formen des Gedenkens du für angebracht hältst.

Ein Projekt

T2 • Denkmäler für die Opfer des Ersten Weltkrieges erforschen

Auch wenn in Deutschland kaum Gedenkfeiern zum Ersten Weltkrieg stattfinden, sind Kriegerdenkmäler weit verbreitet und selbst in kleinen Gemeinden zu finden.

Heute werden sie in der Öffentlichkeit kaum wahrgenommen. Allerdings können sie uns Auskunft über das Geschichtsbewusstsein in ihrer Entstehungszeit geben. Oft sollen sie dem massenweisen Sterben des Ersten Weltkriegs im Nachhinein einen Sinn gegeben. Deshalb findet man häufig folgende Inschriften: „Gefallene des großen Krieges", „Helden des Vaterlandes" oder „Die dankbare Heimat".

M3 Kriegerdenkmal auf dem jüdischen Friedhof in Darmstadt (Ausschnitt)

Um die Botschaft der Kriegerdenkmäler zu verstehen, müssen sie gedeutet werden:

1. Nenne und beschreibe den Standort des Denkmals.
2. Beschreibe das Denkmal allgemein.
3. Stelle einzelne Elemente (Symbole, Inschriften, Figuren etc.) und deren Bedeutung dar.
4. Beschreibe den Gesamteindruck. Achte dabei zum Beispiel bei figürlichen Darstellungen auf die Körperhaltung, Mimik und Gestik.
5. Formuliere die Botschaft des Denkmals.
6. Nimm aus heutiger Sicht zu der Botschaft Stellung.

Eisernes Kreuz: militärische Tapferkeitsauszeichnung. Symbolisiert ritterliche Tradition und kennzeichnet soldatische Gemeinschaft
christliches Kreuz: Symbol der Erlösung und Hoffnung, der Auferstehung und zugleich auch Leidenszeichen
Eichenlaub: Symbol des Sieges, der Treue, der Festigkeit
Schwert: Symbol für Würde, edle Gesinnung des Kämpfenden, Macht, Kraft und strafende Gerechtigkeit
Lorbeer(-kranz): Symbol von Ruhm und Ehre, des Sieges

Stahlhelm und Gewehr: Symbol der Stärke, der soldatischen Gemeinschaft. Sie stehen für den technischen Fortschritt des „modernen" Krieges.
Adler: Symbol der Macht, des Stolzes, der Wehrhaftigkeit, des Sieges, der Wachsamkeit und Stärke
Regimentsfahne: Symbol von Macht und Ehre des Regiments; Kameradschaft
erhobene Fahne: Kampf
gesenkte Fahne: Ende des Kampfes und Trauer

M4 Symbole auf deutschen Kriegerdenkmälern des Ersten Weltkrieges und ihre Bedeutung

---

5 Arbeite die unterschiedlichen Funktionen von Kriegerdenkmälern heraus. (T2)

6 a) Recherchiere, ob in deinem Heimatort auch ein Kriegerdenkmal existiert.
b) **Hilfe** Erkunde das Denkmal mithilfe von M4.

7 Welche Bedeutung hat das erkundete Denkmal heute? Befrage dazu mehrere Passanten.

Hilfe zu
6 b) Fotografiere das Denkmal. So veranschaulichst du deine Ergebnisse.

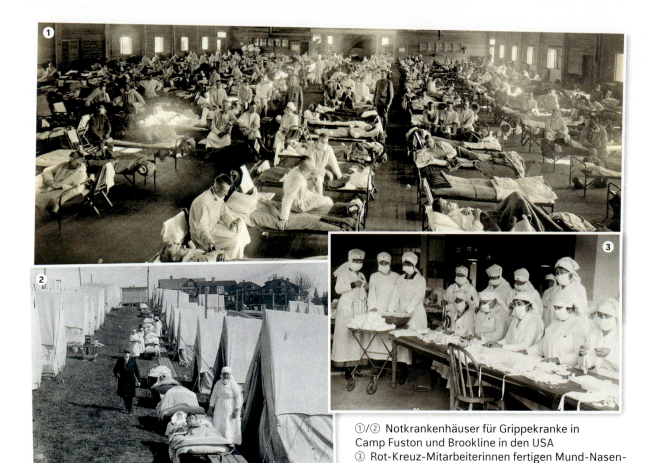

①/② Notkrankenhäuser für Grippekranke in Camp Fuston und Brookline in den USA
③ Rot-Kreuz-Mitarbeiterinnen fertigen Mund-Nasen-Schutzmasken an

M1 Grippewelle in den USA (Fotos aus dem Herbst 1918)

Die Spanische Grippe

T1 • Von Amerika in die Welt

Im Frühjahr 1918, gegen Ende des Ersten Weltkrieges, brach eine der größten Pandemien der Menschheitsgeschichte aus. Die erste Meldung von einem außergewöhnlichen Grippefall kam von einem Militärstützpunkt in den USA. Bald wurden weitere Fälle gemeldet.

Das Virus verbreitete sich schnell weltweit. Nach Europa gelangte es mit den Truppentransporten amerikanischer Soldaten. Unhygienische Verhältnisse auf den Schlachtfeldern begünstigten die Verbreitung der Erkrankung. Tausende von Soldaten starben wöchentlich an der Grippe. Im Deutschen Reich durfte nicht über die Krankheit an der Front berichtet werden. Deutsche Zeitungen schrieben aber im Sommer 1918 über Grippeausbrüche in der Zivilbevölkerung.

Die Spanische Grippe entwickelte sich zu einer der schlimmsten Pandemien. 500 Millionen Menschen sollen infiziert gewesen, zwischen 20 und 50 Millionen Menschen sollen der Grippe zum Opfer gefallen sein – einige Quellen sprechen sogar von 100 Millionen. Damit hinterließ die Pandemie mehr Tote als jede andere Krankheit in der Geschichte.

Spanische Grippe
Der Name „Spanische Grippe" kam daher, dass die spanische Presse als erste über die neue gefährliche Krankheit berichtete. In vielen anderen Ländern war eine Berichterstattung zunächst verboten.

Pandemie
Von einer Pandemie spricht man, wenn sich eine hochansteckende und gefährliche Krankheit weltweit verbreitet.

T2 • Krankheitsverlauf und Gegenmaßnahmen

Die Grippe-Pandemie verlief grob unterteilt in drei Wellen. Die erste Welle im Frühjahr 1918 war vergleichsweise mild. Die meisten Todesopfer forderte die zweite Welle im Herbst 1918. Etwas abgeschwächt erfolgte dann die dritte Welle im Frühjahr 1919. Vermutlich waren viele der Überlebenden inzwischen gegen das Virus immun.

Die Krankheit verlief heftig und kurz mit Schüttelfrost, hohem Fieber, Kopf- und Gliederschmerzen. Hinzu kamen Halsschmerzen und starker Husten. Die Todesfälle waren meist auf Lungenversagen zurückzuführen. Die Menschen, die die Krankheit überstanden hatten, waren oft noch wochenlang erschöpft. Hinzu kamen häufige Folgeerscheinungen wie neurologische Funktionsstörungen, zum Beispiel der Verlust des Geruchssinnes.

> **immun**
> bedeutet, dass man eine Krankheit nicht mehr bekommen kann, weil man sie schon einmal hatte oder gegen sie geimpft worden ist
>
> **neurologisch**
> auf das Nervensystem bezogen. Neurologische Anzeichen sind zum Beispiel Kopfschmerzen, Seh- oder Sprachstörungen.

> Die Grippe fällt als schlimme Massenerkrankung über die Bevölkerung her, verschont kein Alter und keinen Stand. Immerhin bleibt zugunsten des vorschulpflichtigen und schulpflichtigen Kindesalters festzustellen, dass diese Altersgruppen in geringerem Maße als der Durchschnitt befallen und auch weniger schlimm mitgenommen werden als die Erwachsenen. Unter den Erwachsenen sind es besonders Frauen und Mädchen im Alter von 20 bis 30 Jahren, die vorzugsweise erkranken und deren Erkrankung durch eine komplizierte Lungenentzündung leider sehr oft zum Tode geführt hat ... Die übermenschliche Arbeit, welche die Ärzte, Schwestern und insbesondere unsere Hospitalärzte zu leisten haben, ist ganz enorm und verdient unseren herzlichen Dank. Öffentliche Vorbeugungsmaßregeln versprechen wenig Erfolg. Wie Sie wissen, sind die Schulen auf 14 Tage geschlossen worden. Auch hiervon kann man sich wenig eine große vorbeugende Wirkung versprechen. Wollte man energische Absperrungsmaßnahmen treffen, so müsste man den gesamten Verkehr auf der Eisenbahn, auf der Straßenbahn, in Straßen und Geschäften und schließlich auch in Fabriken und Werkstätten lahmlegen. Damit, dass man Theater und Vergnügungslokale schließt, würde man nur einen kleinen Teil des Verkehrs treffen, der zur weiteren Verbreitung der Krankheit führen kann.

M2 Aus dem Stadtanzeiger zur Kölnischen Zeitung vom 25. Oktober 1918

❶ Beschreibe eine der Abbildungen in M1.
   Bienenkorb
❷ Berichte, was über den Ursprung der Spanischen Grippe bekannt ist. (T1)
❸ Vermute Gründe, weshalb die Presse im Deutschen Reich nicht frei über die Grippefälle an der Front berichten durfte. (T1)
❹ Beschreibe den Verlauf der Pandemie. (T1, T2)
❺ Arbeite aus M2 heraus:
   - Welche Auswirkungen hatte die Spanische Grippe?
   - Welche Maßnahmen wurden gegen die Grippe ergriffen?
❻ Recherchiere zu weiteren Pandemien in Geschichte und Gegenwart. Wähle eine geeignete Präsentationsform.

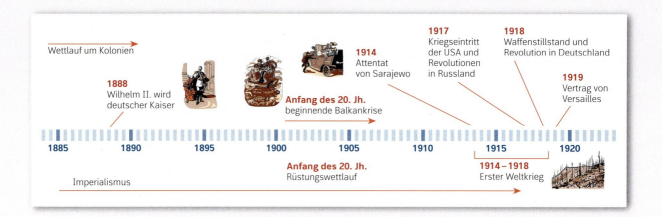

Imperialismus und Erster Weltkrieg

Was bedeutet Imperialismus?

In der zweiten Hälfte des 19. Jahrhunderts kam es zu einem Wettlauf der europäischen Großmächte um noch nicht kolonisierte Länder. In ständiger Konkurrenz kämpften die Großmächte um billige Rohstoffe, Einflussgebiete und neue Absatzmärkte. Sie wollten Weltreiche schaffen und errichteten vor allem in Afrika und Asien Kolonien. Die Europäer fühlten sich der einheimischen Bevölkerung ihrer Kolonien überlegen, sie hielten sie sogar für minderwertig. Daher zwangen sie den Einheimischen neben ihrer Herrschaft auch ihre Kultur und Lebensweise auf.

Warum kam es zum Ersten Weltkrieg?

Der Imperialismus erhöhte die Spannungen zwischen den Großmächten in Europa. Kaiser Wilhelm II. isolierte das Deutsche Reich durch seine Bündnis-, Rüstungs- und Flottenpolitik. Die Gegensätze der europäischen Staaten waren immer stärker geworden, die Folge war ein enormes Wettrüsten. Österreich-Ungarn wurde Deutschlands wichtigster Verbündeter. Die Balkankrise verschärfte die Lage und verstärkte die Kriegsstimmung. Die Ermordung des österreichisch-ungarischen Thronfolgers und seiner Frau im August 1914 in Sarajewo löste den Ersten Weltkrieg aus.

Wie verlief der Erste Weltkrieg?

Alle Kriegsparteien erwarteten einen schnellen Sieg zu ihren Gunsten, doch aus dem Bewegungskrieg wurde schon bald ein Stellungskrieg. Die neue Kriegstechnik hatte Waffen mit verheerender Wirkung entwickelt, und Giftgas wurde eingesetzt. Das führte zu schrecklichen Verwundungen, Verstümmelungen und zum Tod von Millionen Menschen. 1917 traten die USA auf Seiten Großbritanniens und Frankreichs in den Krieg ein. Gegen diese Übermacht konnten die deutschen Truppen nicht bestehen, und die Oberste Heeresleitung forderte die Regierung im Oktober 1918 auf, Waffenstillstandsverhandlungen aufzunehmen. Der Waffenstillstand wurde am 11. November 1918 unterzeichnet.

Bündnissystem
In einem Bündnissystem schließen mehrere Staaten einen Vertrag miteinander. Sie versprechen sich gegenseitige Unterstützung, besonders wenn es zum Krieg kommt.

Imperialismus
Wenn ein Staat seine Herrschaft auf andere Gebiete und Völker ausdehnt, spricht man von Imperialismus. Die europäischen Großmächte versprachen sich von ihrer imperialistischen Politik, billige Rohstoffquellen, zum Beispiel Kaffee und Gewürze, neue Absatzmärkte und mehr Ansehen und Macht in der Welt zu erlangen. Die betroffenen Kolonien wurden ausgebeutet. Der einheimischen Bevölkerung in den Kolonien wurde die Herrschaft, Kultur und Religion der Europäer aufgezwungen. Als Epoche des Imperialismus gilt insbesondere die Zeit von 1880 bis zum Beginn des Ersten Weltkrieges 1914.

Materialschlachten
Der technische Fortschritt Anfang des 20. Jahrhunderts hatte neue Waffen hervorgebracht, zum Beispiel Schnellfeuerwaffen, Panzer und Unterseeboote. Erstmals wurde auch Giftgas gegen Menschen eingesetzt. Dies alles führte zu schrecklichen Verwundungen, Verstümmelungen und zum Tod von Millionen Menschen. Der Einsatz von so vielen Waffen wird als Materialschlacht bezeichnet.

Propaganda
So nennt man bewusste politische Werbung. Sie verfolgt das Ziel, Einfluss auf die öffentliche Meinung zu nehmen. Ansichten der Führung von Staat und Militär sollen verbreitet und Vorurteile gegenüber bestimmten Gruppen verstärkt werden, zum Beispiel gegen gegnerische Staaten.

Rüstungswettlauf
Als Rüstungswettlauf bezeichnet man den Versuch, gegnerische (Kriegs-)Parteien mit Waffen zu übertreffen. Zu Beginn des 20. Jahrhunderts standen auf der einen Seite Deutschland und Österreich-Ungarn, und auf der anderen Seite befanden sich die Großmächte Großbritannien, Frankreich und Russland.

Stellungskrieg
Im Gegensatz zum Bewegungskrieg befinden sich die Armeen der Gegner in befestigten Stellungen, zumeist Gräben. Zu einer Entscheidung kann es nur kommen, wenn eine Partei es schafft, die gegnerischen Stellungen zu durchbrechen. Im Ersten Weltkrieg führte der Stellungskrieg zu unvorstellbaren Opferzahlen.

Waffenstillstand
Nach dem Kriegseintritt der USA war die militärische Lage Deutschlands aussichtslos. Die Oberste Heeresleitung forderte die Regierung zu Waffenstillstandsverhandlungen auf. In Deutschland brach eine Revolution aus. Vertreter der neuen deutschen Republik mussten den Waffenstillstand im November 1918 unterzeichnen.

Imperialismus und Erster Weltkrieg

1. Lückentext
Schreibe den Lückentext richtig ab. Verwende die folgenden Begriffe.

Fertigwaren – Europäer – 1880 – Kultur – Rohstoffen –
Absatzmärkte – Gebiete – Afrika – Religion –
Industrialisierung – Kolonien – Herrschaft

Mit der ... in Europa wuchs der Bedarf an günstigen ... . Diese lieferten die ... zu Billigpreisen. Man brauchte auch neue ... , um die in den Fabriken gefertigten ... verkaufen zu können. Um ... begann ein Wettlauf um noch nicht eingenommene ... , die hauptsächlich in ... zu finden waren.

Die ... beuteten die Kolonien systematisch aus und zwangen der einheimischen Bevölkerung in den Kolonien neben ihrer ... auch ihre ... und ... auf.

2. Eine Karikatur verstehen
a) Beschreibe die Karikatur.
b) Erkläre ihre Aussage.
Lerntempoduett

M1 Deutschland und England: „Wie sollen wir uns da die Hand geben?!" (Karikatur, 1912)

3. Ereignisse ordnen
Schreibe die nachstehenden Ereignisse in der richtige Reihenfolge in deinen Hefter.
Stühletausch

- Deutschland bereitet seine Streitkräfte auf einen Kriegseinsatz vor.
- Deutsche Truppen marschieren in Belgien ein.
- Österreich stellt Serbien ein Ultimatum mit nahezu unerfüllbaren Forderungen.
- Das österreichisch-ungarische Thronfolgerpaar wird in Sarajewo ermordet.
- Deutschland sichert Österreich-Ungarn bedingungslose Unterstützung zu.
- Serbien akzeptiert die meisten Punkte des Ultimatums.

4. Wahr oder falsch?
a) Entscheide, welche Aussagen wahr oder falsch sind.
b) Berichtige die falschen Aussagen in deinem Hefter.

1) Zur Zeit des Imperialismus begann ein Wettlauf unter den europäischen Großmächten um noch nicht kolonisierte Länder in Nordamerika.
2) Die Militarisierung der Gesellschaft im Deutschen Reich wurde durch Kaiser Wilhelm II. verstärkt.
3) Das Attentat von Sarajewo löste den Ersten Weltkrieg aus.
4) Ganz Deutschland feierte den Ausbruch des Krieges.
5) Die Lebenserwartung eines Soldaten an der Westfront betrug 1916 zwei Monate.
6) Giftgas wurde wichtiger Bestandteil der modernen Kriegsführung.
7) Russland trat 1917 in den Ersten Weltkrieg ein.
8) Mit der Unterzeichnung des Waffenstillstandes durch die neue deutsche Regierung im November 1918 war der Erste Weltkrieg beendet.

5. Buchstaben schütteln
a) Ordne die Buchstaben und finde damit den richtigen Begriff.
b) Erkläre den Begriff im geschichtlichen Gesamtzusammenhang.

1. ABLANK (B...)
2. ETÜSUTUNGRSTLAFW (R...)
3. AWORAJSE (S...)
4. TEGLRIWKE (W...)
5. ARMOẞCHGT (G...)
6. RUAKTTASPRHEO (U...)
7. ROPPAAANDG (P...)
8. LJUSIKIER (J...)
9. TTAFWFESNSILNLAD (W...)

6. Schlagzeilen formulieren
a) Ordne die Bilder A – E chronologisch.
b) Finde zu jedem Bild eine passende Schlagzeile.

M1 Straßenkämpfe in Berlin: ehemalige Soldaten hinter Barrikaden (1919)

Die Weimarer Republik

→ Wie wurde aus dem Kaiserreich eine Republik?

→ Wie kam es zur Geldentwertung von 1923?

→ Warum scheiterte die Weimarer Republik?

M2 Deutsche Banknote von 1923

M3 Arbeitslose vor einem Arbeitsamt (1929)

M1 Straßenkämpfe in Berlin: ehemalige Soldaten hinter Barrikaden (1919)

Vom Kaiserreich zur Republik

T1 • Das Ende der Monarchie

Im November 1918 glaubte kaum noch jemand an einen Sieg Deutschlands im Ersten Weltkrieg. Die deutschen Matrosen gehorchten den Befehlen ihrer Offiziere nicht mehr. Sie wollten ihr Leben nicht sinnlos opfern. Viele Arbeiter schlossen sich ihnen an. In zahlreichen Städten Deutschlands kam es zu blutigen Straßenkämpfen. Dabei wurde auch der Rücktritt des Kaisers gefordert.

Am 9. November 1918 erklärte der Reichskanzler die Abdankung von Wilhelm II. Er übertrug die Regierungsgewalt auf den Vorsitzenden der stärksten Partei im Parlament, auf Friedrich Ebert von der SPD. Dieser sollte die Aufstände in Deutschland beenden. Am selben Tag rief der SPD-Politiker Philipp Scheidemann vor Tausenden von Arbeitern und Soldaten vom Berliner Reichstagsgebäude die deutsche Republik aus.

M2 Friedrich Ebert

> Arbeiter und Soldaten: Seid euch der geschichtlichen Bedeutung dieses Tages bewusst. Alles für das Volk, alles durch das Volk. Seid einig, treu und pflichtbewusst! Das Alte und Morsche, die Monarchie, ist zusammengebrochen. Es lebe das Neue! Es lebe die deutsche Republik!

M3 Philipp Scheidemann am 9. November 1918 (gekürzt)

1. Beschreibe das Geschehen in M1.
2. Warum gehorchten die Matrosen den Befehlen ihrer Offiziere nicht mehr? Erkläre. (T1)
3. Berichte über den 9. November 1918 in Berlin. (T1)
4. Erkläre Scheidemanns Aussagen (M3):
   a) „Das Alte und Morsche … ist zusammengebrochen."
   b) „Alles für das Volk, alles durch das Volk."
   Partnervortrag

T2 • Die Weimarer Verfassung

Noch im Jahr 1918 bildete Friedrich Ebert eine Übergangsregierung und setzte Wahlen zur Nationalversammlung an. Diese sollte eine Verfassung für die neue Republik ausarbeiten. Am 19. Januar 1919 wählten die Deutschen ihre Abgeordneten zur Nationalversammlung. Erstmals hatten auch Frauen das Wahlrecht.

Die Wochen zu Beginn des Jahres 1919 waren wieder von Demonstrationen und gewalttätigen Unruhen geprägt. Es gab Bürger und vor allem Angehörige der Armee, die den Kaiser wieder als Herrscher sehen wollten und gegen die Anhänger der Republik kämpften. Aber auch die Anhänger der Republik waren untereinander zerstritten und bekämpften sich gegenseitig. Viele Straßensperren wurden errichtet, Bürger schossen auf Bürger, viele Menschen wurden verletzt oder getötet. Es wurden sogar führende Politiker ermordet.

Die Lage in Berlin geriet fast außer Kontrolle. Deshalb zog die Nationalversammlung nach Weimar um. Dort beschlossen die Abgeordneten nach einem halben Jahr schwieriger Beratungen die erste demokratische Verfassung für Deutschland. Deshalb bezeichnet man diesen Staat heute als „Weimarer Republik".

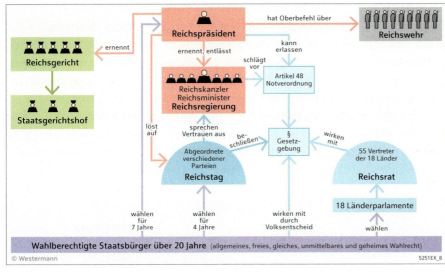

M4 Die Verfassung der Weimarer Republik

Artikel 48
Laut dem Artikel 48 der Reichsverfassung konnte der Reichspräsident in Ausnahmefällen
- Regierungen einsetzen, die nur ihm verantwortlich waren,
- Notverordnungen anstelle von Gesetzen erlassen,
- Grundrechte außer Kraft setzen, wie zum Beispiel die Unverletzlichkeit der Wohnung, das Briefgeheimnis oder die Versammlungsfreiheit.

---

❺ Nenne Gründe für die Unruhen im Januar 1919. (T2)

❻ Erkläre, warum wir heute von der „Weimarer Republik" sprechen. (T2)

❼ **Hilfe** Stelle die Aufgaben von
a) Volk,
b) Reichstag,
c) Reichregierung und
d) Reichspräsident zusammen. (M4)

❽ **Hilfe** Erkläre die Weimarer Verfassung. (M4)
 Think – Pair – Share

Hilfe zu
❼ Beachte die Pfeile. Sie beschreiben die Aufgabe, zum Beispiel: Die Bürger wählen …
❽ Überprüfe, ob und wie folgende Punkte gegeben sind: Wahlen, die Kontrolle der Regierung, die Gewaltenteilung.

M1 Plakate demokratischer Parteien, v.l.n.r.: SPD (1920), DDP (1919), Zentrum (1919)

Befürworter und Gegner der Demokratie

T1 • Parteien für die Republik und Demokratie

Ein Teil der Parteien, die sich nach dem Ende des Ersten Weltkrieges zur Wahl stellten, hatte bereits im Kaiserreich existiert, andere waren neu entstanden. Zu den Parteien, die für eine Republik und Demokratie eintraten, gehörten die Sozialdemokratische Partei Deutschlands (SPD), die Deutsche Demokratische Partei (DDP) und das Zentrum.

Diese drei Parteien bildeten nach der Wahl zur Nationalversammlung im Jahr 1919 die erste Regierung der neuen Republik als sogenannte Weimarer Koalition. Sie hatte unter anderem die Aufgabe, Frieden mit den Alliierten zu schließen, das Heer zu demobilisieren und die Wirtschaft wieder aufzubauen.

demobilisieren
ein Heer nach einem Krieg entwaffnen und auflösen

gemäßigt
maßvoll, kompromissbereit, nicht radikal

SPD	DDP	ZENTRUM
Sozialdemokratische Partei Deutschlands • vertrat vornehmlich Angehörige der gemäßigten Arbeiterschaft • wollte eine demokratische Kontrolle der Wirtschaft und die Erneuerung der Gesellschaft	Deutsche Demokratische Partei • richtete sich hauptsächlich an die bürgerliche Mittelschicht • forderte die Durchsetzung individueller Freiheitsrechte • trat für die soziale Verantwortung des Staates ein	Deutsche Zentrumspartei • Partei mit vornehmlich katholischen Mitgliedern • setzte sich für die Verwirklichung christlicher Vorstellungen im Staat ein

M2 Ziele der Parteien, die für die Republik und Demokratie eintraten

❶ Wähle ein Plakat aus M1 aus. Zeige auf, welche Haltung die jeweilige Partei gegenüber dem neuen Staat einnahm. (M1)
Bienenkorb

❷ Nenne die Aufgaben der Weimarer Koalition. (T1)

❸ Arbeite die Vorstellungen und Absichten der einzelnen Parteien heraus. (M2)

M3 Plakate der Gegner des neuen Systems, v. l. n. r.: KPD (1923), DVP (1919), DNVP (1924)

T2 • Parteien gegen die neue Ordnung

Gegen die junge Republik wandten sich mehrere Parteien aus unterschiedlichen Gründen. Die einen wollten in Deutschland ein <u>sozialistisch-kommunistisches System</u> errichten, die anderen nach Möglichkeit die Monarchie wiederherstellen.

Die DVP fand sich später mit dem System der Republik ab und entschied, ihre Interessen durch konstruktive politische Mitarbeit umzusetzen.

sozialistisch-kommunistisches System
Ziel ist die Gleichheit aller Menschen. Eigentum soll allen gehören, sodass es keine Armen und Reichen gibt.

KPD	DVP	DNVP
Kommunistische Partei Deutschlands • vertrat vor allem radikale Arbeiter • kämpfte für die Errichtung eines Rätesystems (Räte werden direkt gewählt und haben alle drei Gewalten inne) • strebte eine sozialistische Gesellschaft an • wollte am Ende die Diktatur des Proletariats (Herrschaft der Arbeiter in einer klassenlosen Gesellschaft)	Deutsche Volkspartei • verstand sich als Partei für Industrielle und Großunternehmer • lehnte die Weimarer Verfassung und die republikanische Staatsform ab • trat für die Monarchie ein • vertrat die Interessen der Industrie • forderte eine freie Wirtschaft ohne soziale Verantwortung des Staates	Deutsch-Nationale Volkspartei • repräsentierte meist Berufsoffiziere und hohe Beamte • lehnte die Weimarer Verfassung und die republikanische Staatsform ab • trat für die Wiedererrichtung der Monarchie ein • vertrat einen aggressiven Nationalismus • vertrat auch antisemitische Positionen

M4 Zielsetzungen der Parteien, die gegen die Republik und Demokratie agierten

❹ Nenne die Ziele der Parteien, die sich als Gegner der Republik sahen. (T2, M4)

❺ Untersuche die Plakate M3 und erkläre, woran man ihre Zielsetzung erkennt.

❻ Diskutiert darüber, welche Auswirkungen die unterschiedlichen Zielsetzungen der Parteien auf die junge Demokratie haben konnten. (M2, M4)

M1 Heimgekehrte Soldaten auf einem Berliner Bahnhof (1918)

Die Republik in Gefahr

T1 • Heimgekehrte Soldaten – entwurzelt und arbeitslos

Da aufgrund des Versailler Friedensvertrages das Heer auf eine Stärke von 100 000 Mann beschränkt werden musste, wurden die aus dem Krieg heimkehrenden Soldaten aus dem Dienst entlassen. Viele einfache Soldaten konnten in ihren alten Berufen arbeiten. Die meisten entlassenen Berufsoffiziere fanden jedoch häufig keine Beschäftigung.

Manche ehemalige Offiziere stellten mithilfe von arbeitslosen Soldaten und Offizieren militärische Freiwilligenverbände zusammen, sogenannte Freikorps. In ihnen sammelten sich kaisertreue und rechtskonservative Kräfte, die durch das Kriegsende und die Novemberrevolution von 1918 für sich keine Aussicht auf eine gesicherte Zukunft sahen. Die circa 120 Freiwilligenverbände hatten etwa 400 000 Mitglieder. Ihre Angehörigen vertraten vor allem antirevolutionäre und antidemokratische Ansichten. Die Stärke der Freikorps betrug zwischen 2000 und 10 000 Mann. Sie waren in Aufstände gegen die Republik verwickelt. 1921 wurden sie aufgelöst.

rechtskonservativ
politische Haltung, die vor allem antidemokratisch und nationalistisch geprägt ist

❶ Stelle Fragen an M1.
❷ Beschreibe die Situation der heimgekehrten Soldaten. (M1, T1)
❸ Vermute, warum manche ehemalige Offiziere und Soldaten zur Gefahr für die Republik wurden.

❹ Hilfe Berichte über die Freikorps. (T1)

Hilfe zu
❹ - Warum bildeten sich die Freikorps?
  - Wer waren ihre Mitglieder?
  - Was waren ihre politischen Einstellungen?

T2 • Aufstände gegen die Republik von rechts – der Kapp-Putsch

Freikorpssoldaten und Kräfte der politisch Rechten wollten im Frühjahr 1920 die rechtmäßige Regierung in Berlin stürzen und die Demokratie zugunsten der alten Herrschaft beseitigen. Am 13. März 1920 besetzten einige Freikorps das Berliner Regierungsviertel. Sie erklärten die gewählte Regierung für abgesetzt und den Regierungsbeamten Wolfgang Kapp zum neuen Reichskanzler.

Im Gegenzug riefen die Gewerkschaften für ganz Deutschland einen Generalstreik aus, um die Demokratie zu retten. Dadurch wurden die Nachrichten- und Verkehrsverbindungen von Berlin mit der Außenwelt unterbrochen. Außerdem weigerten sich die Beamten in den Ministerien, die Anweisungen der Putschisten auszuführen. So brach der sogenannte Kapp-Putsch nach vier Tagen zusammen und die rechtmäßige Regierung konnte ihre Arbeit wieder aufnehmen.

T3 • Aufstände gegen die Republik von links

Auch im Ruhrgebiet begannen Aufstände, hier vonseiten der kommunistisch orientierten Linken. Am 20. März 1920 formierten sich in Essen Arbeiterräte. Diese übernahmen in weiten Teilen des Ruhrgebietes die Macht und stellten eine „Rote Ruhr-Armee" auf. Mit ihrer Hilfe sollte ein Rätesystem nach sowjetischem Vorbild errichtet werden. Der Aufstand wurde von Soldaten der Regierung niedergeschlagen. Diese wurden von Freikorpssoldaten unterstützt, die noch Tage zuvor am Kapp-Putsch beteiligt waren.

Generalstreik
Niederlegung der Arbeit der gesamten Arbeiterschaft eines Landes

Rätesystem
politisches System direkter Demokratie; Vertreter verschiedener Interessengruppen bilden Räte, aus denen gewählte Mitglieder an Regierungsentscheidungen mitwirken.

M2 Kommunistische Arbeiter in der Roten Ruhr-Armee erhalten Waffen. (1920)

❺ Berichte über den Kapp-Putsch. (T2)
❻ Recherchiere über die Aufstände im Ruhrgebiet und präsentiere dein Ergebnis.
❼ Bewerte die Rolle der Freikorps beim Kapp-Putsch und beim Aufstand im Ruhrgebiet. (T2, T3)

M1 Plakat zu den Bestimmungen des Friedensvertrages von Versailles

Die Neuordnung Europas

T1 • Der Vertrag von Versailles

Deutschland hatte auf einen milden Frieden gehofft, aber Großbritannien, Frankreich und die USA hatten den Friedensvertrag unter sich ausgehandelt. Die Vertreter der neuen deutschen Regierung mussten den Bedingungen zustimmen, ansonsten drohten die Siegermächte mit einer Besetzung des Landes. Unter diesem Druck unterzeichnete die deutsche Delegation am 28. Juni 1919 im Schloss Versailles den Vertrag. Ganz Deutschland war über die harten Bestimmungen empört.

Delegation
Vertreter, zum Beispiel eines Landes, die zu Verhandlungen oder Gesprächen geschickt werden

- Deutschland erkennt die alleinige Kriegsschuld an (Art. 231).
- Das Rheinland und das Saargebiet werden für 15 Jahre von Frankreich besetzt.
- Deutschland verliert seine Handelsflotte.
- Deutschland zahlt Reparationen (Schadensersatz) in Höhe von 132 Milliarden Goldmark.

M2 Bestimmungen des Versailler Vertrages (Auswahl)

❶ a) Notiere die Bestimmungen des Friedensvertrages. (M1)
b) Was ist die Absicht des Plakates?
❷ Beschreibe, unter welchem Druck die Regierung den Vertrag unterzeichnet hat. (T1)
❸ Vervollständige deine Notizen aus Aufgabe 1 mithilfe von M2.
④ Diskutiert den Artikel 231 des Versailler Vertrages. (M2)
  Placemat
⑤ Versailles war schon einmal Ort deutscher Geschichte.
  a) Recherchiere.
  b) Vermute, warum dieser Ort gewählt wurde.

T2 • Belastungen für die neue Republik

Politische Gruppen, die der Republik feindlich gegenüberstanden, nutzten Verzweiflung, Wut und Hoffnungslosigkeit in der Bevölkerung aus, um gegen die neue Regierung zu hetzen. Die Deutschnationale Volkspartei (DNVP) verbreitete die sogenannte „Dolchstoßlegende": Die deutsche Armee sei im Felde unbesiegt gewesen. Erst mit der Unterzeichnung des Waffenstillstandes hätten die neuen Politiker der Armee von hinten den Dolch in den Rücken gestoßen. Sie wurden als „Novemberverbrecher" und „Erfüllungspolitiker" beschimpft. Viele sahen in ihnen die Schuldigen eines „Schandfriedens", der Deutschland die alleinige Kriegsschuld zugeschoben hatte und der hohe Reparationen forderte.

Tatsächlich aber hatte sich die deutsche Wirtschaft nach dem Krieg überraschend schnell erholt. Selbst die Reparationen, die geleistet wurden, waren deutlich geringer als eigentlich gefordert. Trotzdem bestimmte der Versailler Vertrag immer wieder die politische Diskussion.

> **Erfüllungspolitiker**
> abwertend gemeintes Wort für die Politiker, welche die harten Bedingungen des Versailler Vertrages annahmen und so weit wie möglich erfüllten

M3 Ausschnitt aus einem Wahlplakat der Deutschnationalen Volkspartei (DNVP), das die Dolchstoßlegende aufgreift (1924)

❻ Nenne die Belastungen für die neue deutsche Republik. (T2)

❼ a) Erkläre die Begriffe „Novemberverbrecher" und „Erfüllungspolitiker". (T2)
b) Was wollte man mit der Verwendung dieser Begriffe erreichen?
Partnervortrag

❽ a) Gib die Legende vom „Dolchstoß" wieder. (T2, M3)
b) Prüfe mithilfe von M3 auf Seite 151 den Wahrheitsgehalt der Legende.
c) Stelle dar, welche Absicht hinter der Dolchstoßlegende steckt. Nimm Stellung.
Think – Pair – Share

M1 Deutsche Banknote von 1923

Die Geldentwertung 1923

T1 • Geld wird wertlos

Schon in den Kriegsjahren hatte eine Inflation eingesetzt. Nach Kriegsende aber musste die Regierung die Versorgung der Kriegsverletzten, Kriegswitwen, Waisen sowie die vielen Arbeitslosen bezahlen. Hinzu kamen die Reparationsleistungen aus dem Versailler Vertrag. Die Reichsbank musste ihre Goldreserven an die Siegermächte abgeben, Fabriken wurden abgebaut und an England und Frankreich übergeben. Es konnten nicht genug Waren hergestellt werden, um die Bevölkerung zu versorgen.

In dieser schwierigen Lage ließ die Regierung ab Anfang 1923 immer mehr Banknoten drucken. Dadurch beschleunigte sich die Geldentwertung weiter und die Inflation wurde zu einer Hyperinflation. Im Herbst 1923 wurden die Löhne mehrmals pro Woche ausgezahlt. Sofort musste man dafür einkaufen, denn kurze Zeit später war das Geld schon weniger wert.

> **Inflation**
> Es gibt mehr Geld in einem Land als Waren, also steigen die Preise stetig an. Das Geld ist immer weniger wert.
>
> **Hyperinflation**
> Die Regierung lässt mehr Geld drucken, um Rechnungen zu bezahlen. Dadurch verfällt der Wert des Geldes rasend schnell, und die Preise für Waren steigen immer weiter an.

Datum	Preis in Mark
1914	0,32
1919	0,80
1921, Juni	3,90
1921, Juli	53,15
1923, Januar	250,00
1923, Juli	3 465,00
1923, September	1 512 000,00
1923, November	201 000 000 000,00

M2 Preisentwicklung für Brot

T2 • Gewinner und Verlierer

Für manche Menschen in Deutschland brachte die Hyperinflation Vorteile. Wer früher Schulden gemacht hatte, konnte diese jetzt mit wertlosem Geld zurückzahlen. Auch der Staat tat dies. Er hatte sich das Geld für den Krieg bei den Bürgern durch Kriegsanleihen geborgt und konnte diese Schulden nun billig begleichen. Besitzer von Grundstücken, Fabriken, Werkstätten und Sachwerten blieben von den Folgen der Hyperinflation weitgehend verschont, denn diese Werte blieben stabil.

Zu den Verlierern gehörten die Sparer. Ihre Ersparnisse waren durch die Hyperinflation wertlos geworden. Viele von ihnen gaben der Regierung die Schuld an ihrem Unglück und waren von der Republik als Staatsform enttäuscht.

Am 15. November 1923 wurde die Inflation durch eine Währungsreform beendet. Für eine Billion Mark bekam man eine Rentenmark.

Währungsreform
Neuordnung des Geldwesens. Die alte Währung wird durch eine neue Währung abgelöst.

1923 waren Geldscheine mit Millionen- und Milliardenbeträgen in Umlauf. Wenn wir Brot kaufen wollten, brauchten wir für das Geld einen kleinen Koffer. Die Union, ein Großbetrieb in Hamm, zahlte zweimal pro Woche den Lohn, weil das Geld zu schnell an Wert verlor. Es musste in Waschkörben transportiert werden. Schwer hatten es damals die Rentner. Meine Großmutter gehörte auch dazu. Sie war eine sparsame Frau und stapelte ihr Geld im Wäscheschrank. Dass dieses Geld schon wenige Tage später wertlos war, begriff sie nicht. Sie war empört, als meine Mutter ihr riet, das Geld sofort auszugeben.

M3 Die Zeitzeugin Erna Arntz über das Inflationsjahr 1923

M4 Wertloses Inflationsgeld (Foto, 1923)

❶ Formuliere Fragen zu der Banknote M1.
   Placemat
❷ Nenne Ursachen der Inflation. (T1)
❸ In welchem Monat des Jahres 1923 wird die Inflation zur Hyperinflation? Begründe. (M2)
   Bienenkorb
❹ Beschreibe, welche Folgen die Inflation für das Leben der Menschen hatte. (T2)
❺ Manche zogen auch Vorteile aus der Inflation. Berichte. (T2)
❻ Hilfe Versetzt euch in die Situation in M3. Entwickelt ein Streitgespräch, wie es zwischen Mutter und Großmutter stattgefunden haben könnte.
❼ a) Beschreibe M4.
   b) Erkläre, was der Fotograf mit seinem Bild verdeutlichen wollte.

Hilfe zu
❻ Berücksichtige, welche Folgen Sparsamkeit in der Hyperinflationszeit hatte.

1923 – wirtschaftliche und politische Krisen

T1 • Der Ruhrkampf

Eine wesentliche Ursache der Hyperinflation von 1923 war der Ruhrkampf. Dieser ereignete sich, nachdem Deutschland im Januar 1923 die Reparationszahlungen an Frankreich und Belgien nicht mehr leisten konnte und daraufhin französische und belgische Truppen das Ruhrgebiet besetzten. Mit den dortigen Industrieanlagen wollten sich die Besatzer ein Pfand für die nicht gezahlten Reparationen sichern. Infolgedessen rief die Regierung in Berlin für das Ruhrgebiet den Generalstreik aus. Niemand sollte für die Besatzer arbeiten. Die Reichsregierung unterstützte die Menschen mit Geldzahlungen als Ersatz für ausfallende Löhne. Dafür musste sie jedoch Geld drucken und in Umlauf bringen. Diese Steigerung der Geldmenge führte zur Hyperinflation und zum Zusammenbruch der Wirtschaft, weil das Geld keinen Gegenwert besaß.

Pfand
ein Wertgegenstand, der anstelle von geschuldetem Geld einbehalten wird, bis die Schulden bezahlt werden

Goldreserven
Die Goldreserven eines Staates sind Teil der Deckungsmenge.

1914
Das Warenangebot in den Geschäften ist reichhaltig. Die Geldmenge befindet sich im Gleichgewicht mit der Deckungsmenge (Güterangebot).

1914 – 1918
Rückgang der Güterproduktion durch den Krieg zugunsten der Rüstung; die Deckungsmenge schrumpft gegenüber der Geldmenge.

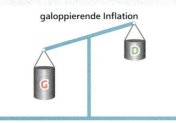

1919–1922
Beginn der Reparationszahlungen; Abbau der Industrieanlagen und Abgabe der Goldreserven, sodass die Deckungsmenge gegenüber der Geldmenge weiter schrumpft.

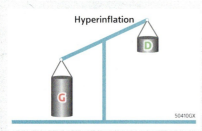

1923
Der Ruhrkampf gipfelt in einem Generalstreik. Die Regierung bringt mehr Geld in Umlauf: Die Geldmenge steigt, während die Deckung weiterhin schrumpft.

M1 Die Entwicklung von einer stabilen Währung zur Hyperinflation

T2 • Politische Unruhen

Durch die Hyperinflation war das Ansehen der Regierung geschwächt und das Vertrauen in die Demokratie gesunken. Dies wollten radikale linke und rechte Gruppierungen ausnutzen, um die Demokratie zu beseitigen. Während den Linken eine Revolution nach russischem Vorbild vorschwebte, wollten die rechten Nationalisten und Konservativen Deutschland in eine Diktatur umwandeln.

Im Oktober 1923 brachen in Sachsen und Thüringen kommunistische Aufstände aus. Es bildeten sich Räteregierungen, die vielerorts die Macht übernahmen. Diese Aufstände wurden von der Reichswehr mit Waffengewalt niedergeschlagen. Auch im Rheinland und in der Pfalz gab es Aufstände. Dort wurden zum Beispiel die Rheinische Republik und die Autonome Pfalz ausgerufen. Sie waren aber nur wenige Wochen von Bestand.

Am 9. November 1923 versuchte Adolf Hitler zusammen mit dem ehemaligen Befehlshaber General Ludendorff und weiteren hohen Offizieren des Ersten Weltkrieges von München aus die Reichsregierung in Berlin zu stürzen. Er setzte darauf, dass antidemokratische Militärs in Berlin aufgrund seines Aufrufs den Reichskanzler und dessen Minister festsetzen würden. Dies geschah jedoch nicht. Hitlers Aufmarsch in München mit mehreren Tausend zum Teil schwer bewaffneten Anhängern wurde von Einheiten der Polizei und der Reichswehr gestoppt und aufgelöst. Der Putschversuch war damit gescheitert. Hitler wurde wegen Hochverrats zu fünf Jahren Festungshaft verurteilt, aber bereits nach einem Jahr wieder aus der Haft entlassen.

Festungshaft besondere Strafe des Freiheitsentzugs. Der Häftling wurde als ehrenhaft angesehen, weshalb man ihn möglichst respektvoll behandelte und nicht in ein gewöhnliches Gefängnis schickte.

Separatisten Menschen, die eine politische Trennung innerhalb eines Staates wollen; meist in Form der Gründung eines eigenen Staates

Putschisten Menschen, die durch eine meist gewaltsame Aktion versuchen, die Regierung zum Rücktritt zu zwingen

Webcode
Filmclip zum Jahr 1923
WES-100512-7

M2 Separatisten der Rheinischen Republik am 22. November 1923 vor dem Kurfürstlichen Schloss in Koblenz

M3 Putschisten nehmen am 9. November 1923 in München Stadträte fest.

❶ Arbeite Ursache und Folgen des Ruhrkampfs heraus. (T1)
❷ Erläutere anhand von M1, wie es in Deutschland zu einer Inflation kam, die sich bis zur Hyperinflation steigerte.
❸ Berichte über politische Unruhen im Jahr 1923. (T2, M2, M3)
  Partnervortrag
❹ Erkläre die Aussage: 1923 – ein Jahr der Krisen.

> Von allen Seiten wurde erwartungsvoll Bravo gerufen. Nur mit Mühe konnten sich die deutschen Delegierten ... den Weg zu ihren Plätzen bahnen. Alle wollten ihnen die Hände schütteln und ihnen persönlich zu diesem großen Ereignis Glück wünschen. Inzwischen tobte das Publikum auf den Tribünen, Tücherwinken, Hüteschwenken, „Bravo Stresemann, ...". Dieser Empfang Deutschlands durch die Völker der Welt war wirklich etwas Einmaliges.

M1 Augenzeugenbericht über die Ereignisse vor der Rede des deutschen Außenministers Stresemann bei der Aufnahme Deutschlands in den Völkerbund 1926

Völkerbund
gegründet von den Siegermächten des Ersten Weltkrieges, um internationale Konflikte friedlich zu lösen

Isolation
Ausgrenzung eines Staates von einer Gruppe

Die neue deutsche Außenpolitik

T1 • Deutschland strebt nach Aussöhnung

Die deutsche Regierung wollte den Versailler Vertrag einhalten. Sie hoffte, durch eine Aussöhnung mit ihren Nachbarn die Situation Deutschlands zu verbessern und das Land aus der Isolation, in die es nach dem Ersten Weltkrieg geraten war, zu befreien.

Der Ausgleich mit Russland gelang dem Außenminister Rathenau im April 1922 mit dem Vertrag von Rapallo. Deutschland und Russland nahmen diplomatische Beziehungen auf. Zudem verzichteten beide Staaten auf Reparationen, das heißt auf eine Entschädigung für Kriegskosten, Kriegsschäden und zivile Schäden.

Reichskanzler Joseph Wirth (links) im Gespräch mit den sowjetischen Delegierten Leonid B. Krassin und Georgij W. Tschitscherin

M2 Vertrag von Rapallo

Die Annäherung zwischen Deutschland und Frankreich erreichten Gustav Stresemann und der französische Außenminister Aristide Briand 1925 im Vertrag von Locarno. Deutschland erkannte die im Versailler Vertrag festgelegte Westgrenze an. Im Gegenzug räumten Frankreich und Belgien besetzte deutsche Gebiete.

v. l. n. r.: Gustav Stresemann, der Premierminister Großbritanniens Austen Chamberlain und der französische Außenminister Aristide Briand

M3 Vertrag von Locarno

❶ a) Gib M1 mit eigenen Worten wieder.
   b) Erkläre das Besondere der Situation.
❷ Beschreibe das Ziel der deutschen Außenpolitik. (T1)

❸ Berichte über die wichtigsten Punkte:
   a) des Vertrages von Rapallo (M2),
   b) des Vertrages von Locarno. (T1, M3)
   Partnervortrag

> Für mich besteht das Gute in dem Vertrag von Locarno darin, dass er nicht formuliert und unterzeichnet wurde, um der einen Nation auf Kosten der anderen Vorteile zu sichern. Um ihn recht zu verstehen, muss man ihn nach seinem Geist beurteilen, der nicht der Geist eines eigensüchtigen Nationalismus ist. Er ist ausgehandelt und geschlossen worden in einem europäischen Geist und für das Ziel des Friedens.

M4 Aristide Briand über den Vertrag von Locarno im Februar 1926

T2 • Deutschland wird Mitglied im Völkerbund

Im Jahre 1926 stimmte Frankreich für die Aufnahme Deutschlands in den Völkerbund. Deutschland war nun Mitglied dieser Staatengemeinschaft. Durch die Verträge von Rapallo und Locarno sowie die Aufnahme Deutschlands in den Völkerbund war Deutschland nicht länger politisch isoliert.

Für ihre Aussöhnungspolitik erhielten Stresemann und Briand im selben Jahr den Friedensnobelpreis. 1930 räumten die Franzosen das besetzte Rheinland, und 1932 wurden die Reparationen fast ganz gestrichen.

Friedensnobelpreis ist seit 1901 der wichtigste internationale Friedenspreis. Er wird jährlich an Personen vergeben, die sich am besten für den Frieden in der Welt eingesetzt haben.

M5 Gustav Stresemann hielt anlässlich der Aufnahme Deutschlands in den Völkerbund am 10. September 1926 eine Rede

4. Nimm Stellung zu den Äußerungen von Aristide Briand über den „Geist von Locarno". (M4)
5. Beschreibe die positiven Auswirkungen der Außenpolitik Stresemanns für Deutschland. (T1, T2, M1 – M5)
6. Vermute, was die Aufnahme Deutschlands in den Völkerbund für die deutsche Politik bedeutete. (T2, M1, M4, M5)
   Think – Pair – Share

7. **Hilfe** Verfasse einen Zeitungsbericht über die Verleihung des Friedensnobelpreises an Stresemann und Briand. (T1, T2, M1, M3)

Hilfe zu
7. Gehe in deinem Bericht auf folgende Fragen ein: Warum wurde den beiden Politikern dieser Preis verliehen? Was war ihre herausragende Leistung für den Frieden?

M1 Schlagzeile der SPD-Zeitung „Vorwärts" vom 17. Oktober 1925

M2 Wahlplakat der DNVP von 1928

Schlagzeilen

Der Sieg des Friedens.

Westpakt und Schiedsverträge vorläufig unterzeichnet. – Feierlicher Schlussakt. Locarno illuminiert.

Schiedsvertrag
Vertrag, in dem festgesetzt wird, dass der Rechtsstreit zweier Parteien von einem unabhängigen Schiedsgericht entschieden werden soll

illuminieren
erleuchten, erhellen

Reaktionen auf die neue Außenpolitik

T1 • Kritik von radikalen Rechten und Linken

Die neue deutsche Außenpolitik war auf die Erfüllung des Versailler Vertrages ausgerichtet und hatte eine Aussöhnung mit den ehemaligen Kriegsgegnern und ein Aufbrechen der Isolation Deutschlands zum Ziel. Sie wurde von den Regierungsparteien getragen, von den radikalen Parteien der Rechten und Linken dagegen meist abgelehnt.

T2 • Der Vertrag von Rapallo

Im Vertrag von Rapallo aus dem Jahr 1922 hatten Deutschland und die Sowjetunion die Aufnahme diplomatischer Beziehungen sowie einen Verzicht auf Kriegsreparationen vereinbart. Dieser diplomatische Erfolg der deutschen Regierung wurde jedoch teilweise kritisch beurteilt. Besonders nationalistische und rechtsextreme Gruppierungen verurteilten das Abkommen mit der Sowjetunion, weil sie deren kommunistische Ideologie ablehnten.

Auch die Westmächte zeigten sich misstrauisch. Sie befürchteten, dass sich die deutsche Regierung vom Westen abwenden und im Einvernehmen mit der Sowjetunion eine erneute Aufteilung Polens planen würde. Der Vertrag von Rapallo bedeutete dennoch für die deutsche Außenpolitik ein Schritt heraus aus der internationalen Isolation der Nachkriegszeit und diplomatische Anerkennung.

T3 • Die Verträge von Locarno

Im Vertragswerk von Locarno erkannte Deutschland 1925 die durch den Versailler Vertrag festgesetzten Gebietsabtretungen an. Frankreich und Belgien räumten im Gegenzug besetzte deutsche Gebiete. Deutschland sollte Mitglied im Völkerbund werden. Auch diese Verträge wurden unterschiedlich beurteilt. Die KPD beispielsweise kritisierte die Anerkennung des Versailler Vertrages mit den Verträgen von Locarno und die starke Annäherung an die westlichen Alliierten. Damit würde die Bildung eines angeblichen westlichen Bündnisses gegen die Sowjetunion vorangetrieben.

Wir stehen jetzt am Scheidepunkt der europäischen Politik. Es fragt sich jetzt, ob ... der Gedanke des Friedens ... das Leben der Völker Europas in Zukunft beherrschen wird oder ob die Mächte, die, auf Gewalt und kriegerischen Auseinandersetzungen fußend, dem Fortschritt, dem moralischen und materiellen Wiederaufbau den Weg dauernd versperren sollen. ... Es zeigt sich ... die Notwendigkeit, die Allgemeininteressen Europas den selbstsüchtigen Interessen von Gruppen, Cliquen und Parteien voranzustellen.

M3 Otto Wels (SPD) am 24. November 1925 im Reichstag

Clique
kleine Gruppe von Gleichgesinnten, die unter sich bleiben wollen

Elsass-Lothringen, Eupen und Malmedy
Gebiete, die Deutschland nach dem Versailler Vertrag an Belgien und Frankreich abtreten musste

Wir Nationalsozialisten ... verzichten ... nimmer (niemals) auf Elsass-Lothringen. Wir verzichten nie auf Eupen und Malmedy, auf die Saar und auf unsere Kolonien. Wir verzichten auf Nordschleswig so wenig wie auf Memel und Danzig, wie auf Westpreußen und Oberschlesien. Wir Deutschen kennen unsere großdeutsche Aufgabe ...

M4 Gregor Strasser (NSDAP) am 24. November 1925 im Reichstag

T4 • **Folgen der Mitgliedschaft im Völkerbund**
Die Aufnahme Deutschlands in den Völkerbund am 10. September 1926 hatte neben den politischen auch gesellschaftliche Folgen. In vielen Bereichen, beispielsweise in Wissenschaft, Technik, Kunst, Bildung und Wirtschaft, war durch die geschlossenen Verträge die Isolation Deutschlands überwunden. Es setzte ein internationaler Austausch ein, der in diesen Bereichen neue Entwicklungen förderte.

Wenn in der großen Versammlung in Genf der Vorsitzende ... den Namen des deutschen Außenministers nennt, Stille sich über den Saal breitet und der alte Briand, ... der Engländer, der Pole, der Italiener ihre Kopfhörer nehmen, um sich kein Wort von dem entgehen zu lassen, was der Vertreter des Deutschen Reiches zu sagen hat – dann sieht und fühlt man die Veränderungen und Fortschritte.

M5 Aus einer Rede des deutschen Schriftstellers Thomas Mann (1930)

❶ Vergleiche die Aussagen der Materialien in M1 und M2.
❷ Nenne Befürworter und Gegner des Vertrages von Rapallo sowie deren Argumente. (T2)
❸ Arbeite die Haltungen der KPD, von Otto Wels (SPD) und Gregor Strasser (NSDAP) zu den Verträgen von Locarno heraus. (T3, M3, M4)
❹ Beschreibe, welche Folgen die Aufnahme in den Völkerbund für Deutschland hatte. (T4)
❺ Arbeite aus M5 die Position des Schriftstellers Thomas Mann heraus.
❻ Nimm Stellung zu der Aussage: Für Deutschland begann die eigentliche Friedenszeit erst Mitte der 1920er-Jahre.

185

M1 Werbepostkarte (um 1929)

M2 Werbeplakat (um 1925)

M3 Werbeplakat (um 1928)

Jahre des Aufschwungs

T1 • Reformen beenden die Krise

Durch die Währungsreform hatte sich die wirtschaftliche Lage in Deutschland stabilisiert. In Verhandlungen mit den Siegermächten des Ersten Weltkrieges hatte die deutsche Regierung neue Zahlungspläne für die Reparationen ausgehandelt. Außerdem gaben die USA für den Aufbau der Wirtschaft Kredite an Deutschland. Durch diese Maßnahmen erholte sich die deutsche Wirtschaft und es kam zu einem Aufschwung.

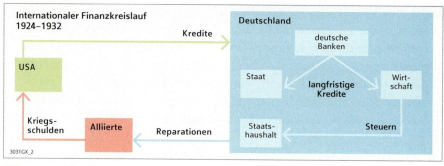

M4 Der Geldkreislauf saniert die deutsche Wirtschaft.

❶ M1 bis M3 sind Beispiele für den Wirtschaftsaufschwung in Deutschland. Erkläre.
  Think – Pair – Share

❷ Nenne zwei Maßnahmen, die den Wirtschaftsaufschwung in Deutschland gefördert haben. (T1)

❸ Hilfe Erkläre mithilfe von M4 den Wirtschaftsaufschwung in Deutschland.
  Partnervortrag

Hilfe zu
❸ Beginne beim Geldkreislauf mit den USA.

T2 • Die „Goldenen Zwanziger"

Der wirtschaftliche Aufschwung führte dazu, dass sich mehr Menschen in Deutschland Telefon, Radio, Schallplatten oder andere Luxusartikel kaufen konnten. Auf den Straßen verdrängten Autos die Pferdegespanne. Theater, Kinos und Tanzveranstaltungen sorgten für Unterhaltung.

Der deutschen Wissenschaft gelangen wichtige Entdeckungen und Erfindungen in den Bereichen Physik, Chemie und Medizin. In Kultur, Wissenschaft, Technik und Arbeitswelt, aber auch im sozialen Bereich verzeichnete Deutschland viele Erfolge.

Es gab aber auch Menschen, denen es wirtschaftlich nicht so gut ging. Für diese wurden Sozialwohnungen gebaut. Bei Arbeitslosigkeit sollte die neue Arbeitslosenversicherung die wirtschaftliche Not lindern.

M5 Radio der C. Lorenz AG in Berlin (1924)

M6 Fließbandproduktion bei AEG in Berlin (1926)

M7 Pkw von Hanomag aus Hannover (1924)

M8 Gründung der Lufthansa 1926 in Berlin (Foto, 1928)

M9 Sozialer Wohnungsbau aus den späten 1920er-Jahren im modernen Stil: die Hufeisen-Siedlung in Berlin und der Rundling in Leipzig (heute jeweils UNESCO-Welterbe)

❹ **Hilfe** Welche Auswirkungen hatte der Aufschwung auf den Wirtschafts-, Arbeits- und Sozialbereich? (T2, M5–M9)

❺ **Hilfe** Waren die „Goldenen Zwanzigerjahre" für alle Menschen golden? Berichte. (T2)

Hilfe zu
❹ mögliche Beispiele:
- Arbeit: M6
- Wirtschaft: M7, M8
- Soziales: M5, M9

M1 „Großstadt" – Gemälde von Otto Dix (entstanden 1927/28)

Neue Wege in der Kunst

T1 • Die Neue Sachlichkeit

Der Wechsel vom Kaiserreich zur Republik, vom autoritären Staat zur Demokratie beeinflusste auch die Kunst. Berlin wurde zum Zentrum und Begegnungsort namhafter Maler, Schriftsteller und Filmemacher.

Sie ließen sich vom Leben in der pulsierenden Großstadt anregen und versuchten, eine neue Kunstrichtung zu entwickeln. Schonungslos stellten die Maler in ihren Bildern und die Schriftsteller in ihren Romanen und Erzählungen das Leben in der Weimarer Republik dar. Sie beschrieben den Reichtum der Wohlhabenden auf der einen Seite, die Not und das Elend derjenigen, die an den Folgen des Krieges und der Inflation litten, auf der anderen Seite. Dies wirkte auf viele Betrachter oder Leser zum Teil sehr seltsam oder gar abstoßend.

Diese Kunstrichtung wurde als Neue Sachlichkeit bezeichnet. Manche Kritiker warfen den Künstlern eine Verrohung der Kunst vor, weil ihre Bilder schockierten. Besonders in der Malerei wurden die Merkmale der Neuen Sachlichkeit deutlich. Die Maler George Grosz und Otto Dix standen dabei für eine politisch linksorientierte Strömung. In ihren Bildern stellten sie soziale Missstände der Zeit dar. Gegenstand ihrer Bilder war auch die Welt des Verbrechens und der Prostitution. Solche Motive waren bis dahin in der Kunst in dieser Form unvorstellbar gewesen. Mit den überspitzten Darstellungen in ihren Bildern übten sie scharfe Kritik an den sozialen Zuständen der 1920er-Jahre.

---

autoritärer Staat
Staat, der seinen Bürgern viele strenge Regeln und Kontrollen auferlegt

pulsierende Großstadt
lebhafte Großstadt, in der man viel unternehmen kann

Verrohung
Prozess des Brutalwerdens – meint hier: Die brutale Wirklichkeit in Kunstwerken zeigen, statt ein schönes Ideal darzustellen.

Prostitution
bedeutet, dass sexuelle Handlungen gegen Bezahlung angeboten werden

---

❶ a) Gib deine Gedanken zu M1 wieder.
b) Formuliere Überschriften für die Bildteile.
c) Diskutiert über den Bildtitel. (M1)

❷ a) Arbeite wichtige Aspekte zur Neuen Sachlichkeit heraus. (T1)
b) Setze sie in Beziehung zu M1.

Von einem einfachen Mann wird hier erzählt,
der in Berlin am Alexanderplatz als Straßenhändler steht.
Der Mann hat vor, anständig zu sein,
da stellt ihm das Leben hinterlistig ein Bein.
Er wird betrogen, er wird in Verbrechen reingezogen,
zuletzt wird ihm die Braut genommen und auf rohe Weise umgebracht.
Ganz aus ist es mit dem Mann Franz Biberkopf.
Am Schluss aber erhält er eine sehr klare Belehrung:
Man fängt nicht sein Leben mit guten Worten und Vorsätzen an,
mit Erkennen und Verstehen fängt man es an
und mit dem richtigen Nebenmann.
Ramponiert steht er zuletzt wieder am Alexanderplatz,
das Leben hat ihn mächtig angefasst.

M2 Text des Einbandes der Erstausgabe von „Berlin Alexanderplatz"
von Alfred Döblin aus dem Jahr 1929

M3 Plakat und Szenenbilder zum Film „Metropolis" (1927)

Metropolis ist ein Film der Technik, und bei seinem Siegeszug durch die Welt wird er höchstwahrscheinlich als ein Sieg der deutschen Technik gefeiert werden.
Zeitschrift „Der Film"
(15. Januar 1927)

Mit größten Erwartungen ging man in diesen Film; Einzelheiten faszinierten; das Ganze enttäuschte. Der Film – sogar dieser, erst recht dieser – ist keine Frage des technischen Könnens mehr. Man kann heute sehr viel.
Berliner Börsen-Courier
(11. Januar 1927)

M4 Pressestimmen zum Film „Metropolis"

❸ Erkläre, warum der Roman „Berlin Alexanderplatz" von Alfred Döblin als literarisches Beispiel für die Neue Sachlichkeit gilt. (T1, M2)
  Think – Pair – Share

❹ Recherchiere zu George Grosz, Otto Dix oder Alfred Döblin. Präsentiere deine Ergebnisse in geeigneter Form.

❺ a) Arbeite die wesentlichen Punkte der Filmkritiken heraus. (M4)
  b) Recherchiere, was das Neue und Besondere an dem Film „Metropolis" war, und berichte.
  c) Vermute, warum der Film „Metropolis" zum Weltdokumentenerbe erklärt wurde.

M1 Ehepaar an einem Rundfunkempfänger der Firma AEG (Foto, um 1925)

M2 Erstes Wochenschau-Kino in Berlin mit Nachrichten aus aller Welt (Foto, 1931)

Gesellschaftliche Veränderungen

T1 • Die Massenmedien

In den 1920er-Jahren gewannen die Massenmedien zusehends an Bedeutung. Um 1920 war die Radio-Technologie so weit entwickelt, dass die erste öffentliche Hörfunk-Übertragung stattfinden konnte. In der Folgezeit entstanden in Deutschland eine Reihe von Rundfunkanstalten, die Nachrichten, Wirtschaftsmeldungen und Unterhaltung boten. Die Unterhaltungsprogramme erfreuten sich so großer Beliebtheit, dass die Nachfrage nach Radioempfängern deutlich anstieg. Wenn gesendet wurde, war dies ein Ereignis für die gesamte Familie. Sie versammelte sich am Radio, um den neuen Klängen gemeinsam zu lauschen.

Die neue Tonfilmtechnik löste den Stummfilm ab. Kinos zogen die Menschen in Massen an. Im Vorprogramm zu den Filmen lief die Ufa-Tonwoche, in der dem Publikum die wichtigsten Nachrichten aus aller Welt als Tonfilm präsentiert wurden.

Das Angebot an Zeitungen erreichte ein bis dahin nicht gekanntes Ausmaß. Allein in Berlin gab es 149 Zeitungen mit Morgen-, Mittags- und Abendausgaben. Einen äußerst hohen Grad an Beliebtheit konnte die „Berliner Illustrirte Zeitung" für sich verbuchen. Sie hatte eine Auflage von zwei Millionen Exemplaren.

Mit dem vielfältigen Angebot von Presse und Rundfunk war eine massenmediale Landschaft entstanden, welche die öffentliche Meinung beeinflussen konnte.

Massenmedien
Mittel zur Kommunikation und zum Informationsaustausch. Massenmedien wie zum Beispiel das Radio erreichen sehr viele Menschen.

Illustrirte Zeitung
(alte Schreibweise für „illustriert") viel bebilderte Zeitschrift, die vor allem unterhalten soll

Auflage
Anzahl der gedruckten Exemplare eines Buches oder einer Zeitung

Varieté
Veranstaltung mit einem abwechslungsreichen Unterhaltungsprogramm

Telefonistin
Für ein Telefongespräch musste in einer Telefonzentrale durch eine Telefonistin von Hand die richtige Verbindung hergestellt werden.

---

❶ Formuliere Sprechblasen zu M1.
❷ Stelle die Entwicklung der Medien in den 1920er-Jahren dar. (T1, M1, M2)
❸ Vermute, warum die Zeitungen Morgen-, Mittags- und Abendausgaben verkauften.
❹ Erkläre, inwiefern die Medien die öffentliche Meinung beeinflussen können. (T1)
❺ Stelle die Medien der 1920er-Jahre denen von heute gegenüber.
    Lerntempoduett

T2 • Frauen emanzipieren sich

In den 1920er-Jahren entwickelte sich ein neues modernes Frauenbild. Die „neue Frau" war geschminkt, trug knielange Röcke oder Hosen. Abends kleidete sie sich modisch für Vergnügungen wie Theater, Kino oder Varieté. Diese Beschreibung traf allerdings nur auf wohlhabende Frauen zu und war nicht allgemeingültig.

Neben Mode und Vergnügen veränderten sich die Möglichkeiten für Frauen auch in der Politik. Seit 1919 besaßen sie per Verfassung das aktive und passive Wahlrecht. Auf dem Weg zur Gleichberechtigung war dies jedoch nur ein kleiner Schritt. Bei der Reichstagswahl 1920 hatten Frauen nur 10% der Parlamentssitze errungen. In allen Parteien waren sie in der Minderheit. Daher arbeiteten die Politikerinnen parteiübergreifend zusammen und sorgten so beispielsweise dafür, dass eine Reihe von Sozialgesetzen verabschiedet werden konnte.

In der Arbeitswelt bildete sich das Berufsbild der weiblichen Angestellten heraus. Das waren Frauen, die zum Beispiel als Sekretärinnen, Telefonistinnen oder Krankenschwestern arbeiteten. Frauen erkämpften sich auch den Zugang zu Studienberufen und wurden Richterinnen, Rechtsanwältinnen, Ärztinnen oder Hochschullehrerinnen. Allerdings besaßen sie noch nicht dieselben Einflussmöglichkeiten wie die Männer und wurden zum Teil schlechter bezahlt als diese. Außerdem stellten die Frauen, die es seit den Kriegsjahren gewohnt waren, in den vielfältigsten Berufen zu arbeiten, eine Konkurrenz für die aus dem Krieg heimkehrenden Männer dar. Deshalb wurde besonders von konservativen Politikern wieder das Leitbild der Hausfrau verbreitet, die den Haushalt führen und die Kinder großziehen sollte. So wollten sie Frauen vom Arbeitsmarkt verdrängen.

Marie Juchacz hielt 1919 als erste weibliche Abgeordnete eine Rede vor der Nationalversammlung.

Dr. Marie Munk war die erste ernannte Richterin in der Weimarer Republik.

M3 Die neue Mode (1928)

M4 SPD-Wahlplakat (1919)

M5 Telefonistinnen (um 1925)

6 Arbeite heraus, wie sich das Rollenbild der Frau in den 1920er-Jahren veränderte. (T2)

7 Recherchiere über die Arbeit der weiblichen Reichstagsabgeordneten zur Weimarer Zeit.

8 Zeige auf, welches Frauenbild die Quellen M3–M5 vermitteln.

9 Recherchiere zu Marie Juchacz oder Marie Munk und präsentiere deine Ergebnisse.

schriftlich diskutieren

Wenn du im Geschichtsunterricht etwas schriftlich diskutierst, stellst du Überlegungen zu einer Frage oder einer Aussage über ein Ereignis aus der Vergangenheit an. Du musst verschiedene Argumente zu der Fragestellung bzw. der Aussage finden. Manchmal musst du entscheiden, ob ein Ereignis wichtig war. Dazu sollst du dann Argumente aufschreiben, die dafür oder dagegen sprechen. Deine Argumente arbeitest du aus Materialien wie Textquellen, Bildquellen oder Aussagen von Historikern heraus.

Die Argumente stellst du dann gegenüber, um zu einer begründeten Meinung zu kommen. Am Schluss entscheidest du dich für eine Seite und begründest, warum du diese gewählt hast.

1. Schritt: Erarbeiten der Argumente
- Welche unterschiedlichen Argumente lassen sich aus den Materialien erschließen?

2. Schritt: Argumente ordnen und einander gegenüberstellen
- Ordne die Argumente, zum Beispiel in einer Tabelle.
- Stelle sie, wenn möglich, einander gegenüber.

3. Schritt: Argumente zusammenfassen und entscheiden
- Fasse die Argumente geordnet in einem Fließtext zusammen.
- Entscheide dich abschließend für eine Seite und begründe deine Entscheidung.

M1 Die Künstlerin Gräfin York von Wartenberg (Foto, 1927)

M2 Sekretärin (Foto, 1925)

M3 Sportliche Mode (Foto, 1928)

> Es wird … vor allem darum (gehen), die Arbeitskraft der Frau im Wirtschaftsleben wieder in ihrer Eigenart entsprechenden Weise einzuordnen, sei es durch Rückführung in die Familie …, sei es durch Überführung in Berufe, die entweder schon vor dem Frieden Frauenberufe waren oder sich im Verlaufe der wirtschaftlichen Entwicklung als für sie geeignet erwiesen haben.

M4 Richtlinien über die Überleitung der kriegswirtschaftlichen Frauenarbeit in den Friedenszustand, veröffentlicht von der Generalkommission der Gewerkschaften Deutschlands, Berlin 1919

> Neben dem Vater hat während der Dauer der Ehe die Mutter das Recht und die Pflicht, für die Person des Kindes zu sorgen; zur Vertretung des Kindes ist sie nicht berechtigt. Bei einer Meinungsverschiedenheit zwischen den Eltern geht die Meinung des Vaters vor.

M5 §1643 des Bürgerlichen Gesetzbuches (Ausgabe 1896, gültig bis 1956)

Diskutiere, ob die Frauen in der Weimarer Republik durch die Einführung des Frauenwahlrechts gleichberechtigt waren.

1. Schritt: **Erarbeiten der Argumente**
- Zunächst verschaffst du dir eine Übersicht über das Material: Lies die Quellen auf der vorherigen Seite durch und arbeite die Argumente für eine positive oder eine negative Beantwortung der Frage heraus. Werte anschließend die Bilder aus.
Tipp: Nimm zwei unterschiedliche Farben für die Für- und Gegenargumente. So fällt es dir im zweiten Schritt leichter, diese zu ordnen.

2. Schritt: **Argumente ordnen und einander gegenüberstellen**
- Im zweiten Schritt ordnest du die Für- und Gegenargumente übersichtlich, zum Beispiel in einer Tabelle.

Für-Argumente	Gegen-Argumente
- Frauen durften wählen, …	- Nach dem Krieg mussten die Frauen …
- Frauen zogen sich …	- In der Ehe …
- …	- …

3. Schritt: **Argumente zusammenfassen und entscheiden**
- Im letzten Schritt fasst du die Argumente in einem Fließtext zusammen.
- Beginne mit einem Einleitungssatz, in dem du die zu diskutierende Frage aufschreibst. Schreibe so:
Die Frage, die diskutiert werden soll, lautet: Waren die Frauen in der Weimarer Republik durch die Einführung des Frauenwahlrechts gleichberechtigt?
- Schreibe erst alle Argumente einer Seite auf, bevor du die anderen anführst.
Tipp: Beende deinen Fließtext mit den Argumenten, die dich am meisten überzeugen. Wenn du also für die Fürseite bist, beginnst du mit den Argumenten der Gegenseite. Überzeugt dich die Gegenseite mehr, beginne mit den Für-Argumenten.
So kannst du schreiben:
Ein Argument dafür ist, dass die Frauen nun wählen durften.
Außerdem durften Frauen arbeiten gehen.
Vor allem in der Mode konnte man sehen, dass Frauen … . Sie zogen … .
Gegen die Gleichberechtigung der Frauen spricht, dass … .
Frauen durften zwar arbeiten, aber nur in Berufen … . Außerdem mussten sie sich gleichzeitig auch um … .
- Beende deinen Text mit einem Schlusssatz, in dem du erklärst, warum du welcher Meinung bist.
Schließlich bin ich der Meinung, dass … .
Es stimmt zwar, dass die Frauen … .
Andererseits durften sie … / mussten sie … .

Ein Argument dafür ist …

Ein Argument dagegen ist …

Einerseits … Andererseits …

Zum einen …, zum anderen …

Gegen … spricht, dass …

Außerdem …

Darüber hinaus …

Ein weiteres Argument ist …

M1 Arbeitslose vor einem Arbeitsamt in Hannover (1929)

Die Weltwirtschaftskrise 1929

T1 • Wirtschaftsentwicklung in den USA

Im Oktober 1929 kam es zu einer schweren Wirtschaftskrise in den USA. Daher forderten die amerikanischen Banken die Kredite zurück, die sie den europäischen Staaten zum Wiederaufbau nach dem Krieg gegeben hatten. Mit diesem Geld wollten sie jetzt ihre eigene Wirtschaft stützen. Dadurch brach jedoch der Geldkreislauf, der ab 1924 zu einem Aufschwung in Europa geführt hatte, zusammen.

T2 • Auswirkungen in Deutschland

Von der Störung des Geldkreislaufs war auch Deutschland betroffen. Als in der Krise 1929 die US-Banken ihr Geld zurückforderten, wirkte sich dies direkt auf die deutsche Wirtschaft aus: Deutsche Banken konnten kein Geld mehr vergeben, dadurch bekamen Betriebe keine Kredite. Viele Betriebe konnten kein neues Material einkaufen oder keine Löhne auszahlen und mussten daher schließen. So wurden viele Menschen arbeitslos. Die Arbeitslosigkeit führte zu einem Rückgang der Nachfrage, weitere Betriebe mussten schließen, die Nachfrage sank erneut und noch mehr Menschen wurden arbeitslos. Zum zweiten Mal innerhalb von acht Jahren verloren viele Menschen in Deutschland ihre Arbeit und ihre Ersparnisse.

❶ a) Beschreibe M1.
   b) Stelle Überlegungen zur Arbeitslosensituation von damals an, die sich aus dem Foto ableiten lassen.
❷ Hilfe Erkläre, wie die Wirtschaftskrise in den USA auf Deutschland übergreifen konnte. (T1)

❸ Stelle den wirtschaftlichen Niedergang in Deutschland in einem Flussdiagramm dar. (T2)
   Bienenkorb

Hilfe zu
❷ Du kannst M4 von Seite 186 zu Hilfe nehmen.

M2 Obdachlose übernachten in einer privaten „Schlafstelle" in Hamburg (1931)

M3 Bedürftige in einem Speisesaal mit kostenlos ausgegebenem Essen (1932)

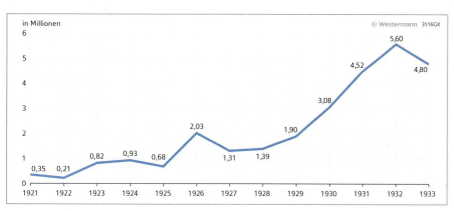

M4 Entwicklung der Arbeitslosenzahlen in Deutschland

Nach den Angaben des Arbeitsamtes in Neukölln beträgt der Reichsdurchschnitt der Unterstützung, die ein beschäftigungsloser Arbeiter mit Frau und Kind bezieht, 51 Mark im Monat. Miete, Beleuchtung, Beheizung und unvermeidliche Nebenausgaben kommen auf ein unerbittliches Minimum von 32 Mark 50 im Monat. Für die Ernährung dreier Menschen bleiben also 18 Mark 50 im Monat übrig.

M5 Ein Journalist berichtet über die Lage von Arbeitslosen 1932.

M6 Arbeitssuchender in Berlin (1931)

❹ Welche Wirkung hat das Bild M2 auf dich?
❺ Beschreibe die Entwicklung der Arbeitslosenzahlen in Deutschland. (M4)
❻ Berichte über die Probleme von Arbeitslosen 1932. (M2–M6)
   Stühletausch
❼ **Hilfe** Als Arbeitsloser im Jahre 1932 schreibst du einen Brief an Verwandte in den USA und berichtest über deine Lage. (M2–M6)

Hilfe zu
❼ So kannst du beginnen:
   Lieber Henry!
   Auch wir in Deutschland bekommen die Wirtschaftskrise zu spüren. Dafür gibt es viele Beispiele …
Gehe dann zum Beispiel auf Betriebsschließungen, Arbeitslosigkeit, Geldprobleme und Ähnliches ein.

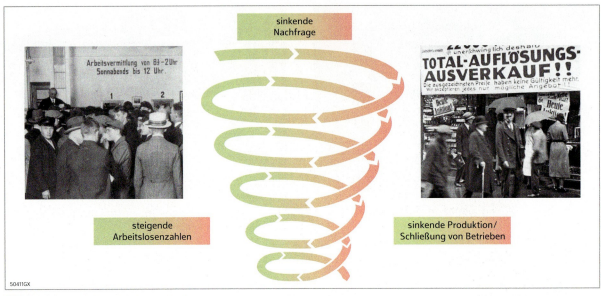

M1 Wirtschaftliche Abwärtsspirale

Massenarbeitslosigkeit in Deutschland

T1 • Verarmung von Millionen Menschen

Die Massenarbeitslosigkeit infolge der Weltwirtschaftskrise bedeutete für Millionen Menschen Verelendung und Verarmung. Verzweiflung und Hoffnungslosigkeit prägten den Alltag vieler Menschen. Die staatlichen Hilfen reichten kaum aus, um das Überleben zu sichern.

Du hast eines Tages den berühmten „blauen Brief" erhalten. Man legt auf deine Arbeitskraft kein Gewicht mehr ... Was dir zunächst als persönliches Schicksal ... erscheint, auf dem ... [Arbeitsamt] merkst du: Wie dir geht es Tausenden ... Nach ... [genauer] Befragung erhältst du deine Stempelkarte und gehst damit los zur Erwerbslosenfürsorge. ... Erst wenn dein Antrag geprüft ... ist, kannst du im günstigsten Fall nach vierzehn Tagen dein erstes Geld holen ... denn du musst eine Karenzzeit (Wartezeit) ... von mindestens sieben Tagen durchmachen. Bist du aber Saisonarbeiter oder ein junger Arbeiter unter 21 Jahren, dann dauert die Karenzzeit vierzehn Tage ... Deine Unterstützung richtet sich nach deinem Arbeitsverdienst in den letzten 26 Wochen. Aber ganz gleich, ob du 8,80 RM oder 22,05 RM (Höchstsatz) als Lediger pro Woche erhältst, die paar Pfennige sind zum Leben zu wenig und zum Sterben zu viel. 26 Wochen darfst du ... Unterstützung beziehen ... und du kommst in die Krisenfürsorge, deren Sätze erheblich niedriger sind. Und nach weiteren 26 oder 52 Wochen erhältst du gar nichts mehr und gehörst zu den gänzlich Unterstützungslosen ...

M2 Artikel aus der Arbeiter-Illustrierten-Zeitung (Nr. 5 von 1930)

❶ Erkläre anhand von M1, wie es zur Massenarbeitslosigkeit kam.

❷ Stelle die Unterstützung, die ein Arbeitsloser erhielt, grafisch dar. (M2)

M3 Der Fotograf Walter Ballhause aus Hannover war 1932 selbst arbeitslos und hat in dieser Zeit arbeitslose Menschen in seiner Heimatstadt im Bild festgehalten.

❸ a) **Hilfe** Beschreibe die jeweiligen Personen der Fotos ① bis ⑥ in M3.
b) Formuliere treffende Bildtitel.
c) Formuliere mögliche Gedanken und Gefühle der fotografierten Personen.
 Partnerpuzzle

❹ In der Quelle M2 heißt es: „Die paar Pfennige sind zum Leben zu wenig …" Erläutere diese Aussage.

Hilfe zu
❸ Achte besonders auf die Körperhaltung.

Statistiken auswerten

Zahlen gelten als exakt und verlässlich. Schaubilder, in denen Zahlen präsentiert werden, Statistiken oder Diagramme begegnen uns häufig im Alltag. Im Fernsehen, im Internet oder in der Zeitung werden sie abgebildet, um Aussagen zu belegen oder zu entkräften.

Statistiken sind Informationen in Form von Zahlen, die unter einer bestimmten Fragestellung gesammelt wurden. Diese Zahlenwerte können auf unterschiedliche Weise präsentiert werden. Zahlen können in Tabellen aufgelistet oder in Diagrammen, Grafiken oder Schaubildern umgesetzt werden.

Diagramme und Grafiken

Die Informationen, die in Zahlenwerten stecken, können durch das Vergleichen veranschaulicht werden. Dazu bieten sich unterschiedliche Darstellungen als Diagramm an:
- Ein Kreisdiagramm stellt die Zahlenwerte in unterschiedlich farbigen Abschnitten dar, die an Tortenstücke erinnern.
- Das Balkendiagramm präsentiert die Zahlen in waagerechten Balken, während ein Säulendiagramm das Zahlenmaterial in senkrechten Säulen zeigt.
- Durch ein Kurvendiagramm lässt sich die Entwicklung eines Sachverhalts in Form einer Linie darstellen.

Um Statistiken richtig zu verstehen, muss man Diagramme und Grafiken sorgfältig auswerten.

M1 Statistiken kann man unterschiedlich darstellen.

Jahr	Arbeitslose
1921	346 000
1922	215 000
1923	818 000
1924	927 000
1925	682 000
1926	2 025 000
1927	1 312 000
1928	1 391 000
1929	1 899 000
1930	3 076 000
1931	4 520 000
1932	5 603 000
1933	4 804 000

M2 Arbeitslosenzahlen der Jahre 1921 bis 1933 in einer Tabelle

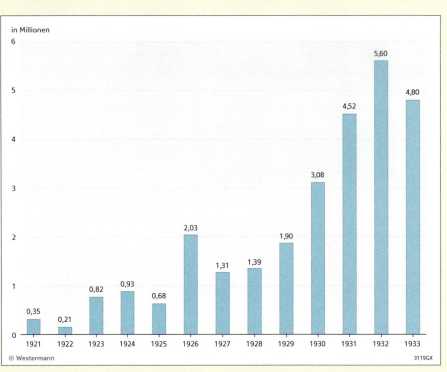

M3 Arbeitslosenzahlen der Jahre 1921 bis 1933 in einem Säulendiagramm

1. Schritt: **Die Statistik beschreiben**
- Beschreibe die Statistik genau, indem du alle verfügbaren Informationen nutzt.
  Das Thema der Statistik ist … .
  Sie hat den Titel … .
  Als Darstellungsform wurde … gewählt.
  (zum Beispiel Tabelle, Kreis-, Balken-, Säulen- oder Kurvendiagramm)
  Als Maßeinheiten wurde / wurden … verwendet.
  (zum Beispiel Jahre, Zeiträume, Währung, Gewicht)
  Die X-Achse ist beschriftet mit … . Die Y-Achse ist beschriftet mit … .

2. Schritt: **Die Darstellung einordnen**
- Benenne, wer die Statistik in Auftrag gegeben hat, wenn dies möglich ist.
  Die Statistik wurde erstellt von … .
  (zum Beispiel von einen Ministerium, einer Behörde, einem Unternehmen, einer Privatperson)
- Kläre, ob die Darstellungsform übersichtlich und verständlich ist.
  Die Darstellung als …. ist übersichtlich, weil … .
  Die Darstellung als … ist nicht verständlich, da … .
- Überlege, ob ein Vergleich von Zahlenwerten möglich ist.
  Die Zahlenwerte … können verglichen werden, weil … .
  Ein Vergleich von … ist nicht möglich, denn … .

3. Schritt: **Die Darstellung auswerten**
- Erkläre, was die Zahlenwerte aussagen, wenn man sie miteinander vergleicht.
- Benenne die Auffälligkeiten, die an bestimmten Punkten deutlich werden.
  Der höchste Zahlenwert … . / Der niedrigste Wert … .
  Die Zahlen entwickeln sich … .
  Die Werte … steigen an. / Die Werte … sinken.
  Die Werte … steigen / fallen langsam / allmählich / sprunghaft … .
- Erläutere die Entwicklung, die deutlich wird.
  Vergleicht man die Zahlenwerte miteinander, erkennt man … .
  Besonders auffällig sind die Zahlenwerte für … .
  Die Entwicklung, die durch die Darstellung deutlich wird, zeigt, dass … .
- Ordne die Statistik in den geschichtlichen Zusammenhang ein.
  Die Statistik bezieht sich auf die Zeit … . Sie beschreibt die Entwicklung … .
- Beurteile, was die Statistik über den geschichtlichen Zusammenhang aussagt.
  Aus der Statistik wird deutlich, dass in der Zeit … . Es bestand offensichtlich ein Problem … .

Die Arbeitslosigkeit bringt den Menschen um. Da hat man gelernt und liegt nachher auf der Straße, keine Aussicht auf Besserung, keine Aussicht auf Weiterbildung, man hat das Gefühl, überflüssig zu sein.

Man ist rumgelaufen nach Arbeit Tag für Tag, und wenn man dann immer das eine hört: nichts zu machen – wird man abgestumpft. Mit der Zeit wächst in dem Herzen eine giftige Blüte auf, der Hass.

M1 Arbeitslose vor dem Schalter einer Stempelstelle des Arbeitsamtes

M2 Junge Arbeitslose äußern sich 1932 zu ihrer Lage. (sprachlich vereinfacht)

Das Scheitern der Weimarer Republik

T1 • Mit Notverordnungen gegen die Krise

Im Jahr 1930 gelang es den bisherigen Regierungsparteien nicht mehr, ein Regierungsbündnis zu schließen. Ihre jeweiligen Vorstellungen über mögliche Wege aus der Wirtschaftskrise waren zu unterschiedlich. Somit hatte die Wirtschaftskrise zu einer politischen Krise geführt.

In dieser Situation wendete Reichspräsident Paul von Hindenburg den Artikel 48 der Weimarer Verfassung an. Hindenburg setzte eine Regierung ein, die nicht dem Reichstag, sondern nur ihm verantwortlich war. Diese Regierung erließ Notverordnungen, wenn der Reichstag nicht in der Lage war, selbst Gesetze zu beschließen. Wollte der Reichstag eine Notverordnung verhindern, konnte ihn der Reichspräsident mithilfe des Artikels 25 auflösen und Neuwahlen ansetzen.

Auf diese Weise nahm bis 1932 die Zahl der Gesetze des Reichstags stetig ab, wogegen die Notverordnungen des Reichspräsidenten deutlich anstiegen. Der Reichstag hatte damit seine Gesetzgebungsgewalt verloren. Das Ansehen der Republik und des Reichstags sank beim Volk.

Stempel
Der Stempel vom Arbeitsamt war ein Nachweis für den Besuch des Arbeitsamtes und Voraussetzung für die Auszahlung eines bestimmten Geldbetrags.

politische Krise
bezeichnet hier: eine Lage, in der die Regierung nicht mehr handlungsfähig ist

❶ Beschreibe die Stimmung der Arbeitslosen in M1 und M2.

❷ a) Berichte, wie es zur politischen Krise im Jahre 1930 kam. (T1)
b) Wie reagierte der Reichspräsident darauf? Erkläre. (T1)
c) Welche Folgen hatte diese Politik? (T1)

❸ Fertige eine Kopie von M4 auf Seite 171 an. Streiche die Elemente des Modells, die nach Artikel 48 keine Bedeutung mehr hatten. (T1)
🌐 *Lerntempoduett*

❹ Reichspräsident Hindenburg wollte mit seiner Politik die Republik stabilisieren. Beurteile, ob ihm das gelungen ist. (T1)

T2 • Radikalisierung durch die Krise

Viele Menschen fragten sich, ob die Staatsform Republik die Probleme des Landes wirklich lösen konnte. Diese Stimmungen nutzten die Nationalsozialisten unter Adolf Hitler für ihre Zwecke aus. Die NSDAP wollte auf demokratischem Weg, das heißt durch Wahlen, die Macht erlangen, dann aber die Republik und damit die Demokratie beseitigen. Hierfür betrieb die NSDAP einen aufwendigen Wahlkampf, um viele Wählerstimmen zu gewinnen. Gleichzeitig schufen Schlägertrupps ein Klima der Angst, um das Vertrauen der Menschen in den Staat weiter zu erschüttern. Anfang der 1930er-Jahre gab es viele blutige Schlägereien und Straßenschlachten zwischen Anhängern der NSDAP und vor allem der KPD. Insgesamt erstarkten die radikalen Parteien und die demokratischen Parteien verloren die Mehrheit. Die NSDAP wurde zur stärksten Partei in Deutschland. Damit war die Weimarer Republik gescheitert.

> Ich habe in meiner Arbeit für die NSDAP mehr als dreißig Mal vor Gericht gestanden und bin acht Mal wegen Körperverletzung, Widerstandsleistung und ähnlicher, für einen Nazi selbstverständlicher Delikte vorbestraft. ...

M3 Aus dem Brief eines NSDAP-Mitglieds

Radikalisierung
Viele Parteien entwickelten extreme Ansichten und Ziele. Sie waren gewaltbereit und demokratiefeindlich eingestellt.

NSDAP
Nationalsozialistische Deutsche Arbeiterpartei, radikale rechte Partei

KPD
Kommunistische Partei Deutschlands, radikale linke Partei

Delikt
Vergehen, Straftat

M4 Wahlplakat der KPD von 1932

M5 Wahlplakat der NSDAP von 1932

Webcode
Filmclip zum Scheitern der Weimarer Republik
WES-100512-8

5 Die NSDAP nutzte die Ängste der Menschen aus. Erkläre. (T2, M3)

6 Nenne Folgen der Radikalisierung. (T2)

7 Arbeite aus M4 und M5 heraus, dass KPD und NSDAP das politische System der Weimarer Republik ablehnten.

M1 Die NSDAP führt mit 7000 Mann einen Marsch durch das kommunistisch geprägte Altona durch. (17. Juli 1932)

M2 Die Einwohner Altonas beobachten das Geschehen am Straßenrand. (17. Juli 1932)

Altona
früher eine selbstständige Stadt, heute Stadtteil Hamburgs

Parole
Spruch, den man sich gut merken kann und der von einer Gruppe Gleichdenkender vor allem mündlich gebraucht wird

> 7000 Nazis aus ganz Norddeutschland marschieren am 17. Juli 1932 durch Altona. … Sie rufen ihre Parolen und singen antisemitische Lieder, Passanten werden zusammengeschlagen … Irgendwann fallen Schüsse – zwei Männer aus den Reihen der Nationalsozialisten liegen blutüberströmt auf der Straße. Die Polizei behauptet später, der Demonstrationszug und die ihn sichernden Beamten seien von Dächern und aus Fenstern heraus beschossen worden. Polizisten feuern in die umliegenden Häuser – mehr als 5000 Schuss sollen die Ordnungshüter abgegeben haben … 16 Anwohner sterben.

M3 NDR Hamburg Journal vom 16. Juli 2012 über den Altonaer Blutsonntag

Mit Terror gegen die Republik

T1 • Straßenkämpfe und blutige Gewalt

Linke und rechte Parteien hatten in den 1920er-Jahren eigene Kampfverbände gebildet.

Der Kampfverband der NSDAP war die Sturmabteilung (SA). Die SA sollte die politischen Gegner in Angst und Schrecken versetzen, die nationalsozialistische Propaganda verbreiten und bei Aufmärschen und Massenschlägereien die Stärke der NSDAP demonstrieren.

Arbeitslose Parteimitglieder erhielten bei der SA auf Kosten der Partei eine warme Mahlzeit und Übernachtungsmöglichkeiten. Die Mitgliedschaft in den militärisch organisierten Sturmabteilungen gab den Arbeitslosen das Gefühl, eine wichtige Rolle zu spielen.

Die aufgeheizte politische Stimmung zu Beginn der 1930er-Jahre hatte zur Folge, dass Straßenkämpfe zwischen den Kampfverbänden der NSDAP und denen der KPD keine Seltenheit waren. Besonders vor Wahlen fanden sie gehäuft statt. Im Jahr 1932 forderte diese Form der politischen Auseinandersetzung etwa hundert Tote und weit mehr als tausend Verletzte.

M4 Die Polizei versucht in Berlin einen Straßenkampf aufzulösen. (1929)

Nach den Erfahrungen der letzten Tage ist verfügt worden, dass jeder Demonstrationszug seinen eigenen Leichenwagen mitzuführen hat.

M5 Karikatur aus dem Simplicissimus (16. Februar 1932)

T2 • Der Medienunternehmer Alfred Hugenberg

Die angespannte Stimmung in den letzen Jahren der Weimarer Republik wurde durch die Zeitungen des Unternehmers Alfred Hugenberg weiter aufgeheizt. Hugenberg war Mitglied der Deutschnationalen Volkspartei (DNVP) und ein überzeugter Gegner der Demokratie. Er hatte in den 1920er-Jahren ein riesiges Presseimperium aufgebaut, das mit seinen Zeitungen und Zeitschriften über die Hälfte der deutschen Presse umfasste. Mit dem Kauf der Ufa-Filmgesellschaft wurde Hugenbergs Konzern zum größten Medienunternehmen der Weimarer Republik. Damit war es ihm möglich, die öffentliche Meinung maßgeblich zu beeinflussen. Im Sinne der DNVP hetzten seine Zeitungen gegen die Demokratie und den Parlamentarismus. Damit unterstützte er auch die Nationalsozialisten und war für deren Machtzuwachs mitverantwortlich.

Alfred Hugenberg (1865 – 1951)

1. a) Vermute, warum die NSDAP einen großen Aufmarsch in Altona durchführte. (M1)
   b) Formuliere mögliche Gedanken der Menschen am Straßenrand. (M2)
      Bienenkorb
2. Bewerte das Verhalten von SA und Polizei am 17. Juli 1932 in Altona. (M3)
3. Recherchiere weitere Informationen zum Altonaer Blutsonntag und berichte.
4. Erläutere, warum die NSDAP und die SA für Arbeitslose so attraktiv waren. (T1)
5. Werte die Karikatur M5 aus. (T1, M4)
6. Nimm Stellung zu Kampfverbänden in politischen Parteien. (T1, M4, M5)
7. Erkläre, wie Alfred Hugenberg politischen Einfluss ausüben konnte. (T2)
8. Recherchiere über Alfred Hugenberg und die Harzburger Front. Berichte der Klasse.

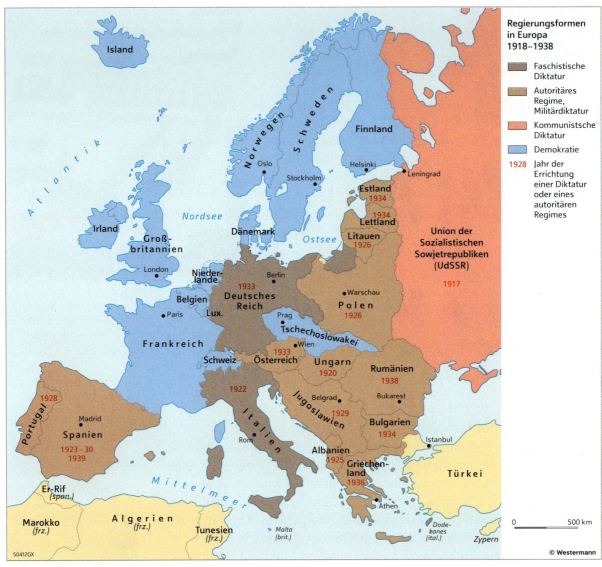

M1 Demokratien und Diktaturen in Europa zwischen 1918 und 1938

Diktaturen gegen Demokratie

T1 • Wie demokratisch war Europa?

Nach dem Ersten Weltkrieg hatten sich in fast allen Staaten Europas parlamentarisch-demokratische Regierungsformen durchgesetzt. Unterschiedliche Krisen und mangelndes Demokratiebewusstsein führten jedoch bald in zahlreichen Staaten zu einer Radikalisierung und zum Entstehen von Diktaturen. Diese entwickelten sich in sehr unterschiedlicher Art und Weise. Faschistische Diktaturen sind auf eine Führerperson ausgerichtet, antidemokratisch und antikommunistisch. In Militärdiktaturen wird die politische Führung von Militärs übernommen. In einer kommunistischen Diktatur wird die Herrschaft von der kommunistischen Partei und ihrem führenden Funktionär ausgeübt.

T2 • Beispiele für Diktaturen

In der Zeit zwischen den Weltkriegen entstanden in Italien, Polen und Russland Diktaturen, die in ihrer Art völlig unterschiedlich waren.

Benito Mussolini (1883–1945) wurde 1922 zum Ministerpräsidenten Italiens ernannt. 1925 erklärte er sich zum Diktator mit dem Ziel, an das Römische Reich der Antike anzuknüpfen. Er trug den Titel „Duce" (Führer) und war in den 1920er-Jahren ein Vorbild Adolf Hitlers. 1945 wurde Mussolini von italienischen Widerstandskämpfern erschossen.

Jozef Pilsudski (1867–1935) kämpfte vor dem Ersten Weltkrieg gegen die russische Herrschaft in Polen. Im Jahre 1918 wurde er einer der führenden Militärs und Politiker in seiner Heimat und 1919 zum Staatspräsidenten gewählt. Von 1926 bis zu seinem Tod regierte er Polen wie ein Diktator. Er bekämpfte oppositionelle Parteien und unterdrückte Minderheiten.

Josef Stalin regierte die UdSSR von 1927 bis zu seinem Tod 1953. Er war sowohl Generalsekretär der Kommunistischen Partei als auch Vorsitzender des Ministerrates der UdSSR. Durch die Vereinigung beider Ämter in seiner Hand regierte er die UdSSR als Diktator. Seit 1929 ließ er sich offiziell als „Führer" bezeichnen. Innerparteiliche Konkurrenten und politische Gegner ließ er brutal verfolgen.

M2 Diktatoren in Europa zwischen den Weltkriegen

❶ Werte die Karte M1 aus. Liste dazu die dargestellten Länder in einer Tabelle auf und ergänze die Staatsform gemäß der Legende.
 Lerntempoduett
❷ Nenne Merkmale
  a) des Faschismus,
  b) einer Militärdiktatur und
  c) einer kommunistischen Diktatur. (T1)
❸ Arbeite mithilfe der Informationen in M2 heraus, um welche Art von Diktatur es sich in Italien, Polen und der UdSSR handelte.
❹ Diskutiert, ob politische und wirtschaftliche Probleme die Demokratie gefährden.
❺ Vermute, welche Folgen es für die europäische Politik hatte, wenn so viele europäische Staaten diktatorisch regiert wurden.

Die Weimarer Republik

Wie wurde aus dem Kaiserreich eine Republik?

Im November 1918 erkannten viele Deutsche, dass der Krieg verloren war. Die schlechte Stimmung richtete sich gegen Kaiser Wilhelm II., der Deutschland in diesen Krieg geführt hatte. Es kam zu Protesten und Straßenkämpfen. Am 9. November 1918 wurden die Abdankung des Kaisers verkündet und dem SPD-Politiker Friedrich Ebert die Regierungsgeschäfte übertragen. Am selben Tag rief der Politiker Philipp Scheidemann die Republik aus. Am 19. Januar 1919 wurde die Nationalversammlung gewählt. Frauen hatten erstmals das Wahlrecht. Wegen Unruhen in Berlin tagte die Nationalversammlung in Weimar. Dort entstand die erste demokratische Verfassung für Deutschland.

Wie kam es zur Inflation von 1923?

Mit dem Kriegsende musste die neue Regierung Kriegsschulden zurückzahlen, Reparationszahlungen an die Siegermächte leisten sowie Renten für Witwen, Waisen und Kriegsverletzte aufbringen. Gleichzeitig nahm der Staat wenig Steuern ein. In dieser Lage ließ die Regierung Geld drucken. Ab Mitte 1923 sank deshalb der Geldwert beinahe täglich, später sogar stündlich. Die Inflation entwickelte sich so zu einer Hyperinflation. Sie wurde am 15. November 1923 durch eine Währungsreform beendet.

Warum scheiterte die Weimarer Republik?

1929 hatte eine Wirtschaftskrise Deutschland in eine tiefe Krise mit Millionen von Arbeitslosen gestürzt. Viele Menschen gaben der Demokratie die Schuld. Dadurch konnten demokratiefeindliche Parteien bei den Reichstagswahlen große Gewinne erzielen und die Demokraten verloren die Mehrheit. So kam es, dass keine Regierungsbildung möglich war. Deshalb setzte der Reichspräsident nach Artikel 48 der Verfassung eine Regierung ein, die nicht vom Reichstag abhängig war. Sie regierte mit Notverordnungen. Eine demokratische Kontrolle der Regierung gab es nicht mehr. Damit war die Weimarer Republik gescheitert.

Artikel 48
Der Artikel 48 der Weimarer Verfassung legte fest, dass der Reichspräsident bei Gefahr für die öffentliche Sicherheit das Militär einschalten und die Menschen- und Bürgerrechte vorübergehend außer Kraft setzen konnte. Außerdem durfte er auch anstelle von Gesetzen des Reichstages Notverordnungen erlassen. Dies war die Schwäche der Verfassung.

Inflation

Eine Inflation (= Geldentwertung) liegt vor, wenn in einem Staat die Geldmenge größer als die Menge der Waren und Güter ist. Wenn gleichzeitig der Staat noch Geld drucken lässt, verliert die Währung weiter an Wert und es kommt zur Hyperinflation.

Präsidialkabinett
Dies ist die Bezeichnung für Regierungen in der Weimarer Republik, die nach Artikel 48 der Weimarer Verfassung vom Reichspräsidenten eingesetzt wurden. Sie mussten sich nur ihm gegenüber erklären und arbeiteten mit Notverordnungen anstelle von Gesetzen des Reichstages.

Radikalisierung
Es wird von Radikalisierung gesprochen, wenn einzelne Personen oder Gruppen in politischer, sozialer oder religiöser Hinsicht radikale und extremistische Vorstellungen annehmen. Dies kann zum Beispiel die Ablehnung des vorhandenen Staatssystems sein. Während der Wirtschaftskrise 1929 gab es in Deutschland eine politische Radikalisierung von links und rechts.

Reparationen
Nach dem Versailler Friedensvertrag musste Deutschland den Siegermächten Ersatz für erlittene Kriegsschäden zahlen. Diese Reparationen waren zum Beispiel große Mengen der Goldreserven der Reichsbank sowie Industrieanlagen, die den Siegermächten ausgehändigt wurden.

Republik
Ein Staatssystem mit einer vom Volk oder von Volksvertretern auf Zeit gewählten Regierung. Staatsoberhaupt ist kein Monarch, sondern ein Präsident. Dies war in der Weimarer Republik und ist in der Bundesrepublik Deutschland der Fall. In einer Republik müssen zudem die demokratischen Grundrechte gesichert sein.

Weltwirtschaftskrise
Im Oktober 1929 kam es zu einer Wirtschaftskrise in den USA. Den Banken drohte die Pleite. In dieser Lage forderten die US-Banken ihre Kredite von Deutschland zurück. Die Wirtschaftskrise griff auf Deutschland über und zeigte dieselben Folgen wie in den USA. Millionen von Menschen in Deutschland wurden zu Kurzarbeitern oder arbeitslos.

Weimarer Verfassung
Wegen anhaltender Unruhen in Berlin zog die Nationalversammlung nach Weimar um. Dort wurde eine Verfassung beschlossen, welche die Gewaltenteilung festschrieb und die Menschen- und Bürgerrechte sowie das Frauenwahlrecht beinhaltete. Es war die erste demokratische Verfassung für Deutschland.

Die Weimarer Republik

1. Richtig oder falsch?

Entscheide, ob die Aussagen richtig oder falsch sind. Schreibe die Sätze in deine Geschichtsmappe und berichtige dabei die falschen Aussagen.

Stühletausch

a) Der SPD-Politiker Ebert hat die deutsche Republik ausgerufen.
b) Die Weimarer Verfassung hieß so, weil Goethe in Weimar gelebt hatte.
c) In der Weimarer Republik durften Frauen nicht wählen.
d) Frauen erhielten das Wahlrecht im Jahre 1923.
e) Im Versailler Vertrag übernahmen alle Kriegsparteien gemeinsam die Verantwortung für den Ausbruch des Ersten Weltkrieges.
f) Deutschland musste nach dem Ersten Weltkrieg keine Gebiete an Frankreich und Belgien abgeben.
g) Ursachen der Inflation von 1923 waren die Reparationszahlungen und die Ausgabe wertloser Banknoten durch die Regierung.

2. Durcheinander

a) Bringe die Nummern der nachfolgenden Bilder aus dem Kapitel in die richtige zeitliche Reihenfolge.
b) Notiere dazu einen jeweils passenden Bildtitel.
c) Schreibe einen kurzen erläuternden Text zum Bild. Verwende deine Geschichtsmappe.

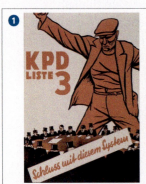

3. Ein Witz aus dem Jahr 1923

Erkläre, worauf dieser Witz anspielt.
🌐 *Bienenkorb*

> Zwei Frauen unterhalten sich: „Also gestern bin ich mit dem Taxi zum Zoo gefahren." Sagt die andere Frau: „Aber sonst fährst du doch immer mit dem billigeren Stadtbus." Antwortet die erste Frau: „Ja, aber beim Bus muss man beim Einsteigen bezahlen und beim Taxi erst am Ende der Fahrt."

4. Eine Statistik deuten

Die nachfolgende Tabelle zeigt den prozentualen Anteil der NSDAP bei den Ergebnissen der Reichstagswahlen 1928 bis 1932.

	20.5.1928	14.9.1930	31.7.1932	6.11.1932
NSDAP	2,6 %	18,3 %	37,3 %	33,1 %

a) Werte die Statistik aus.
b) Wandle die Statistik in ein Säulendiagramm um.
c) Beschreibe die Entwicklung.
🌐 *Lerntempoduett*

5. Ein Foto auswerten

a) Beschreibe das Foto.
b) Gehe auf den geschichtlichen Hintergrund ein.

Arbeitslose stehen an einer Auslieferungsstelle für Zeitungen an und warten auf die neueste Zeitungsausgabe mit den Stellenanzeigen. (1932)

Textquellenverzeichnis

Die Französische Revolution

13 M2 Markov, Walter: Revolution im Zeugenstand, Bd. 2, Fischer Taschenbuch Verlag, Frankfurt 1987, S. 71.

17 M3 Jakoby, Ruth u. Frank Baasner: Paris 1789 – Journal der Täter, Opfer und Voyeure, Elster Verlag, Baden-Baden 1988, S. 263 f.

19 M2 Grundgesetz der Bundesrepublik Deutschland. Art 1–5. Zit. nach: Niedersächsische Zentrale für politische Bildung. Hannover 1999. S. 7.

23 M2 Markov, Walter: Revolution im Zeugenstand, Bd. 2, Fischer Taschenbuch Verlag, Frankfurt 1987, 260 ff.

23 M3 Grab, Walter: Die Französische Revolution, Nymphenburger Verlagshandlung, München 1973, S. 94 ff.

25 M2 Paschold, Chris E. (Hrsg.): Die Französische Revolution. Ein Lesebuch mit zeitgenössischen Berichten und Dokumenten, Reclams Universal-Bibliothek, Stuttgart 1989, S. 262.

26 M1 Markov, Walter (Hrsg.): Die Französische Revolution – Bilder und Berichte 1789–1799, Propyläen, Berlin 1989, S. 186 ff.

26 M2 Die Hinrichtung Ludwigs XVI. Aus: https://lehrerfortbildung-bw.de/u_gewi/geschichte/gym/bp2016/fb7/4_franz/3_unter/5_koenig/5_das_verhalten_des_koenigs.pdf (Stand 22.2.2021)

28 M1 de Robespierre, Maximilien: Ausgewählte Texte, Merlin, Hamburg 1971, S. 587 f., 594 f.

31 M2 de Mélito, André François Miot: Mémoires I, Provinienz: Hofbibliothek Wittelsbach 1866, S. 163 f.

32 M2 Kircheisen, Friedrich M. (Hrsg.): Napoleon I, Frankreich, Kaiser: Gespräche Napoleons des Ersten, Bd. 2, Lutz, Stuttgart 1912, S. 63.

35 M2 Nicolaisen, Peter: Thomas Jefferson, Rowohlt, Hamburg 1995, S. 79.

35 M3 Paine, Thomas: Die Rechte des Menschen. Eine Antwort auf Herrn Burke's Angriff auf die Französische Revolution, Vossische Buchhandlung, Berlin 1792, S. 137.

35 M4 de Maistre, Joseph Marie: Betrachtungen über Frankreich. Über den schöpferischen Urgrund der Staatsverfassungen, Reimar Hobbing, Berlin 1924, Kap. IV.

Auf dem Weg zum Nationalstaat

43 M2 Weldler-Steinberg, Augusta von (Hrsg.): Theodor Körners Briefwechsel mit den Seinen, Quelle & Meyer, Leipzig 1910, Brief vom 10.3.1813.

46 M2 Wentzcke, Paul u. Wolfgang Klötzer (Hrsg.): Deutscher Liberalismus im Vormärz. Heinrich von Gagern, Briefe und Reden 1815–1848, Musterschmidt, Göttingen 1959, S. 60.

47 M3 Schönbrunn, Günther: Bürgerliches Zeitalter 1815–1914, Bayerischer Schulbuch-Verlag, München 1980, 86 f.

49 M2 List, Friedrich: Schriften, Reden und Briefe, Bd. 5, Berlin 1929, S. 50.

53 M2 Krebs, Gilbert u. Bernard Poloni (Hrsg.): Volk, Reich und Nation 1806-1918. Texte zur Einheit Deutschlands in Staat, Wirtschaft und Gesellschaft, Paris: Univ. de la Sorbonne Nouvelle 1994, S. 108 f.

53 M3 Oncken, Wilhelm: Das Zeitalter des Kaisers Wilhelm, Bd. 1, Grote, Berlin 1890, S. 241.

54 M1 Schüßler, Wilhelm (Hrsg.): Otto von Bismarck, Reden 1847-1869. In: Hermann von Petersdorff (Hrsg.): Bismarck: Die gesammelten Werke, Bd. 10, Otto Stolberg, Berlin 1924–1935, S. 139 f.

55 M4 Görtemaker, Manfred: Deutschland im 19. Jahrhundert. Entwicklungslinien, Leske + Budrich, Opladen 1989, S. 253.

58 M3 Berliner Festspiele GmbH (Hrsg.): Preussen. Zur Sozialgeschichte eines Staates. Eine Darstellung in Quellen, Rowohlt, Reinbek bei Hamburg 1981, S. 299.

66 M1 Wassermann, Jakob: „Wir leben im Zeitalter der Toleranz!". In: Wolfgang Piereth (Hrsg.): Das 19. Jahrhundert. Ein Lesebuch zur deutschen Geschichte 1815–1918. Beck, München, 1996, S. 324 f.

66 M2 Bundesgesetzblatt 1869, S. 292. Aus: http://www.verfassungen.de/de67-18/gesetze/religionen69.htm (Stand: 22.11.2022)

Die Industrialisierung

91 M2 Gilhaus, Ulrike: Schmerzenskinder der Industrie, Schöningh, Paderborn 1995, S. 190 f.

91 M3 Brüggemeier, Franz-Josef und Michael Toyka-Seid (Hrsg.): Industrie-Natur. Lesebuch zur Geschichte der Umwelt im 19. Jahrhundert, Campus, Frankfurt a. M. 1995, S. 145.

93 M3 zit. nach: Schulz, Ursula (Hrsg.): Die deutsche Arbeiterbewegung in Augenzeugenberichten, Rauch, Düsseldorf 1968, S. 107.

96 M2 Altmann, Anna: Aus dem Leben eines Proletarierkindes, In: Emma Adler (Hrsg.): Buch der Jugend. Für die Kinder des Proletariats, Verlag der Expedition des „Vorwärts", Berlin 1895, S. 186 f.

97 M3 Vom Leben der Spulerinnen, In: „Der Textil-Arbeiter", Jg. 21, Nr. 6, 5. Februar 1909, S. 44, Verband Deutscher Textilarbeiter, Berlin 1909. Aus: http://library.fes.de/gewerkzs/textilarbeiter/1909/pdf/1909-006.pdf (Stand 22.11.2022)

100 M1 Budde, Heinz: Christentum und soziale Bewegung, Pattloch, Aschaffenburg 1961, S. 32.

100 M2 Schütz, Hans J. (Hrsg.): Jugend einer Arbeiterin, Dietz Verlag, Berlin, Bonn u. Bad Godesberg 1977, S. 35.

102 M2 Schramm, Percy Ernst: Neun Generationen. Dreihundert Jahre deutscher „Kulturgeschichte" im Lichte der Schicksale einer Hamburger Bürgerfamilie (1648-1948), Bd. 2, Vandenhoeck & Ruprecht, Göttingen 1964, S. 421.

104 M2 zit. nach: Roellecke, Gerd: Julius von Massow als „Kultusminister" (1798–1806). Preußische Bildungspolitik zwischen Wöllner und Humboldt. In: Hans Hattenhauer und Götz Landwehr (Hrsg.): Das nachfriderizianische Preußen 1786-1806, Müller Jur. Verlag, Heidelberg 1988, S. 370 f.

104 M3 Münkler, Laura: (Revidierte) Preußische Verfassung (1850). Aus: https://www.jura.uni-wuerzburg.de/lehrstuehle/muenkler/verfassungsdokumente-von-der-magna-carta-bis-ins-20-jahrhundert/revidierte-preussische-verfassung-1850/ (Stand: 22.11.2022)

106 M2 zit. nach: Danner, Wilfried und Wolfgang Hug (Hrsg.): Geschichtliche Weltkunde. Quellenlesebuch. Bd. 2, Diesterweg Verlag, Braunschweig 1980, S. 215.

107	M3 Quellensammlung zur Geschichte der sozialen Betriebsverfassung, Bd. 2, Verlag Hanstein, Bonn 1965, S. 295.
109	M2 Weber, Bunte u. a.: Beschluß der Deligirten der Bergleute von Rheinland und Westfalen am 24. Mai im Schützenhofe zu Bochum. Märkische Vereinsdruckerei 1889. Aus: https://de.wikisource.org/wiki/Beschluß_der_Deligirten_der_Bergleute_von_Rheinland_und_Westfalen_am_24._Mai_im_Schützenhofe_zu_Bochum (Stand: 22.11.2022)
109	M3 Raßloff, Steffen u. Ulrich Seidel (Hrsg.): Der Erfurter Kaisersaal, Sutton Verlag, Erfurt 2008, S. 45-48. Aus: http://www.erfurt-web.de/Text_Erfurter_Programm (Stand: 22.11.2022)
111	M2 Marx, Karl u. Friedrich Engels: Manifest der Kommunistischen Partei, London 1848, S. 3-23. Aus: https://www.deutschestextarchiv.de/book/show/marx_manifestws_1848 (Stand: 22.11.2022)
112	M2 Peters, Horst: Die Geschichte der sozialen Versicherung, Asgard, Bonn-Bad Godesberg 1973, S. 49 f.
113	M3 Petersdorf, Herrmann von (Hrsg.): Otto von Bismarck, Gesammelte Werke, Bd. 3, Frankfurt (Oder) 1925, S. 319 f.
115	M3 Seidenfaden, Marie-Louise (Hrsg.): „…wir ziehen nach Amerika": Briefe Odenwälder Auswanderer aus den Jahren 1830-1833, Museum Schloss Lichtenberg, Fischbachtal 1988, S. 62 ff.
115	M4 Petasch, Paul Clemens: Epistel Pauli an die Familie Petasch, an Herrn Pochmann und seine sämtlichen anderen Freunde! Aus: http://www.auswandererbriefe.de/regionale_briefe/SN_Petasch-27-10-1861.doc (Stand 22.11.2022)

Imperialismus und Erster Weltkrieg

124	M2 vom Bruch, Rüdiger und Björn Hofmeister (Hrsg.): Deutsche Geschichte in Quellen und Darstellung, Bd. 8, Reclam, Stuttgart 2000, S. 268 ff.
125	M3 zit. nach: Drechsler, Horst: Südwestafrika unter deutscher Kolonialherrschaft, Akademie Verlag, Berlin 1985, S. 160.
126	M4 Hagenbeck, Carl: Von Tieren und Menschen. Vita Deutsches Verlagshaus, Berlin 1909, S. 81 f.
127	M5 Alter, Peter: Der Imperialismus. Grundlagen, Probleme, Theorien, Klett, Stuttgart 1979 S. 14.
127	M7 zit. nach: Edwin Züger (Hrsg.): Das Zeitalter des Imperialismus 1870–1914: Texte. Aus: http://romanlooser.ch/Geschichte/Edwin/19Jh/Unterr19ImperialismusTexteZE000421.PDF (Stand: 22.11.2022)
127	M8 Rohkrämer, Thomas: Der Militarismus der „kleinen Leute". Die Kriegervereine im Deutschen Kaiserreich 1871-1914. Oldenbourg, München 1990, S. 243.
128	M2 Rohrbach, Paul: Das deutsche Kolonialwesen, Gloeckner, Leipzig 1911, S. 34–37.
129	M3 Heyden, Ulrich van der und Joachim Zeller (Hrsg.): Kolonialmetropole Berlin. Eine Spurensuche. Berlin Edition, Berlin 2002, S. 289.
133	M3 zit. nach: Hamann, Brigitte: Bertha von Suttner – ein Leben für den Frieden, Piper Verlag, München 1986, S. 128.
134	M1 zit. nach: Grimm, Hans: Warum-Woher-Aber Wohin?, Klosterhaus Verlag, Lippoldsberg 1954, S. 58 f. Aus: http://geocities.ws/dikigoros2/germaniaesse.htm (Stand: 22.11.2022)
134	M2 Hubatsch, Walter: Der Kulminationspunkt der deutschen Marinepolitik im Jahre 1912. In: Historische Zeitschrift, Bd. 176, De Gruyter, Oldenbourg 1953, S. 72 f.
139	M3 zit. nach: Eildermann, Wilhelm (Hrsg.): Jugend im ersten Weltkrieg, Dietz, Berlin 1972, S. 61 f.
139	M4 Mann, Thomas: Essays, Bd. 1, Fischer, Frankfurt 1993, S. 193.
141	M4 Willmott, Hedley: Der Erste Weltkrieg, Dorling Kindersley, München 2009, S. 104.
143	M3 Dziak-Mahler, Myrle (Hrsg.): Geschichte betrifft uns 5: Der Erste Weltkrieg - Kriegserleben an der Front und in der Heimat, Bergmoser + Höller Verlag, Aachen 2005, S. 5. Aus: https://archive.org/details/KriegsbriefegefallenerStudenten/page/n1 (Stand: 22.11.2022)
144	M3 Drahn, Ernst u. Susanne Leonhard (Hrsg.): Unterirdische Literatur im revolutionären Deutschland während des Weltkrieges, Verlag Gesellschaft und Erziehung, Berlin 1920, S. 52 ff.
150	M1 Schambeck, Herbert, Helmut Widder u. Hermann, Marcus (Hrsg.): Dokumente zur Geschichte der Vereinigten Staaten von Amerika, Duncker & Humblot, Berlin 1993 S. 434 ff.
151	M3 Lautemann, Wolfgang u. Manfred Schlenke (Hrsg.): Geschichte in Quellen, Bd. 5, Bayerischer Schulbuch-Verlag, München 1961, S. 104.
153	M3 Luxemburg, Rosa: Die russische Revolution. In: Politische Schriften, Bd. 3, Europäische Verlagsanstalt, Frankfurt a. Main, 1968, S. 106-141. Aus: http://www.mlwerke.de/lu/lu3_106.htm (Stand: 22.11.2022)
155	M3 zit. nach: Lynar, Ingrid Gräfin (Hrsg.): Faksimile-Querschnitt durch die Frankfurter Zeitung, Scherz, Berlin, München u. Wien 1964, S. 98 f.
156	M1 Aus: https://www.dhm.de/lemo/zeitzeugen/oskar-muensterberg-versailler-vertrag.html (Stand: 22.11.2022)
157	M3 Lautemann, Wolfgang u. Manfred Schlenke (Hrsg.): Geschichte in Quellen, Bd. 5, Bayerischer Schulbuch-Verlag, München 1961, S. 126 f.
157	M4 Lautemann, Wolfgang u. Manfred Schlenke (Hrsg.): Geschichte in Quellen, Bd. 5, Bayerischer Schulbuch-Verlag, München 1961, S. 126 f.
163	M2 zit. nach: Lorenz, Victoria Daniella: Die Spanische Grippe von 1918/1919 in Köln: Darstellung durch die Kölner Presse und die Kölner Behörden, Köln: Universität zu Köln 2011. Aus: https://repository.publisso.de/resource/frl:4149112-1/data (Stand: 22.11.2022)

Die Weimarer Republik

170 M3 Scheidemann, Philipp: Memoiren eines Sozialdemokraten, Dresden: Reissner 1928, S. 309 f.

176 M2 Reichsgesetzblatt, Jg. 1919, Nr. 140, S. 687–1349. Aus: http://alex.onb.ac.at/cgi-content/alex?aid=dra&datum=1919&size=45&page=889 (Stand: 22.11.2022).

179 M3 Interview des Autors Martin Lücke mit Erna Arntz, Hildesheim 1995.

182 M1 Schmidt, Paul: Statist auf diplomatischer Bühne 1923–1945, Bonn: Athenäum Verlag 1954, S. 115 ff.

183 M4 zit. nach: Hürten, Heinz: Zwischenkriegszeit und Zweiter Weltkrieg, Stuttgart: Klett-Cotta 1982, S. 123.

185 M3 Michalka, Wolfgang u. Gottfried Niedhart (Hrsg.): Deutsche Geschichte 1918-1933: Dokumente zur Innen- und Außenpolitik, Frankfurt a. M.: Fischer-Taschenbuch-Verlag 1992, S. 110 f.

185 M4 Junker, Detlef (Hrsg.): Deutsche Parlamentsdebatten, Bd. 2., 1919–1939, Frankfurt a. M.: Fischer-Bücherei 1971, S. 180 f.

185 M5 Mann, Thomas: Deutsche Ansprache, Berlin: S. Fischer 1930, S. 27 ff.

189 M2 Alfred Döblin – Berlin Alexanderplatz. Zit. nach: Annes Leselisten, 7.10.2014, Wordpress. Aus: https://annesleselisten.wordpress.com/2014/10/07/februar-2007-alfred-doblin-berlin-alexanderplatz/ (Stand: 22.11.2022).

189 M4 zit. nach: Baumgartner, Edwin: Das lange Leiden der Welthauptstadt. In: Wiener Zeitung, Wien, 2.2.2010. Aus: https://www.wienerzeitung.at/nachrichten/kultur/film/230037_Das-lange-Leiden-der-Welthauptstadt.html?em_no_split=1 (Stand: 22.11.2022).

192 M4 zit. nach: Correspondenzblatt der Generalkommission der Gewerkschaften Deutschlands, Legien, Berlin 1919, 1, S. 4 ff.

192 M5 zit. nach: Reichle, Barbara: Aufgabenverteilungen zwischen Frauen und Männern: Modelle, Bewertungen, Veränderungen", Manuskript des Vortrages „Aufgabenverteilungen zwischen Frauen und Männern: Modelle, Bewertungen, Veränderungen", den Frau Dr. Barbara Reichle an der FernUniversität Gesamthochschule in Hagen am 16.3.1998 im Rahmen der Frauenvorträge gehalten hat. Fernuniversität - Gesamthochschule - Hagen 1998, S. 4. Aus: http://www.fernunihagen.de/imperia/md/content/gleichstellung/heft22reichle.pdf (Stand: 27.1.2019).

195 M5 Knickerbocker, Hubert Renfro: Deutschland so oder so? Rowohlt, Berlin 1932, S. 14 ff.

196 M2 Arbeiter-Illustrierte, Nr. 5, hrsg. v. Willi Münzenberg, Berlin: Neuer Deutscher Verlag 1930.

200 M2 „Der Tag" vom 22.9.1932, In: K. Bergmann, G. Hufnagel u. a.: Erinnern und urteilen, Bd. 4, Stuttgart: Klett 1981, S. 62, 30a, 30b.

201 M3 Hentschel, Volker: So kam Hitler. Schicksalsjahre 1932–1933, Bild/Text-Reportage, Düsseldorf: Droste 1980, S. 58.

202 M3 Wer war schuld am „Altonaer Blutsonntag"? In: NDR, Hamburg, 16.7.2021. Aus: https://www.ndr.de/geschichte/chronologie/Wer-war-schuld-am-Altonaer-Blutsonntag,blutsonntag107.html (Stand: 22.11.2022).

Bildnachweis

|akg-images GmbH, Berlin: 4.2, 9.1, 10.1, 16.1, 20.2, 23.1, 24.1, 26.1, 28.1, 34.1, 36.5, 38.3, 39.2, 39.5, 46.1, 52.1, 56.1, 58.2, 62.1, 63.1, 63.2, 70.5, 75.1, 75.2, 80.1, 84.1, 84.2, 89.1, 92.1, 94.1, 104.1, 105.1, 107.1, 107.2, 110.1, 112.1, 116.6, 116.7, 136.1, 137.1, 141.2, 147.1, 151.1, 155.1, 162.3, 167.1, 167.3, 167.4, 169.1, 177.1, 178.1, 179.1, 183.1, 186.3, 189.1, 190.1, 191.3, 191.5, 200.1, 205.1, 205.2, 206.8, 208.1, 312.1; arkivi 124.1; Ballhause, W. 169.2, 194.1, 206.9; Ballhause, Walter 197.5, 197.6; bilwissedition 67.1; Dix, Otto, Großstadt (Triptychon) © VG Bild-Kunst, Bonn 2023 188.1; Heritage Images/Fine Art Images 68.3; IAM 79.1; Imagno 44.1; Jentzsch, Hans Gabriel 102.1; L. W. Hine 5.1, 116.5; Lessing, Erich 11.3, 13.1, 18.1, 31.1, 32.1, 38.5, 39.3; Lewis W. Hine 74.1, 96.1; Marc Deville 10.2; Märkisches Museum 48.1; NARA/SCIENCE SOURCE 162.2; North Wind Picture Archives 114.1; Peter v.Hess 43.1; Reimer Wulf 187.5; Weiss, Peter 180.2. |Alamy Stock Photo, Abingdon/Oxfordshire: public domain sourced/access rights from The History Collection 87.2. |Alamy Stock Photo (RMB), Abingdon/Oxfordshire: access rights from Archive PL 181.1, 181.3; Albatross 126.1; FALKENSTEINFOTO 88.1, 88.2; Heritage Image Partnership Ltd 47.1; Science History Images 11.4; The Picture Art Collectio 146.1. |Bibliothek der Friedrich Ebert Stiftung/Historische Presse der deutschen Sozialdemokratie online, Bonn: Ausgabe vom 17. Oktober 1925 184.1. |Bildarchiv Foto Marburg, Marburg: Stemple, Postkarte Berlin, private Sammlung, Inventar-Nr. BOR13 68.1, 68.2. |bpk-Bildagentur, Berlin: 4.1, 8.1, 9.2, 12.1, 15.1, 17.1, 33.1, 33.2, 36.4, 36.6, 38.1, 38.6, 38.7, 38.8, 41.1, 70.6, 76.1, 82.1, 86.1, 97.2, 129.1, 148.1, 181.2, 184.2, 187.4, 201.1, 202.2, 203.2, 208.2, 208.5; Archiv Mehrl 87.3; Archive Photos / adoc-photos 152.1; BSB 203.3; D. Katz 87.1; Deutsches Historisches Museum 145.1, 173.2; Deutsches Historisches Museum / Arne Psille 108.1; Deutsches Historisches Museum/Ahlers, Sebastian 186.2, 191.4; Deutsches Historisches Museum/Hildenbrand, Hans 142.2; Deutsches Historisches Museum/Indra Desnica 154.1; Deutsches Historisches Museum/Psille, Arne 172.1, 172.3; Deutsches Historisches Museum/Psille, Arne/Wolff, Willy, Hilf dies Haus schützen, 1920 © VG Bild-Kunst, Bonn 2023 172.2; Gebrüder Haeckel 180.4; Georg Büxenstein & Co 97.1; Kunstbibliothek, SMB 166.1; Kunstbibliothek, SMB, Photothek Willy Römer 6.1, 168.1, 206.7; Kunstbibliothek, SMB, Photothek Willy Römer, Willy Römer 170.1; Kunstbibliothek, SMB/Dietmar Katz 201.2, 208.3; Kunstbibliothek, SMB/Knud Petersen 40.1; Photothek Willy Römer 180.8; RMN/H. Lewandowski 38.4; SMB/Kunstbibliothek/Knud Petersen 186.1; Staatsbibliothek zu Berlin 149.1, 149.4; Wiesebach, Wolfgang 196.3. |Bridgeman Images, Berlin: 20.1, 30.1, 81.1; Giraudon 29.1, 38.2, 82.2. |Das Bundesarchiv, Koblenz: Pahl, Georg/Bild 102-12285 190.2; Plak 002-004-015 173.1; Plak 002-008-015 176.1; Plak 002-029-039 173.3. |fotolia.com, New York: B. Kröger 54.2; Georgios Kollidas 54.1; rufar 143.1. |Gall, Eike, Enkirch: 118.1. |Germanisches Nationalmuseum, Nürnberg: 78.1. |Getty Images, München: AFP/Marin, Ludowic 160.1; Photo 12 10.4; Roger Viollet 158.1. |Historisches Archiv MAN, Augsburg: 103.2. |HüttenWerke, Klaus Kühner, Hamburg: 86.2, 180.1, 180.3, 180.5, 180.7, 196.1, 196.4, 196.5, 196.6. |Imago, Berlin: Arkivi 89.2. |Institut für Jugendbuchforschung, Frankfurt: Bibliothek für Jugendbuchforschung, Goethe-Universität Frankfurt/M. 149.2, 149.3. |Interfoto, München: Austrian National Library/Freytag, Carl 66.1; Friedrich 187.2; Pulfer 126.2. |iStockphoto.com, Calgary: monkeybusinessimages 160.2. |Keppel, Hanno, Braunschweig: Titel. |LWL-Industriemuseum, Dortmund: 90.1.

|mauritius images GmbH, Mittenwald: Alamy Stock Photos/Moviestore Collection 189.3, 189.4; Alamy Stock Photos/Retro AdArchives 189.2; Science Source 78.2. |Morgenpost Verlag GmbH, Hamburg: Wunder, Olaf 202.1. |Museum am Rothenbaum (MARKK), Hamburg: 128.1. |Picture-Alliance GmbH, Frankfurt a.M.: akg-images 10.3, 39.1, 42.1, 141.1; AP/U.S. Army Signal Corps 150.2; Bianchetti Stefano/maxppp 11.1, 39.4; Mary Evans Picture Library 142.1; Mary Evans Picture Library 2015 121.2, 132.1, 164.6, 167.2; Spata, Ole 82.3; tass 153.1; ZB/Endig, Peter 187.6; ZB/Sauer, Stefan 138.1; Zoonar.com/HGVorndran 161.1. |Schwarz, Thies, Hannover: 50.1, 50.2, 50.3, 51.1, 64.1, 65.1, 98.1, 98.2, 98.3, 99.1, 99.2. |Science Photo Library, München: National Museum of Health And Medicine 162.1. |Spangenberg, Frithjof, Konstanz: 76.2, 77.1. |Stiftung Das Rauhe Haus, Hamburg: 106.1. |stock.adobe.com, Dublin: ©alexkar08 143.2. |Süddeutsche Zeitung - Photo, München: 203.1; Knorr + Hirth 144.1; Scherl 5.2, 103.1, 120.1, 139.1, 140.1, 164.7, 167.5, 170.2, 174.1, 175.1, 195.1, 195.2, 208.4. |Tonn, Dieter, Bovenden-Lenglern: 21.1, 36.1, 36.2, 36.3, 37.1, 37.2, 70.1, 70.2, 70.3, 70.4, 71.1, 116.1, 116.2, 116.3, 116.4, 164.1, 164.2, 164.3, 164.4, 165.1, 206.1, 206.2, 206.3, 206.4, 206.5, 206.6, 207.1, 313.1. |ullstein bild, Berlin: 11.2, 145.2, 150.1, 180.6, 187.1, 187.3, 192.3, 196.2, 209.1; Abbe, James E. 205.3; Archiv Gerstenberg 49.1, 72.1, 195.3; Gerstenberg Archiv 182.2; Gircke, Walter 191.1; Granger Collection 122.1; Haeckel Archiv 121.1, 125.1, 164.5; Imagno 69.1; Photo 12 140.2; Roger-Viollet/Albert Harlingue 26.2; Sennecke, Robert 182.1; Süddeutsche Zeitung Photo/Scherl 192.2; SZ Photo / Scherl 41.2, 58.1, 70.7; The Granger Collection 127.1; ullstein bild 191.2; Zander & Labisch 192.1. |Walter-Ballhause-Archiv, Plauen: 197.1, 197.2, 197.3, 197.4.

Operatorenübersicht

beschreiben
Wenn du im Geschichtsunterricht Sach- und Bildquellen oder auch Vorgänge aus der Vergangenheit anschaust, dann beschreibst du diese oft erst einmal. Das bedeutet, dass du zum Beispiel bei einem Gegenstand das Aussehen in einer logischen Reihenfolge beschreiben sollst. Bei einem Vorgang musst du diesen in der zeitlich richtigen Reihenfolge kurz zusammenfassen. Am Ende deiner Beschreibung sagst du kurz, wozu die Menschen den Gegenstand gebraucht haben oder warum der Vorgang wichtig für die Menschen war.

begründen
Wenn du etwas begründen sollst, dann sollst du eine Aussage erklären. Diese musst du erst einmal in deinen eigenen Worten zusammenfassen. Danach sollst du Gründe dafür finden, dass diese Behauptung richtig ist. Du musst also die Frage nach dem „Warum ist das so?" beantworten. Dafür brauchst du Informationen aus der Geschichte und auch Beispiele. Um Informationen und Beispiele auflisten zu können, musst du Materialien und Texte anschauen und lesen. Am Ende fasst du dein Ergebnis in einem Schlusssatz zusammen.

erklären
Wenn du im Geschichtsunterricht etwas erklären sollst, dann musst du Informationen aus einem Text oder einem Bild herausarbeiten und diese dann genau wiedergeben. Deine Erklärung muss so genau sein, dass sie von jedem verstanden werden kann.

erläutern
Beim Erläutern sollst du ein Thema verständlich machen. Das tust du, indem du Informationen sammelst und miteinander in Verbindung setzt. Anhand von Unterpunkten und Beispielen erklärst du sie genauer. Wenn du eine Theorie, einen Ablauf, eine Übersicht oder Ähnliches erläuterst, musst du zunächst das vorliegende Material sichten. So sammelst du Informationen. Das Material kann aus Texten, Schaubildern oder Tabellen bestehen. Die Informationen und Beispiele formulierst du geordnet in einem Fließtext aus.

gegenüberstellen
Wenn in der Aufgabenstellung steht, dass du Dinge einander gegenüberstellen sollst, dann musst du diese genau anschauen und ihre Gemeinsamkeiten und Unterschiede aufzählen. In der Aufgabenstellung steht, was genau du einander gegenüberstellen musst. Das können zum Beispiel Werkzeuge, Aufgaben oder Ziele von Menschen, Texte oder auch Anfang und Ausgang eines Ereignisses sein. Sammle zunächst möglichst viele Informationen und schreibe sie auf. Anschließend ordnest du die Informationen; am besten in einer Tabelle. So kannst du danach ganz leicht erkennen, welche Gemeinsamkeiten und Unterschiede die beiden haben.
Anders als beim Operator *vergleichen* brauchst du kein weitergehendes Ergebnis zu formulieren. Es reicht, wenn du sagst, ob es mehr Unterschiede oder Gemeinsamkeiten gibt.

➡ 60/61

vergleichen
Wenn du Dinge miteinander vergleichen sollst, betrachtest du sie, um Gemeinsamkeiten und Unterschiede festzustellen. Dazu musst du Vergleichspunkte finden und diese untersuchen. Zum Schluss hältst du deine Ergebnisse fest. Dabei schreibst du auf, ob es mehr Gemeinsamkeiten oder Unterschiede gibt. Außerdem solltest du notieren, welche Erkenntnisse sich aus dem Vergleich ergeben. Hierbei kann es wichtig sein zu formulieren, welche Folgen sich für die Menschen ergeben.
In der Aufgabenstellung steht jeweils, was du miteinander vergleichen sollst. Das können Situationen, Aufgaben, Lebensbedingungen von Menschen und vieles andere sein.

➡ Seite 82/83

beurteilen

Wenn wichtige Ereignisse aus der Geschichte untersucht werden, sollen diese oft auch beurteilt werden. Das bedeutet beispielsweise, dass du sagen sollst, warum eine Erfindung oder etwas, das passiert ist, wichtig war. Es kann aber auch sein, dass du erklären musst, warum das Verhalten von Menschen damals gut oder schlecht war. Wichtig ist, dass du nicht nur sagst, ob etwas gut oder schlecht war, sondern auch begründest, warum du zu diesem Urteil kommst. Dein Urteil sollte aber immer sachlich sein, du sollst also nicht deine Meinung aufschreiben.

bewerten

Beim Bewerten gehst du zunächst genau wie beim Beurteilen vor. Du wägst ab, inwiefern zum Beispiel Aussagen oder Maßnahmen bestätigt oder widerlegt werden können. Hierfür formulierst du Argumente, die du aus vorliegendem Material und deinen eigenen Vorstellungen erarbeitest. Der Unterschied zum Beurteilen liegt darin, dass du dein Urteil nicht nur sachlich begründest, sondern darüber hinaus ein Werturteil abgibst. Das tust du, indem du deine eigene Sicht begründest. Du sagst, warum du etwas zum Beispiel richtig oder falsch, gerecht oder ungerecht, gut oder schlecht findest.

➜ Seite 26/27

Stellung nehmen

Zu historischen oder politischen Ereignissen soll oft Stellung genommen werden. Das bedeutet, dass man eine begründete Meinung dazu äußert. Oft sollst du eine Fragestellung beantworten, manchmal aber auch eine Aussage über ein Ereignis als richtig oder falsch begründen. Dazu musst du zunächst Informationen zum Thema sammeln, um Überlegungen zu der Frage oder der Aussage anstellen zu können. Anschließend musst du dir über deine Meinung bewusst werden, um sie begründen zu können. Zum Schluss formulierst du, welcher Meinung du bist. Du begründest deine Meinung, indem du die Fragestellung beantwortest bzw. der Aussage mit Argumenten zustimmst oder sie verneinst.

➜ Seite 134/135

vermuten

Manchmal findest du zu einem Thema nicht alle Informationen, die du brauchst. Es gibt also eine offene Frage. Um die Frage zu beantworten, musst du vermuten, also eine mögliche Antwort finden. Dafür musst du zunächst die vorhandenen Informationen sammeln. Auf der Grundlage dieser Informationen kannst du dann Überlegungen anstellen, wie die Frage beantwortet werden kann.
Der Operator *vermuten* ist besonders wichtig im Geschichtsunterricht, denn so arbeitet ein Historiker: Es gibt eine offene Frage oder ein Problem, und er stellt Vermutungen dazu an. Im nächsten Schritt überprüft er anhand von Materialien und Quellen, ob seine Vermutung stimmen kann oder ob er sie verändern muss.

diskutieren (schriftlich)

Wenn du etwas schriftlich diskutierst, stellst du Überlegungen zu einer Frage oder einer Aussage zum Beispiel über ein Ereignis oder eine Entwicklung an. Du musst verschiedene Argumente zu der Fragestellung bzw. der Aussage finden. Manchmal musst du entscheiden, ob ein Ereignis wichtig oder eine Entwicklung gut war bzw. ist. Dazu sollst du Argumente aufschreiben, die dafür oder dagegen sprechen. Deine Argumente arbeitest du aus Materialien wie Textquellen, Bildquellen oder Aussagen von Wissenschaftlern heraus. Die Argumente stellst du dann nebeneinander, um zu einer begründeten Meinung zu kommen. Am Schluss entscheidest du dich für eine Seite und begründest, warum du diese gewählt hast.

➜ Seite 192/193

Methoden für gemeinsames Lernen

Bienenkorb
1. Findet euch zu zweit oder zu mehreren zusammen.
2. Tauscht euch gemeinsam zur jeweiligen Fragestellung aus: Sammelt Ideen und Lösungsvorschläge oder vergleicht vorhandene Ergebnisse.
3. Sprecht anschließend gemeinsam in der Klasse.

Galeriegang
1. Bildet gleich große Gruppen. Innerhalb der Gruppen werden unterschiedliche Themen bearbeitet.
2. Anschließend werden die Gruppen neu zusammengesetzt: Aus jeder alten Gruppe wechselt ein Mitglied als Experte in eine neue Gruppe.
3. Dort präsentiert der Experte die Arbeitsergebnisse und beantwortet Fragen.

Gruppenpuzzle
1. Bildet Stammgruppen. Alle Stammgruppen haben so viele Mitglieder, wie es Teilaufgaben gibt. Jedes Mitglied erhält einen Buchstaben (A, B, C, D usw.).
2. Alle gleichen Buchstaben beschäftigen sich mit derselben Aufgabe. Jeder arbeitet für sich.
3. Nach einer gewissen Zeit setzen sich die gleichen Buchstaben zu Expertengruppen zusammen (A+A+A, B+B+B, C+C+C usw.).
In der Expertengruppe besprecht ihr eure Ergebnisse. Klärt Fragen und korrigiert Fehler. Besprecht, wie ihr die Mitglieder eurer Stammgruppe über das Thema informieren wollt.
4. Zurück in der Stammgruppe tragen die „Experten" nacheinander die Ergebnisse ihrer Teilaufgabe vor. Alle Ergebnisse werden zusammengefasst, strukturiert und ggf. für eine Präsentation vorbereitet.

Gruppenturnier
1. Bildet Stammgruppen zu je 4 Schülern. Formuliert Fragen zu dem Thema, für das ihr üben wollt. Schreibt je eine Frage mit Lösung auf eine Karte.
2. Legt eure Karten auf einen Stapel in die Mitte des Tisches. Bereitet euch mit den Karten auf das Thema vor. Das könnt ihr allein machen; oder mit einem Partner oder in der Gruppe – fragt euch dann zum Beispiel gegenseitig ab.
3. Nummeriert die Tische durch. Ordnet außerdem jedem Schüler der Gruppen einen Buchstaben zu (A – D). Mischt nun die Gruppen neu: Alle A-Schüler gehen 1 Tisch weiter, alle B-Schüler gehen 2 Tische weiter, alle C-Schüler gehen 3 Tische weiter, alle D-Schüler bleiben an ihrem Tisch sitzen.
4. An allen Tischen sitzt nun je ein Schüler aus den verschiedenen Stammgruppen. Die Karten werden gemischt. Schüler A liest eine Frage vor. B, C und D schreiben die Lösung auf. Anschließend werden die Lösungen kontrolliert. Für richtige Antworten gibt es einen Punkt. Die nächste Frage liest B vor und alle anderen müssen sie beantworten. Reihum geht es weiter, bis alle Fragen gestellt sind.
5. Am Ende gehen alle Schüler in ihre Stammgruppen zurück und zählen ihre gesammelten Punkte. Die Gruppe mit den meisten Punkten hat gewonnen.

Fishbowl-Diskussion
1. Teilt euch in zwei Gruppen: aktive Teilnehmer der Diskussion und Beobachter.
2. Bildet zwei Stuhlkreise: In der Mitte bilden die Diskutierenden einen kleinen Kreis. In diesem Kreis bleibt ein Stuhl frei.
Der Außenkreis wird um den kleinen Kreis herum gebildet und von den Beobachtern besetzt.
3. Bestimmt einen Moderator, der im Innenkreis sitzt und die Diskussion leitet.
4. Beginnt die Diskussion. Die Beobachter machen sich Notizen. Wenn einer der Beobachter sich einbringen möchte, kann er sich auf den leeren Platz im kleinen Kreis setzen. Danach macht er den Platz wieder frei.
5. Wertet die Diskussion im Nachhinein mithilfe eurer Notizen aus.

Kugellager
1. Teilt die Klasse in zwei gleich große Gruppen. Bildet einen inneren und einen äußeren Stuhlkreis. Je ein Schüler aus dem Innenkreis und sein Gegenüber aus dem Außenkreis sind Gesprächspartner.
2. Der Schüler aus dem Außenkreis stellt seinem Gegenüber im Innenkreis seine Fragen. Der Schüler im Innenkreis beantwortet sie.
3. Die Gesprächspartner wechseln, indem der Außenkreis sich einen Platz weiterbewegt. Jetzt stellt der Schüler im Innenkreis seine Fragen und der Partner im Außenkreis beantwortet sie.
4. Diese Wechsel werden 2 bis 3 Mal wiederholt.